第3版

# 社団法人・財団法人の登記と書式

大貫正男
久我祐司 編著

発行 民事法研究会

## 第 3 版へのはしがき

本書の前回の改訂が2011（平成23）年 5 月であったので、それからすでに 8 年が経過したことになる。

この間、2013（平成25）年11月30日に特例民法法人の移行期間が満了し、当初の大きな山は一つ越えた。今後は、新たに設立される一般社団法人、一般財団法人の登記が中心となっていくものと思われる。ただ、これらの法人については、事業目的に特段の制約がないため、さまざまな用途での利用が行われており、その意味では、定款作成についてのより一層の検討が求められることになる。また、特例民法法人から移行した法人に固有の定款規定もあり、移行についての基礎的な知識も相変わらず求められることになる。

今回の改訂では、そうしたニーズに応えるため、新たに一般社団法人、一般財団法人の定款規定に関する裁判例を紹介するとともに、旧版の移行に関する記載のうち、資料的意義のある部分を第 4 章に移して残すこととした。

具体的には、裁判例としては、公益財団法人の役員選出についての定款規定と評議員会の権限に関する東京高裁決定、また株式会社の事例ではあるが取締役会設置会社における株主総会で代表取締役を選定する旨の定款の可否（理事会設置一般社団法人における社員総会で代表理事を選定する旨の定款の可否とパラレルに考えることができる）についての最高裁決定を取り上げている。

特例民法法人などの移行関係の記載については、前述のとおり、基礎的な知識に属する部分を資料に移し残したが、その他の部分（移行に関する具体的な検討事項、手続など）は割愛することとした。なお、移行しなかった法人（それにより、みなし解散となった法人）の「なお従前の例による」とされる清算手続の理解の一助とするため、関係する旧法の清算手続関連の条文を登載し、読者諸氏の便宜を図った。

また、資料の一層の充実を図るため、一般社団法人等登記規則 3 条により準用される商業登記規則のうち、特に重要な61条については、一般社団法人・一般財団法人用に読み替えたものを登載した。なお、参考として、

第3版へのはしがき

NPO法人などが対象となる各種法人等登記規則5条により準用される商業登記規則61条の読替え後のものも用意した。

　そのほか、下記のとおりの法令等の改正に伴う所要の修正を行った。

・2014（平成26）年会社法改正に伴う一般法人法の改正（非業務執行理事等との間の責任限定契約に関する定款規定）

・商業登記規則の一部改正（2015（平成27）年2月27日施行：役員の本人確認書類、印鑑提出代表理事の辞任届、婚姻前の氏の登記）

・商業登記法等の一部改正（2015（平成27）年10月5日施行：登記申請書に会社法人等番号を記載することによる登記事項証明書の添付の省略）

・登記申請書の法人の名称についてのフリガナ記載（2018（平成30）年3月12日施行）

　まだまだ不十分な点は多々あると思うが、読者諸氏の忌憚のないご意見を頂戴できれば幸いである。

　最後に、民事法研究会の田中敦司氏・南伸太郎氏・海谷祥輝氏には、相変わらず遅々として進まない改訂作業を辛抱強くお待ちいただいた。改めて感謝に意を表したい。

　令和元年9月

執筆者を代表して

久　我　祐　司

## 第 2 版へのはしがき

　公益法人関連三法が、2008（平成20）年12月1日に施行されて早くも2年が過ぎた。本書の初版が刊行されたのが、翌2009（平成21）年の3月であったので、本書も刊行から2年が過ぎたことになる。

　類書に先駆けての刊行であったこともあり、幸いにも幅広い読者から支持を得ることができ、また、熱心な読者諸氏からのさまざまな貴重なご意見を頂戴することができた。この場を借りて、読者諸氏に感謝を申し上げたい。

　この間、初版執筆時には、明らかとなっていなかった細かな取扱いが法務省サイドから公表され、登記実務の蓄積も進んできた。そこで、初版で不十分であった点を補充し、よりアップツーデートなものとするために、改訂版を発刊することとなった。

　なお、今回の見直しは、時間の制約もあり、執筆者を代表して、久我が行った。もちろん、最終的なチェックについては、各執筆者の方々にお願いをしたが、修正箇所についての責任は私（久我）にあることを申し添えたい。

　さて、今回の改訂では、平成25年11月30日に移行期間が満了する「特例民法法人[1]」関連の解説を中心に見直しを行った。本書の性格上、移行認定（認可）申請手続についての詳細な解説は割愛せざるを得なかったが、登記申請書に関する解説を充実させたつもりである。

　また、「旧中間法人」についても、移行期間経過後の取扱いを中心に解説を改めてあるので参考にしていただきたい（無限責任中間法人から一般社団法人への移行は、移行期間が経過したので、具体的な手続の解説は割愛した）。

　その他の点については、読者諸氏のご意見を踏まえて修正を行った。まだまだ不十分な点は多々あるかと思うが、読者諸氏の忌憚のないご意見を頂戴

---

1　内閣府が平成23年2月3日に公表した「新公益法人制度における全国申請状況（速報版）」によると、平成20年12月1日から平成23年1月31日までの移行認定に関し処分が行われた件数は596件（うち認定処分は594件）、移行認定許可に関し処分が行われた件数は175件（うち認可処分は175件）である。なお、電子申請率は98.6％となっている。

## 第2版へのはしがき

できれば幸いである。

　最後に、民事法研究会の田中敦司氏には、遅々として進まない改訂作業を辛抱強くお待ちいただいた。あらためて感謝の意を表したい。

　平成23年4月

執筆者を代表して

久　我　祐　司

## 初版へのはしがき

　いよいよ公益法人改革の論議がスタートした、との感を強くしたのが2003（平成14）年の夏、富士山の裾野が広がる静岡県・御殿場で開催された財団法人公益法人協会による「公益法人トップマネジメントセミナー」であった。このセミナーには、我が国の有力な公益法人の多数の役員が出席しており、「21世紀における公益法人はいかにあるべきか」を熱っぽく、そして真剣に議論をしていた。民間の活力、そして質の高い公益はこうした志の高い人々によって支えられていることを目の当たりにし、深い感銘を受けた。

　その後、公益法人関係者、研究者、マスコミなど多くの市民によって公益法人改革の気運が高まり、それが政府を動かし、2008（平成20）年12月1日、ついに公益法人関連三法、すなわち「一般社団法人及び一般財団法人に関する法律」「公益社団法人及び公益財団法人の認定等に関する法律」「一般社団法人及び一般財団法人に関する法律及び公益社団法人及び公益財団法人の認定等に関する法律の施行に伴う関係法律の整備等に関する法律」が施行されるに至った。従来の公益法人は廃せられ、ここに定款と登記だけで設立できる新たな非営利法人制度が誕生したのである。

　私は、幸運にも公益法人改革の進展と軌を一にして社団法人成年後見センター・リーガルサポートの設立・運営にかかわることになり、公益法人協会から多くの示唆や刺激を受けつつ成年後見という新たな公益の創造に携わることができた。そのような経緯から、司法書士として何か実務書を編んでみたいとの思いが湧いてきた。

　問題は、いかにして執筆を進めるかである。前記三法は膨大な条文から成り、そこに商業登記法、同規則、登録免許税法等が適用されるため、その理解は必ずしも容易ではない。そこで、特に会社法の実務に詳しく研修会等で活躍されている久我祐司司法書士、安野憲起司法書士、岡田和代司法書士に執筆の声をかけた。各氏には、大変快く引き受けていただき大変感謝をしている。そして、私たち執筆者は何度かの研究会をもち、全体像を把握・分析

しながら、各法律の仕組みや登記手続についての検討を重ね、執筆を進めてきた。その過程で久我司法書士には担当章の執筆のみならず全体の整合性や内容精査の役割も快く引き受けていただいた。

　こうしてでき上がったのが本書である。すでに公益法人、一般社団法人・一般財団法人に関する多数の書籍が公刊されているが、本書では類書にない大きな特徴として、次の３点をあげることができる。

　第１は、書名が示すとおり、ズバリ、「登記と書式」を中心に商業登記法等を盛り込み具体的な解説を試みたことである。一般社団法人・一般財団法人の設立から始まり、その変更まで可能な限りの書式が網羅されているから登記実務の好個の手引書といって過言ではないであろう。

　第２は、実際に登記手続を行う側に立った視点からのきめ細かい解説を心がけたことである。わかりやすさ、使いやすさを優先して、図表を使ったり、多くの定款記載例、登記申請記載例などを取り上げた。これで、「具体的にどう記載すればよいのか？」という実務の悩みに応えようとした。

　第３は、全体に細かい根拠条文、参照条文を明示していることである。疑問が残ったり、さらに本格的に検討する場合は、確認や検索に便利である。

　なお、本書の記載例は、あくまで各執筆者がその事案についてどう処理するかの一例を示したのにすぎないので、個々の登記申請事案についてはもっと詳細な記載が必要となる場合や別のアプローチをする場合が多いと思われる。本書の記載を一つのモデルとして活用していただければ幸いである。

　最後に、民事法研究会の田中敦司氏からは企画から上梓までのあらゆる場面において格別のご配慮をいただいた。氏の辛抱強い支援がなければ本書は完成しなかったことを思い、ここに特記して感謝の気持を表明したい。

　平成21年３月

執筆者を代表して

大　貫　正　男

目　次

『社団法人・財団法人の登記と書式〔第3版〕』

目　　次

## 第1章　一般社団法人および一般財団法人の設立

Ⅰ　はじめに………………………………………………………………… 2

　1　一般法人法…………………………………………………………… 2

　　〔図表1〕　一般法人法と会社法の比較 ………………………… 3

　2　社団法人と財団法人………………………………………………… 5

　　〔図表2〕　最小規模の一般社団法人・一般財団法人 ………… 6

　3　財団法人と信託……………………………………………………… 6

　4　どの法人を選択するのか…………………………………………… 7

　　(1)　一般社団法人・一般財団法人と公益社団法人・公益財団法人……… 7

　　〔図表3〕　一般社団法人・一般財団法人と公益社団法人・公益財

　　　　　　　団法人の比較……………………………………………… 7

　　(2)　特定非営利活動法人（NPO法人）……………………………… 8

　　(3)　その他の非営利法人……………………………………………… 9

Ⅱ　一般社団法人の設立……………………………………………………10

　1　設立手続………………………………………………………………10

　　〔図表4〕　一般社団法人の設立手続の流れ ……………………10

　2　定款の作成……………………………………………………………10

　　(1)　絶対的記載事項…………………………………………………10

　　〔図表5〕　定款の絶対的記載事項と登記事項との関係……………11

　　(2)　相対的記載事項…………………………………………………12

　　〔図表6〕　定款の相対的記載事項と登記事項との関係……………12

　　(3)　任意的記載事項…………………………………………………13

　　(4)　定款で定めても効力を有しないもの…………………………13

　3　定款の認証……………………………………………………………14

7

目　次

4　設立時役員等の選任……………………………………………14

5　設立関与者の責任………………………………………………15

⑴　設立時社員の責任……………………………………………15

⑵　設立時役員の責任……………………………………………15

6　設立手続の調査…………………………………………………15

7　設立の登記手続…………………………………………………16

⑴　登記期間………………………………………………………16

⑵　主たる事務所の所在地における登記事項…………………16

⑶　従たる事務所の所在地における登記………………………17

⑷　添付書面………………………………………………………17

　【記載例1】　定款⑴（理事会設置一般社団法人で基金を引き受ける

　　　　　　　者の募集をすることができる旨の定めがある場合…………20

　【記載例2】　一般社団法人設立登記申請書……………………31

　【記載例3】　設立時社員の一致があったことを証する書面……………35

　【記載例4】　一般社団法人設立の登記事項証明書……………………36

　【記載例5】　定款⑵（非・理事会設置一般社団法人、

　　　　　　　非・監事設置法人）……………………………………37

⑸　代議員制をとる場合…………………………………………43

　【記載例6】　定款⑶（代議員制をとる場合）（抄）……………………43

Ⅲ　一般財団法人の設立……………………………………………46

1　設立手続…………………………………………………………46

　〔図表7〕　一般財団法人の設立手続の流れ……………………46

⑴　定款の作成……………………………………………………46

⑵　定款の備置きおよび閲覧等…………………………………47

⑶　財産の拠出の履行と帰属……………………………………47

⑷　設立者等の責任………………………………………………48

⑸　設立時評議員、理事、監事、会計監査人の選任および代表理事の

　　選定……………………………………………………………48

2 定款の記載または記録事項……………………………………………50

  (1) 絶対的記載事項………………………………………………………50

  〔図表8〕 絶対的記載事項…………………………………………50

    (A) 名 称………………………………………………………50

    (B) 目 的………………………………………………………51

  【記載例7】 定款(1)（目的・事業）……………………………51

    (C) 主たる事務所の所在地……………………………………51

    (D) 設立者の氏名または名称および住所……………………52

    (E) 設立に際して各設立者が拠出をする財産およびその価額…………52

    (F) 設立時評議員、設立時理事および設立時監事の選任に関する事

       項………………………………………………………………52

    (G) 設立しようとする一般財団法人が会計監査人設置一般財団法

       人であるときは、設立時会計監査人の選任に関する事項…………53

    (H) 評議員の選任および解任の方法…………………………53

  【記載例8】 評議員選定委員会による評議員の選任………………54

    (I) 公告方法……………………………………………………55

    (J) 事業年度……………………………………………………55

  (2) 相対的記載事項………………………………………………………55

    (A) 基本財産に関する定め……………………………………55

    (B) 評議員の任期………………………………………………56

    (C) 理事および監事の任期……………………………………56

  【記載例9】 定款(2)（任期）……………………………………57

    (D) 責任免除・責任限定契約の定め…………………………57

  【記載例10】 定款(3)（理事の責任免除等）……………………58

    (E) 会計監査人を置く定め……………………………………58

  【記載例11】 定款(4)（役員・会計監査人）……………………59

    (F) 「目的」および「評議員の選任及び解任の方法」の変更につ

       いて評議員会の決議によってできる旨の定め…………………59

9

目　次

　　　⒢　評議員の報酬······························································59

　　【記載例12】　定款⑸（評議員の報酬）······························60

　　　⒣　理事・監事の報酬··················································60

　　　⒤　理事会の議事録に署名する者につき別段の定め·······60

　　【記載例13】　定款⑹（議事録）········································60

　　　⒥　理事会決議の省略の定め、評議員会決議の省略の定め············60

　　【記載例14】　定款⑺（理事会の決議方法）····················61

　　　⒦　その他·····································································61

　⑶　任意的記載事項·························································62

　　【記載例15】　一般財団法人定款······································62

3　設立の登記手続·······························································69

　⑴　登記の期限·······························································69

　⑵　主たる事務所の所在地における登記事項····················69

　⑶　従たる事務所の所在地における登記事項····················70

　⑷　添付書面··································································71

　　【記載例16】　一般財団法人設立登記申請書····················73

　　【記載例17】　設立者による主たる事務所所在地決定書·······77

　　【記載例18】　設立時代表理事を選定したことを証する書面·······77

　　【記載例19】　財産（金銭）の拠出の履行のあったことを証する書面···78

　　【記載例20】　財産（金銭以外）の拠出の履行のあったことを証する

　　　　　　　　　書面····················································78

　　【記載例21】　一般財団法人設立の登記事項証明書··················79

---

## 第2章　公益認定

Ⅰ　はじめに·····································································82

1　公益認定の要件と定款の記載事項····································82

2　一般社団法人・一般財団法人と公益法人··························82

目 次

| | | |
|---|---|---|
| 3 | 公益認定法 | 83 |
| 4 | 登記関係法令 | 83 |
| 5 | 登録免許税法 | 83 |

Ⅱ 公益認定の手続……………………………………………………84

1 名称等……………………………………………………………84

2 目的および事業…………………………………………………84

3 機 関……………………………………………………………84

4 不可欠特定財産…………………………………………………85

5 公益目的取得財産の贈与先……………………………………85

【記載例22】 定款(1)（公益認定の取消しに伴う贈与）……………86

6 清算する場合の残余財産の帰属先……………………………86

【記載例23】 定款(2)（残余財産の帰属）………………………86

7 認定申請の提出書類……………………………………………86

Ⅲ 認定による名称変更の登記………………………………………88

【記載例24】 一般財団法人変更登記申請書（公益財団法人への変更）……88

---

## 第3章 一般社団法人および一般財団法人の変更等

Ⅰ 変更が生じる事由…………………………………………………90

1 法人の意思決定機関による変更………………………………90

⑴ 意思決定機関…………………………………………………90

〔図表9〕 意思決定機関および権限等の比較………………90

⑵ 意思決定機関とその意思決定の方法………………………92

〔図表10〕 意思決定機関とその意思決定の方法等の比較………92

⑶ 決定すべき事項と決定機関…………………………………94

〔図表11〕 決定すべき事項と決定機関………………………94

〔図表12〕 定款に記載しても無効となる事項………………96

〔図表13〕 一般財団法人における定款変更の制限…………96

11

目　次

　2　行政庁等の当該法人以外の処分等による変更……………………96

　⑴　行政庁の処分…………………………………………………96

　⑵　裁判所の裁判…………………………………………………97

Ⅱ　変更手続⑴──登記事項の変更…………………………………99

1　名称変更…………………………………………………………99

　⑴　定款変更手続…………………………………………………99

　⑵　登記申請期間…………………………………………………99

　⑶　登記申請書記載事項および添付書類………………………100

　【記載例25】　一般財団法人の名称変更の登記申請書………………100

2　主たる事務所の移転……………………………………………101

　⑴　定款変更手続の要否…………………………………………102

　〔図表14〕　定款の規定と定款変更の要否………………………102

　⑵　定款変更手続（必要な場合のみ）…………………………103

　⑶　主たる事務所の具体的な所在場所および移転の日の決定…………103

　　⒜　決定機関………………………………………………………103

　〔図表15〕　主たる事務所の具体的な所在場所および移転の日の決定…… 103

　　⒝　主たる事務所の移転の日……………………………………103

　⑷　登記申請手続…………………………………………………104

　⑸　登記申請書記載事項および添付書類………………………107

　　⒜　旧所在地を管轄する登記所と新所在地を管轄する登記所が同

　　　一である場合……………………………………………………107

　【記載例26】　同一管轄内での一般社団法人の主たる事務所移転の

　　　　　　　登記申請書………………………………………………107

　　⒝　旧所在地を管轄する登記所と新所在地を管轄する登記所が異

　　　なる場合…………………………………………………………108

　【記載例27】　異なる管轄へ移転する場合の一般社団法人の主たる

　　　　　　　事務所移転の登記申請書⑴（旧所在地管轄登記所あて）…109

　【記載例28】　異なる管轄へ移転する場合の一般社団法人の主たる

目 次

事務所移転の登記申請書(2)（新所在地管轄登記所あて）‥‥ 111

3 目的の変更‥‥‥‥‥‥‥‥‥‥‥‥‥‥‥‥‥‥‥‥‥‥‥‥‥ 113

(1) 定款変更手続‥‥‥‥‥‥‥‥‥‥‥‥‥‥‥‥‥‥‥‥‥‥ 113

(2) 登記申請期間‥‥‥‥‥‥‥‥‥‥‥‥‥‥‥‥‥‥‥‥‥‥ 113

(3) 登記申請書記載事項および添付書類‥‥‥‥‥‥‥‥‥‥‥‥ 113

【記載例29】 一般社団法人の目的変更の登記申請書‥‥‥‥‥‥‥‥ 113

4 評議員、理事、代表理事、監事および会計監査人の変更‥‥‥‥‥ 115

(1) 評議員、理事、代表理事、監事および会計監査人の選任手続‥‥‥‥ 115

(2) 代表理事の選定手続‥‥‥‥‥‥‥‥‥‥‥‥‥‥‥‥‥‥ 115

(3) 評議員、役員、代表理事および会計監査人の任期‥‥‥‥‥‥ 116

〔図表16〕 評議員、役員、代表理事および会計監査人の任期‥‥‥‥ 116

〔図表17〕 定款変更による任期満了‥‥‥‥‥‥‥‥‥‥‥‥‥‥ 117

(4) 登記申請期間‥‥‥‥‥‥‥‥‥‥‥‥‥‥‥‥‥‥‥‥‥ 117

(5) 登記申請書記載事項および添付書類‥‥‥‥‥‥‥‥‥‥‥‥ 117

【記載例30】 一般社団法人の役員等の変更の登記申請書‥‥‥‥‥‥ 118

〔図表18〕 印鑑証明書の添付が必要となる印鑑‥‥‥‥‥‥‥‥‥ 122

《コラム１》 理事会設置一般社団法人において、代表理事の選定
を社員総会の決議によって行う旨の定款の定めがある
場合‥‥‥‥‥‥‥‥‥‥‥‥‥‥‥‥‥‥‥‥‥‥ 123

《コラム２》 選挙による役員の選任‥‥‥‥‥‥‥‥‥‥‥‥‥‥ 124

《コラム３》 定款規定による評議員の議案提案権の制限の可否‥‥‥ 125

5 機関設計の変更‥‥‥‥‥‥‥‥‥‥‥‥‥‥‥‥‥‥‥‥‥‥‥ 129

(1) 機関設計‥‥‥‥‥‥‥‥‥‥‥‥‥‥‥‥‥‥‥‥‥‥‥ 129

〔図表19〕 一般社団法人および一般財団法人の機関設計‥‥‥‥‥‥ 129

(2) 機関設計の変更手続‥‥‥‥‥‥‥‥‥‥‥‥‥‥‥‥‥‥ 129

(A) 機関を設置する変更‥‥‥‥‥‥‥‥‥‥‥‥‥‥‥‥ 129

(B) 機関を廃止する変更‥‥‥‥‥‥‥‥‥‥‥‥‥‥‥‥ 130

(3) 登記申請期間‥‥‥‥‥‥‥‥‥‥‥‥‥‥‥‥‥‥‥‥‥ 131

13

目　次

　　⑷　登記申請書記載事項および添付書類‥‥‥‥‥‥‥‥‥‥‥‥131

　　【記載例31】　一般社団法人において機関を設置する場合の登記申

　　　　　　　　請書‥‥‥‥‥‥‥‥‥‥‥‥‥‥‥‥‥‥‥‥‥131

　　【記載例32】　一般社団法人において機関を廃止した場合の登記申

　　　　　　　　請書‥‥‥‥‥‥‥‥‥‥‥‥‥‥‥‥‥‥‥‥‥134

Ⅲ　変更手続⑵──基金に関する事項の変更‥‥‥‥‥‥‥‥‥‥‥‥‥137

　1　はじめに‥‥‥‥‥‥‥‥‥‥‥‥‥‥‥‥‥‥‥‥‥‥‥‥‥‥137

　2　基金を募集することができる旨の定款の定めの設定‥‥‥‥‥‥‥137

　　【記載例33】　基金の募集に関する定款規定‥‥‥‥‥‥‥‥‥‥138

　3　基金の募集‥‥‥‥‥‥‥‥‥‥‥‥‥‥‥‥‥‥‥‥‥‥‥‥‥138

　　〔図表20〕　基金募集の手続‥‥‥‥‥‥‥‥‥‥‥‥‥‥‥‥‥138

　　⑴　募集事項の決定‥‥‥‥‥‥‥‥‥‥‥‥‥‥‥‥‥‥‥‥‥138

　　〔図表21〕　基金の募集に関する募集事項‥‥‥‥‥‥‥‥‥‥‥138

　　⑵　募集事項等の通知‥‥‥‥‥‥‥‥‥‥‥‥‥‥‥‥‥‥‥‥139

　　〔図表22〕　一般社団法人成立後の基金の募集の際の通知事項‥‥‥139

　　〔図表23〕　一般社団法人設立時の基金の募集の際の通知事項‥‥‥139

　　⑶　基金の引受けの申込み‥‥‥‥‥‥‥‥‥‥‥‥‥‥‥‥‥‥140

　　〔図表24〕　基金の引受けの申込みをする際に交付すべき書面の記

　　　　　　　載事項‥‥‥‥‥‥‥‥‥‥‥‥‥‥‥‥‥‥‥‥‥140

　　⑷　基金の割当て‥‥‥‥‥‥‥‥‥‥‥‥‥‥‥‥‥‥‥‥‥‥140

　　⑸　基金の割当ての通知‥‥‥‥‥‥‥‥‥‥‥‥‥‥‥‥‥‥‥140

　　⑹　総額引受契約の場合の特則‥‥‥‥‥‥‥‥‥‥‥‥‥‥‥‥141

　　⑺　現物拠出財産の調査等‥‥‥‥‥‥‥‥‥‥‥‥‥‥‥‥‥‥141

　　〔図表25〕　検査役の調査が不要となる場合およびその対象事項‥‥‥141

　　⑻　基金の拠出の履行‥‥‥‥‥‥‥‥‥‥‥‥‥‥‥‥‥‥‥‥142

　　⑼　基金の拠出の効力発生日‥‥‥‥‥‥‥‥‥‥‥‥‥‥‥‥‥143

　　〔図表26〕　基金の引受人が基金の拠出者となる日（効力発生日）‥‥143

　4　基金の返還‥‥‥‥‥‥‥‥‥‥‥‥‥‥‥‥‥‥‥‥‥‥‥‥‥143

〔図表27〕 基金の返還の手続‥‥‥‥‥‥‥‥‥‥‥‥‥‥‥‥‥143

Ⅳ 変更手続⑶──事業譲渡‥‥‥‥‥‥‥‥‥‥‥‥‥‥‥‥‥‥‥145

〔図表28〕 事業譲渡をする場合の決議等‥‥‥‥‥‥‥‥‥‥‥‥145

Ⅴ 変更手続⑷──解散・清算・継続‥‥‥‥‥‥‥‥‥‥‥‥‥‥146

1 一般法人法における解散・清算‥‥‥‥‥‥‥‥‥‥‥‥‥‥146

⑴ 一般法人法における解散および継続‥‥‥‥‥‥‥‥‥‥‥146

〔図表29〕 一般法人法における解散事由および継続‥‥‥‥‥‥146

⑵ 一般法人法における清算‥‥‥‥‥‥‥‥‥‥‥‥‥‥‥‥148

(A) 清算法人の機関‥‥‥‥‥‥‥‥‥‥‥‥‥‥‥‥‥‥‥148

〔図表30〕 清算法人の機関設計‥‥‥‥‥‥‥‥‥‥‥‥‥‥‥149

(B) 清算法人の機関の任期‥‥‥‥‥‥‥‥‥‥‥‥‥‥‥‥149

(C) 清算人となる者‥‥‥‥‥‥‥‥‥‥‥‥‥‥‥‥‥‥‥149

〔図表31〕 清算法人の清算人となる者‥‥‥‥‥‥‥‥‥‥‥‥150

(D) 代表清算人‥‥‥‥‥‥‥‥‥‥‥‥‥‥‥‥‥‥‥‥‥150

〔図表32〕 代表清算人‥‥‥‥‥‥‥‥‥‥‥‥‥‥‥‥‥‥‥151

⑶ 解散および清算人等に関する登記‥‥‥‥‥‥‥‥‥‥‥‥151

【記載例34】 社員総会の決議により解散、清算人の選任が行われ

た場合の登記申請書‥‥‥‥‥‥‥‥‥‥‥‥‥‥‥‥152

〔図表33〕 清算人等に関する登記をする場合の登記事項‥‥‥‥154

⑷ 清算人等による清算手続‥‥‥‥‥‥‥‥‥‥‥‥‥‥‥‥154

(A) 清算人の職務‥‥‥‥‥‥‥‥‥‥‥‥‥‥‥‥‥‥‥‥154

(B) 財産目録の作成‥‥‥‥‥‥‥‥‥‥‥‥‥‥‥‥‥‥‥154

(C) 貸借対照表等の作成‥‥‥‥‥‥‥‥‥‥‥‥‥‥‥‥‥154

(D) 債権者保護手続‥‥‥‥‥‥‥‥‥‥‥‥‥‥‥‥‥‥‥155

〔図表34〕 一般社団法人等の清算の際の債権者保護手続‥‥‥‥155

【記載例35】 官報公告‥‥‥‥‥‥‥‥‥‥‥‥‥‥‥‥‥‥‥155

(E) 債務の弁済‥‥‥‥‥‥‥‥‥‥‥‥‥‥‥‥‥‥‥‥‥156

(F) 基金の返還の制限‥‥‥‥‥‥‥‥‥‥‥‥‥‥‥‥‥‥156

15

目　次

(G)　残余財産の処分‥‥‥‥‥‥‥‥‥‥‥‥‥‥‥‥‥‥‥‥‥156

〔図表35〕　残余財産の帰属‥‥‥‥‥‥‥‥‥‥‥‥‥‥‥‥‥156

(5)　清算結了の登記‥‥‥‥‥‥‥‥‥‥‥‥‥‥‥‥‥‥‥‥‥157

【記載例36】　一般社団法人の清算結了の登記申請書‥‥‥‥‥‥157

2　一般法人法における継続‥‥‥‥‥‥‥‥‥‥‥‥‥‥‥‥‥‥‥158

(1)　解散事由と継続の可否‥‥‥‥‥‥‥‥‥‥‥‥‥‥‥‥‥‥158

〔図表36〕　解散事由と継続の可否‥‥‥‥‥‥‥‥‥‥‥‥‥158

(2)　法人の状態と機関設計の組合せ‥‥‥‥‥‥‥‥‥‥‥‥‥‥159

(A)　一般社団法人の場合‥‥‥‥‥‥‥‥‥‥‥‥‥‥‥‥‥‥160

〔図表37〕　一般社団法人の状態と機関設計の組合せ‥‥‥‥‥‥160

(B)　一般財団法人の場合‥‥‥‥‥‥‥‥‥‥‥‥‥‥‥‥‥‥160

〔図表38〕　一般財団法人の状態と機関設計の組合せ‥‥‥‥‥‥161

(3)　継続の手続‥‥‥‥‥‥‥‥‥‥‥‥‥‥‥‥‥‥‥‥‥‥‥161

(A)　一般社団法人の場合‥‥‥‥‥‥‥‥‥‥‥‥‥‥‥‥‥‥161

〔図表39〕　理事・代表理事および理事会設置法人に関する登記事
項の顛末‥‥‥‥‥‥‥‥‥‥‥‥‥‥‥‥‥‥‥‥‥162

(B)　一般財団法人の場合‥‥‥‥‥‥‥‥‥‥‥‥‥‥‥‥‥‥162

《コラム4》　みなし解散前の代表理事の住所について変更登記を
怠っていた場合‥‥‥‥‥‥‥‥‥‥‥‥‥‥‥‥‥164

【記載例37】　社員総会の決議によって解散した一般社団法人の継
続する時（解散前の理事会設置法人が非・理事会設置
法人かつ非・監事設置法人として継続する時）に、代表
理事を理事の互選で選定する旨の定款の定めがある場合‥‥165

【記載例38】　理事会設置法人が理事会設置法人として継続する場合‥‥167

【記載例39】　みなし解散となった一般財団法人の継続の場合（解
散時に、定款に清算人の定めおよび監事を置く旨の定
めがなかった場合）‥‥‥‥‥‥‥‥‥‥‥‥‥‥‥170

Ⅵ　変更手続(5)──合併等‥‥‥‥‥‥‥‥‥‥‥‥‥‥‥‥‥‥‥‥175

1　一般社団法人および一般財団法人の合併‥‥‥‥‥‥‥‥‥‥‥‥‥‥‥‥ 175

　　(1)　合併のパターン‥‥‥‥‥‥‥‥‥‥‥‥‥‥‥‥‥‥‥‥‥‥‥‥‥‥‥‥‥ 175

　　　〔図表40〕　一般社団法人および一般財団法人の合併のパターン‥‥‥‥ 175

　　(2)　合併手続‥‥‥‥‥‥‥‥‥‥‥‥‥‥‥‥‥‥‥‥‥‥‥‥‥‥‥‥‥‥‥‥ 175

　　　〔図表41〕　一般社団法人および一般財団法人の吸収合併の手続‥‥‥‥ 176

　　　【記載例40】　吸収合併存続法人の変更登記申請書（一般財団法人

　　　　　　　　　が一般財団法人を吸収合併する場合）‥‥‥‥‥‥‥‥‥‥ 176

　　　【記載例41】　吸収合併消滅法人の解散登記申請書‥‥‥‥‥‥‥‥‥‥‥ 177

　　2　特定非営利活動法人（NPO 法人）の公益社団法人への移行‥‥‥‥‥ 179

　　(1)　NPO 法人の公益社団法人への移行とは ‥‥‥‥‥‥‥‥‥‥‥‥‥‥‥ 179

　　(2)　受け皿となる法人の条件‥‥‥‥‥‥‥‥‥‥‥‥‥‥‥‥‥‥‥‥‥‥‥ 179

　　　〔図表42〕　残余財産の受け皿となることのできる法人‥‥‥‥‥‥‥‥ 179

　　(3)　移行手続の一例‥‥‥‥‥‥‥‥‥‥‥‥‥‥‥‥‥‥‥‥‥‥‥‥‥‥‥‥ 180

　　　〔図表43〕　NPO 法人の移行のシュミレーション ‥‥‥‥‥‥‥‥‥‥‥ 180

## 第4章　関連する制度・法令の概要

I　公益法人‥‥‥‥‥‥‥‥‥‥‥‥‥‥‥‥‥‥‥‥‥‥‥‥‥‥‥‥‥‥‥‥‥‥ 184

　1　公益法人制度‥‥‥‥‥‥‥‥‥‥‥‥‥‥‥‥‥‥‥‥‥‥‥‥‥‥‥‥‥‥‥ 184

　　(1)　旧公益法人制度への批判‥‥‥‥‥‥‥‥‥‥‥‥‥‥‥‥‥‥‥‥‥‥‥ 184

　　(2)　公益法人の設立・運営にかかわって‥‥‥‥‥‥‥‥‥‥‥‥‥‥‥‥‥ 186

　　(3)　公益法人制度改革の経緯‥‥‥‥‥‥‥‥‥‥‥‥‥‥‥‥‥‥‥‥‥‥‥ 188

　2　公益法人制度のポイント‥‥‥‥‥‥‥‥‥‥‥‥‥‥‥‥‥‥‥‥‥‥‥‥ 190

　　(1)　公益法人制度改革の理念‥‥‥‥‥‥‥‥‥‥‥‥‥‥‥‥‥‥‥‥‥‥‥ 190

　　(2)　法人の設立と公益性の判断の分離‥‥‥‥‥‥‥‥‥‥‥‥‥‥‥‥‥‥ 191

　　　〔図表44〕　旧制度との違い‥‥‥‥‥‥‥‥‥‥‥‥‥‥‥‥‥‥‥‥‥‥ 191

　　(3)　公益法人制度改革関連法は 3 部作——法人は全部で 4 タイプ、

　　　　移行期間中は 6 タイプ——‥‥‥‥‥‥‥‥‥‥‥‥‥‥‥‥‥‥‥‥‥ 192

17

目 次

　　〔図表45〕　公益法人制度改革関連法は3部作⋯⋯⋯⋯⋯⋯⋯⋯ 193

　⑷　公益社団法人・公益財団法人⋯⋯⋯⋯⋯⋯⋯⋯⋯⋯⋯⋯⋯⋯ 193

　　〔図表46〕　公益法人で一般法人より制限あるいは加重される主な

　　　　　　事項⋯⋯⋯⋯⋯⋯⋯⋯⋯⋯⋯⋯⋯⋯⋯⋯⋯⋯⋯⋯⋯ 194

　3　公益法人制度の留意すべき点⋯⋯⋯⋯⋯⋯⋯⋯⋯⋯⋯⋯⋯⋯⋯ 195

　⑴　膨大な規律と複雑なしくみ⋯⋯⋯⋯⋯⋯⋯⋯⋯⋯⋯⋯⋯⋯⋯ 195

　⑵　一般社団法人・一般財団法人の目的・意義があいまい⋯⋯⋯⋯ 196

　⑶　公益性の認定は適正になされるか⋯⋯⋯⋯⋯⋯⋯⋯⋯⋯⋯⋯ 198

　⑷　特別法による公益法人との関係⋯⋯⋯⋯⋯⋯⋯⋯⋯⋯⋯⋯⋯ 199

　4　公益法人関係税制について⋯⋯⋯⋯⋯⋯⋯⋯⋯⋯⋯⋯⋯⋯⋯⋯ 200

Ⅱ　整備法⋯⋯⋯⋯⋯⋯⋯⋯⋯⋯⋯⋯⋯⋯⋯⋯⋯⋯⋯⋯⋯⋯⋯⋯⋯ 216

　1　整備法⋯⋯⋯⋯⋯⋯⋯⋯⋯⋯⋯⋯⋯⋯⋯⋯⋯⋯⋯⋯⋯⋯⋯⋯ 216

　2　整備法の読み方⋯⋯⋯⋯⋯⋯⋯⋯⋯⋯⋯⋯⋯⋯⋯⋯⋯⋯⋯⋯ 216

　　〔図表47〕　特例民法法人（特例社団法人および特例財団法人）に

　　　　　　共通する経過措置等⋯⋯⋯⋯⋯⋯⋯⋯⋯⋯⋯⋯⋯⋯⋯ 217

　　〔図表48〕　特例社団法人に特有の経過措置⋯⋯⋯⋯⋯⋯⋯⋯⋯ 219

　　〔図表49〕　特例財団法人に特有の経過措置等⋯⋯⋯⋯⋯⋯⋯⋯ 221

　　〔図表50〕　特例社団法人の登記事項⋯⋯⋯⋯⋯⋯⋯⋯⋯⋯⋯⋯ 223

　　〔図表51〕　特例財団法人の登記事項⋯⋯⋯⋯⋯⋯⋯⋯⋯⋯⋯⋯ 224

Ⅲ　登記関係法令⋯⋯⋯⋯⋯⋯⋯⋯⋯⋯⋯⋯⋯⋯⋯⋯⋯⋯⋯⋯⋯⋯ 225

　1　特例民法法人の機関設計と登記事項⋯⋯⋯⋯⋯⋯⋯⋯⋯⋯⋯⋯ 225

　⑴　特例民法法人の機関設計⋯⋯⋯⋯⋯⋯⋯⋯⋯⋯⋯⋯⋯⋯⋯⋯ 225

　　〔図表52〕　特例民法法人の機関設計⋯⋯⋯⋯⋯⋯⋯⋯⋯⋯⋯⋯ 225

　⑵　特例民法法人の登記事項⋯⋯⋯⋯⋯⋯⋯⋯⋯⋯⋯⋯⋯⋯⋯⋯ 226

　2　印鑑証明の添付⋯⋯⋯⋯⋯⋯⋯⋯⋯⋯⋯⋯⋯⋯⋯⋯⋯⋯⋯⋯ 226

　　〔図表53〕　新たな理事（代表理事）が選任（選定）された場合の

　　　　　　印鑑証明書（移行を含む）⋯⋯⋯⋯⋯⋯⋯⋯⋯⋯⋯⋯ 226

　3　一般社団法人等登記規則3条により読み替えて準用される商業登記

目　次

　　規則の重要な規定……………………………………………228

Ⅳ　登録免許税………………………………………………………232

　1　登録免許税法の改正…………………………………………232

　2　経過措置………………………………………………………235

Ⅴ　法人の移行………………………………………………………238

　1　特例民法法人と移行等………………………………………238

　　⑴　特例民法法人……………………………………………238

　　⑵　特例民法法人の公益法人への移行……………………238

　　⑶　特例民法法人の一般社団法人・一般財団法人への移行……238

　2　旧中間法人……………………………………………………239

　　⑴　旧有限責任中間法人の名称変更………………………239

　　⑵　特例無限責任中間法人の移行…………………………240

Ⅵ　移行しなかった法人の解散・清算手続………………………241

　1　特例民法法人の解散…………………………………………241

　2　特例無限責任中間法人………………………………………241

　3　特例民法法人…………………………………………………248

　　〔図表54〕　特例民法法人の解散および清算に関する登記の登記事項……249


・編著者紹介……………………………………………………………252

19

凡　例

## 凡　例

| 略語等 | 正式名称 |
| --- | --- |
| 一般法人法／法 | 一般社団法人及び一般財団法人に関する法律（平成18年法律第48号） |
| 施行令／令 | 一般社団法人及び一般財団法人に関する法律施行令（平成19年政令第38号） |
| 施行規則／規 | 一般社団法人及び一般財団法人に関する法律施行規則（平成19年法務省令第28号） |
| 公益認定法／公益 | 公益社団法人及び公益財団法人の認定等に関する法律（平成18年法律第49号） |
| 公益認定令／公益令 | 公益社団法人及び公益財団法人の認定等に関する法律施行令（平成19年政令第276号） |
| 公益認定規則／公益規 | 公益社団法人及び公益財団法人の認定等に関する法律施行規則（平成19年内閣府令第68号） |
| 整備法／整備 | 一般社団法人及び一般財団法人に関する法律及び公益社団法人及び公益財団法人の認定等に関する法律の施行に伴う関係法律の整備等に関する法律（平成18年法律第50号） |
| 整備令 | 一般社団法人及び一般財団法人に関する法律及び公益社団法人及び公益財団法人の認定等に関する法律の施行に伴う関係法律の整備等に関する法律施行令（平成19年政令第277号） |
| 整備規 | 一般社団法人及び一般財団法人に関する法律及び公益社団法人及び公益財団法人の認定等に関する法律の施行に伴う関係法律の整備等に関する法律施行規則（平成19年内閣府令第69号） |
| 経過措置省令 | 一般社団法人及び一般財団法人に関する法律及び公益社団法人及び公益財団法人の認定等に関する法律の施行に伴う関係法律の整備等に関する法律の施行に伴う関係省令の整備及び経過措置に関する省令（平成20年法務省令第49号） |
| 登記規 | 一般社団法人等登記規則（平成20年法務省令第48号） |

凡　例

| | |
|---|---|
| 基本通達 | 一般社団法人及び一般財団法人関する法律等の施行に伴う法人登記事務の取扱いについて（平成20年9月1日民商第2351号法務省民事局長通達） |
| 税改法／税改 | 所得税法等の一部を改正する法律（平成20年法律第23号） |
| 留意事項 | 移行認定又は移行認可の申請に当たって定款の変更の案を作成するに際し特に留意すべき事項について（平成20年10月10日内閣府公認定等委員会）内閣府公益認定等委員会「公益認定等に関する運用について（公益認定等ガイドライン）」（平成20年4月、平成20年10月改訂） |
| 公益認定等ガイドライン | 内閣府公益認定等委員会「公益認定等に関する運用について（公益認定等ガイドライン）」（平成20年4月、平成20年10月改訂） |
| FAQ | 公益法人 information ウェブサイト／よくある質問（FAQ）〈http://www.koeki-info.go.jp/〉 |
| 民事局 Q&A | 法務省ウェブサイト民事局「一般社団法人及び一般財団法人制度 Q&A」〈http://www.moj.go.jp/MINJI/minji153.html〉 |
| 省令の解説 | 吉野太人「『一般社団法人等登記規則』及び『一般社団法人及び一般財団法人に関する法律及び公益社団法人及び公益財団法人の認定等に関する法律の施行に伴う関係法律の整備等に関する法律の施行に伴う関係省令の整備及び経過措置に関する省令』の解説」江原健志編『一般社団法人・財団法人法の法人登記実務』テイハン（平成21年） |
| 法人登記事務の取扱い | 杉浦直紀＝希代浩正「一般社団法人及び一般財団法人に関する法律等の施行に伴う法人登記事務の取扱いについて」江原健志編『一般社団・財団法人法の法人登記実務』テイハン（平成21年） |
| 法人登記実務 Q&A | 瀬島由起子「一般社団法人及び一般財団法人に関する法律等の施行に伴う法人登記実務 Q&A」江原健志編『一般社団・財団法人法の法人登記実務』テイハン（平成21年） |
| 旧民法 | （平成18年法律第50号による改正前の）民法 |
| 旧中間法人法／旧中間 | 中間法人法（平成18年法律第50号により廃止） |

凡　例

| | |
|---|---|
| 商登 | 商業登記法 |
| 商登規 | 商業登記規則 |
| 登免 | 登録免許税法 |
| 破 | 破産法 |
| NPO 法 | 特定非営利活動促進法 |
| 番号法 | 行政手続における特定の個人を識別するための番号の利用等に関する法律 |

（注）　ウェブサイトの URL は2019年 8 月 1 日現在

# 第 1 章

# 一般社団法人および 一般財団法人の設立

〔第1章〕 I　はじめに

# I　はじめに

　現在非営利活動を行っている任意団体が新たに法人格を取得するにはどのような形態の法人を選択すべきか。

　そもそも営利法人と非営利法人は、構成員に利益を分配するかしないかによって区別されると解されている。公益目的で活動を始めたものの営利事業が主となっているような団体であれば株式会社という選択肢も考えられる。

　公益性を重視し活動をするのであれば一般社団法人・一般財団法人、公益社団法人・公益財団法人、あるいはNPO法人から選択することとなる。これらにつき以下で比較検討するが、どの法人を選択するかは、活動の内容、規模、税制の優遇措置の必要性等を考慮して決定すべきであろう。

## 1　一般法人法

　一般法人法は、会社法の株式会社に関する規定と極めて似た法律となっている。対象とする法人が、一般社団法人および一般財団法人の2種類あるため、会社法よりは若干複雑な構成となっているが、個々の規定を会社法と比較してみると用語が異なるだけで、全く同一の規定ぶりとなっているものが多い。したがって、会社法の規定の類推で理解できる部分も多い。もっとも、対象とする法人の性質上、会社法とは異なった規律となっている部分も少なくないので注意が必要である。

　〔図表1〕は、一般法人法と会社法の構成を比較したものである。一般法人法では、設立から解散までは、一般社団法人および一般財団法人のそれぞれについて規定を設けているが、それぞれに固有の規定を除けば、一般社団法人の規定を一般財団法人が準用する形になっている。

　なお、会社法では、添付書面等の登記手続に関する規定は、商業登記法で規定があるが、一般法人法では、316条以下に規定があり、さらに330条において商業登記法のかなり多くの規定を準用している。

## 1 一般法人法

〔図表1〕 一般法人法と会社法の比較

| 一般法人法 | | 会社法における該当規定 |
|---|---|---|
| 第1章　総則 | | 第1編　総則 |
| 第1節　通則<br>第2節　法人の名称 | | 第1章　通則<br>第2章　会社の商号 |
| 第3節　商法の規定の不適用（第9条） | | |
| 第2章　一般社団法人 | 第3章　一般財団法人 | 第2編　株式会社 |
| 第1節　設立 | 第1節　設立 | 第1章　設立 |
| 第1款　定款の作成 | 第1款　定款の作成 | 第2節　定款の作成 |
| | 第2款　財産の拠出 | 第3節　出資 |
| 第2款　設立時役員等の選任及び解任<br>第3款　設立時理事等による調査<br>第4款　設立時代表理事の選定等<br>第5款　一般社団法人の成立<br>第6款　設立時社員等の責任 | 第3款　設立時評議委員等の選任<br>第4款　設立時理事等による調査<br>第5款　設立時代表理事の選定等<br>第6款　一般財団法人の成立<br>第7款　設立者等の責任 | 第4節　設立時役員等の選任及び解任<br>第5節　設立時取締役等による調査<br>第6節　設立時代表取締役等の選定<br>第7節　株式会社の成立<br>第8節　発起人等の責任 |
| 第2節　社員<br>第1款　総則<br>第2款　社員名簿等 | | 第2章　株式<br>第1節　総則<br>第2節　株主名簿 |
| 第3節　機関 | 第2節　機関 | 第4章　機関 |
| 第1款　社員総会 | | 第1款　株主総会 |
| 第2款　社員総会以外の機関の設置<br>第3款　役員等の選任及び解任 | 第1款　機関の設置<br><br>第2款　評議員等の選任及び解任（第177条　一般社団法人規定の準用） | 第2節　株主総会以外の機関の設置<br>第3節　役員及び会計監査人の選任及び解任 |
| | 第3款　評議員及び評議員会 | |
| 第4款　理事<br>第5款　理事会 | 第4款　理事、理事会、監事及び会計監査 | 第4節　取締役<br>第5節　取締役会 |

〔第1章〕Ⅰ　はじめに

| | | |
|---|---|---|
| 第6款　監事<br>第7款　会計監査人 | 人（第197条　一般社団法人規定の準用） | 第7節　監査役<br>第9節　会計監査人 |
| 第8款　役員等の損害賠償責任 | 第5款　役員等の損害賠償責任（第198条　一般社団法人規定の準用） | 第11節　役員等の損害賠償責任 |
| 第4節　計算 | 第3節　計算 | 第5章　計算等 |
| 第1款　会計の原則<br>第2款　会計帳簿<br>第3巻　計算書類等 | （第199条　一般社団法人規定の準用） | 第1節　会計の原則<br>第1款　会計帳簿<br>第3款　計算書類等 |
| 第5節　基金<br><br>第1款　基金を引き受ける者の募集<br>第2款　基金の返還 | | 第8節　募集株式の発行等 |
| 第6節　定款の変更 | 第4節　定款の変更 | 第6章　定款の変更 |
| 第7節　事業の譲渡 | 第5節　事業の譲渡 | 第7章　事業の譲渡 |
| 第8節　解散 | 第6節　解散 | 第8章　解散 |
| 第4章　清算 | | 第9章　清算 |
| 第1節　清算の開始 | | 第1款　清算の開始 |
| 第2節　清算法人の機関 | | 第2款　清算株式会社の機関 |
| 第1款　清算法人における機関の設置<br>第2款　清算人の就任及び解任並びに監事の退任等<br><br>第3款　清算人の職務等<br>第4款　清算人会<br>第5款　理事会等に関する規定の適用 | | 第1目　株主総会以外の機関の設置<br>第2目　清算人の就任及び解任並びに監査役の退任<br>第3目　清算人の職務等<br>第4目　清算人会<br>第5目　取締役等に関する規定の適用 |
| 第3節　財産目録等 | | 第3款　財産目録等 |
| 第4節　債務の弁済等 | | 第4款　債務の弁済等 |
| 第5節　残余財産の帰属 | | 第5款　残余財産の分配 |
| 第6節　清算事務の終了等 | | 第6款　清算事務の終了 |

とみることができる。現在改革が検討されている公益信託制度にしても、その成立に主務官庁の許可が必要であるという点において旧財団法人の設立許可とよく似たしくみになっている。ただ信託は、既存の法人格保有者である自然人・法人に財産を委ねる形をとるのに対して、財団法人の場合は新しい法人格をつくり上げ、これに財産の管理を遂行させるという点で違いがある[1]。

## 4　どの法人を選択するのか

### (1)　一般社団法人・一般財団法人と公益社団法人・公益財団法人

　一般法人法に基づく法人は、主務官庁の許可を受けることなく株式会社と同様に登記をするだけで法人格を取得できる「一般社団法人・一般財団法人」と、一般社団法人・一般財団法人の中で行政庁による公益性の認定を受けた「公益社団法人・公益財団法人」の二つに分類できる。

　「一般」と「公益」に着目したこれらの法人のメリット・デメリットは次のとおりである。

〔図表3〕　一般社団法人・一般財団法人と公益社団法人・公益財団法人の比較

| | 一般社団法人・一般財団法人 | 公益社団法人・公益財団法人 |
|---|---|---|
| メリット | ・手続が登記のみで迅速に設立できる。<br>・行政庁の監督や行政庁への報告義務がない。<br>・事業を自由に行うことができる。 | ・法人名に「公益」を独占的に使用できるため、社会的信用を得ることができる。<br>・税制の優遇措置を受けられる。<br>・広く一般からの寄付が受けやすい。 |
| デメリット | ・主務官庁の許可が不要であるため誰でも簡単に設立できるので、社会的評価は必ずしも高いわけではない。 | ・行政庁の監督を受ける。<br>・公益申請認定時だけでなく毎年認定基準をクリアしなければならない。 |

　公益社団法人・公益財団法人は、いきなり設立することはできないので、まずは一般社団法人・一般財団法人を設立し、設立後に公益認定を受ける必

---

1　根田正樹ほか編著『一般社団法人・財団法人の法務と税務』（杉浦宣彦・法人類似制度としての信託）152頁。

〔第1章〕 I　はじめに

要がある。

　公益認定を受けることを予定して一般社団法人・一般財団法人を設立する場合は、公益社団法人・公益財団法人の認定基準に配慮した計画と準備が必要になる。たとえば公益社団法人の機関設計としては理事会設置が必須で当然監事も置く必要があり、選択枝が限定される。また、公益社団法人・公益財団法人は税制の優遇措置がある反面、情報開示の強化等公益性を維持するための負担が大きいことを認識したうえで設立手続に着手すべきであろう。

### (2)　特定非営利活動法人（NPO法人）

　一般社団法人・一般財団法人以外で非営利法人の選択肢としては、NPO法人があげられる。NPO法人は、平成10年に制定されたNPO法によって設立される法人であり、一般社団法人・一般財団法人とは異なる法人類型である。

　特定非営利活動とは、ボランティア活動など市民が行う社会貢献活動のうち環境保全や災害救援活動など法律で列挙されているもので、かつ不特定多数の者の利益の増進に寄与することを目的とするものをいう（NPO法2条1項）。

　設立には次の手続が必要である（NPO法10条～13条）。

①　定款の作成

②　所轄庁の認証

③　設立登記

　設立当初の役員は定款で定める必要があり（NPO法11条2項）、理事3名以上、監事1名以上を置かなければならない（同法15条）。また、社員は10名以上必要である（同法12条1項4号）。

　設立に所轄庁の審査を受け、設立後は所轄庁の監督を受ける点では公益社団法人・公益財団法人に類似しており、設立に時間はかかるが、社会的信用を得ることができる。

　これに対し、一般社団法人・一般財団法人は、公証役場において定款の認証が必要ではあるが、所轄庁の審査がなく、登記のみの手続なので迅速に設

8

立できる。また、設立後も所轄庁の監督もなく報告義務もない。

　比較的小規模で簡易に設立し、自由に活動をしたいのであれば一般社団法人・一般財団法人ということになろう。

(3)　その他の非営利法人

　事業内容によって各分野の特別法がある場合は、特別法によって設立する法人の利用を検討する必要がある。たとえば、社会福祉法人、医療法人、宗教法人等である。

〔第1章〕Ⅱ 一般社団法人の設立

# Ⅱ　一般社団法人の設立

## 1　設立手続

　一般社団法人は、一般法人法により主務官庁の許可を受けることなく登記をするだけで設立することができる。

　手続の流れは、次のとおりである。

〔図表4〕　一般社団法人の設立手続の流れ

```
1　定款の作成（法10条）
 ⇩
2　定款の認証（法13条）
 ⇩
3　設立時役員等の選任（定款に定めなかった場合）（法15条）
 ⇩
4　設立手続の調査（法20条）
 ⇩
5　設立登記（法22条）
```

## 2　定款の作成

　一般社団法人を設立するには、その社員になろうとする者（設立時社員）2名以上が共同して、定款を作成し、その設立時社員全員がこれに署名または記名押印しなければならない（法10条1項）。これは設立に関して責任を負う社員を明らかにするためである。

　定款に記載する事項は、絶対的記載事項、相対的記載事項、任意的記載事項の三つに分けられる。

### (1)　絶対的記載事項

　絶対的記載事項（法11条1項1号～7号）は、その記載がないと定款自体が無効となるものであり（同条2項）、以下のとおりである。

① 目的　　法律上制限はないので、公序良俗に反するような事業でなければ、自由に決められる。

② 名称　　名称中に「一般社団法人」という文字を用いなければならない（法5条1項）。不正の目的をもって他の一般社団法人であると誤認さ

10

れるおそれのある名称または商号は使用できない（法7条1項）。

　また、他の一般社団法人のすでに登記した名称と同一であり、主たる事務所の所在場所も同一である場合は登記できない（法330条、商登27条）。

③　主たる事務所の所在地　　全事業を総括する事務所の最小行政区画（市区町村）まで記載すれば足りるが、地番まで決定できなかったり記載しなかったりする場合は、設立時社員において決定する必要がある。

④　設立時社員の氏名または名称および住所　　設立時の社員を特定するために記載する。法人の場合は名称を記載する。

⑤　社員の資格の得喪に関する規定　　構成員の変動に関する事項は重要である。社員となるための資格、入退社の手続、退社の事由等を記載する。

⑥　公告方法　　次の四つの方法から選択する（法331条1項1号～4号）。

　ⓐ　官報に掲載する方法

　ⓑ　時事に関する事項を掲載する日刊新聞紙に掲載する方法

　ⓒ　電子公告

　ⓓ　主たる事務所の公衆の見やすい場所に掲示する方法（規88条1項）

⑦　事業年度　　一般社団法人は、法務省令で定めるところにより、各事業年度に係る計算書類（貸借対照表および損益計算書）および事業報告並びにこれらの附属明細書を作成しなければならないこととなっているので（法123条2項）、この計算の基礎となる事業年度が、必要になる。事業年度は、原則として1年を超えることができない（規29条1項）。

〔図表5〕　定款の絶対的記載事項と登記事項との関係

| 定款の絶対的記載事項 | 登記事項 |
|---|---|
| 目的 | ○ |
| 名称 | ○ |
| 主たる事務所の所在地（注） | ○ |
| 設立時社員の氏名または名称および住所 | × |

〔第1章〕Ⅱ　一般社団法人の設立

| 社員の資格の得喪に関する規定 | × |
|---|---|
| 公告方法 | ◯ |
| 事業年度 | × |

(注)　定款には、最小行政区画（市町村、東京23区）までを記載すればよい
が、登記事項としては、具体的な住所まで記載する必要がある。

(2)　相対的記載事項

相対的記載事項は、記載しなくても定款自体は無効にはならないが定款に
定めておかないとその効力が否定される事項であり、以下のとおりである。

〔図表6〕　定款の相対的記載事項と登記事項との関係

登記事項であるもの

①　社員総会以外の機関（理事会・監事・会計監査人）の設置（法60条2項）
②　理事等の損害賠償責任の免除に関する定款の定め（法114条1項）
③　非業務執行理事等の責任限定契約（法115条1項）
④　存続期間・解散の事由（法148条1号・2号）

登記と関係がないもの

①　設立時役員等の選任の方法（法17条2項）
②　設立時役員等の解任の方法（法19条2項）
③　経費の負担（法27条）
④　任意退社事由（法28条1項）
⑤　強制退社事由（法29条）
⑥　社員総会の権限（法35条2項）
⑦　社員による社員総会招集の請求（法37条1項）
⑧　社員による社員総会招集（法37条2項）
⑨　社員総会の招集の通知（法39条1項）
⑩　社員による議題提案権（法43条2項）
⑪　社員による議案提案権（法44条）
⑫　社員による議案提案の書面掲載請求（法45条）
⑬　社員総会の招集手続等に関する検査役の選任（法46条1項）
⑭　議決権の数（法48条1項）
⑮　社員総会の定足数、決議要件（法49条1項）
⑯　社員総会の特別決議の要件（法49条2項）
⑰　理事の任期（法66条）
⑱　監事の任期（法67条1項）
⑲　理事の業務の執行（法49条2項）
⑳　代表理事の選定方法（法77条3項）
㉑　業務の執行に関する検査役の選任（法86条1項）

㉒　理事の報酬（法89条）
㉓　理事会設置一般社団法人の理事の報告（法91条2項）
㉔　理事会招集権者（法93条1項）
㉕　理事会の招集の通知（法94条1項）
㉖　理事会の決議（法95条1項）
㉗　理事会の議事録の署名（法95条3項）
㉘　理事会の決議の省略（法96条）
㉙　監事の報酬等の総額（法105条1項）
㉚　各監事の報酬等（法105条2項）
㉛　理事等の損害賠償責任の免除に関する定款の定め（法114条）
㉜　会計帳簿の閲覧等の請求（法121条1項）
㉝　基金（法131条1項）
㉞　残余財産の帰属（法239条1項）
㉟　解散の訴え（法268条）
㊱　役員等の解任の訴え（法284条）
㊲　書面表決の期限（規4条1項）
㊳　代理人による議決権行使の方法（規4条2項）
㊴　補欠役員等の選任決議の効力を有する期間（規12条3項）

## (3)　任意的記載事項

　任意的記載事項は、強行規定や公序良俗に反しない限り記載してもしなく
てもよい事項であり、定款に記載することで明確にはなるが、一度規定して
しまうと変更するには社員総会の特別決議が必要になるので注意が必要であ
る。

## (4)　定款で定めても効力を有しないもの

　次の事項については、定款に定めても効力を有しないとされる。

①　社員に剰余金または残余財産の分配を受ける権利を与える旨の定款の
　　定め（法11条2項）

②　社員総会の決議を必要とする事項について、理事、理事会その他の社
　　員総会以外の機関が決定することができることを内容とする定款の定め
　　（法35条4項）

③　社員総会において決議をする事項の全部につき社員が議決権を行使す
　　ることができない旨の定款の定め（法48条2項）

*13*

〔第1章〕 Ⅱ　一般社団法人の設立

### 3　定款の認証

設立時社員は、作成した定款について公証役場において公証人の認証を受けなければならない。すなわち、公証人の認証によって効力が生じるとされている（法13条）。これは、定款の定めをめぐって後日紛争が起きないように予防するためである。なお、定款は電磁的記録で作成することも可能である（法10条2項）[1]。

### 4　設立時役員等の選任

定款で設立時役員等を定めなかったときは、設立時社員は定款認証後遅滞なく設立時役員等を選任しなければならない（法15条、解任につき法18条・19条）。

一般法人法においては、設立中の法人の機関を「設立時理事」「設立時監事」「設立時会計監査人」と、これらを総称して「設立時役員等」とよび、法人成立後の機関と区別している。これらの役員の員数については次のような制限がある。

理事会設置一般社団法人である場合は、設立時理事の最低人数は3名である（法16条1項）。非・理事会設置一般社団法人である場合は、設立時理事を1名選任することで足りる。

設立時代表理事の選定については、理事会設置一般社団法人である場合は、設立時理事の一人1個の議決権による多数決で設立時理事の中から設立時代表理事を選定することが義務づけられている（法21条1項・3項）。解職する場合も同様の手続である（同条2項・3項）。

非・理事会設置一般社団法人である場合は、設立時代表理事の選定は義務づけられていない。この場合、設立時代表理事の選定をしないときは、法人成立後は、理事全員が各自法人を代表するので（法77条1項・2項）、設立登記の際には、すべての理事が代表理事として登記されることとなる（法301条2項6号）。

---

1　株式会社の定款と異なり、書面による定款であっても、公証人保存原本となる定款への収入印紙の貼付は不要である（印紙税法別表一6号）。

14

法人成立後の代表理事の選定方法（法77条3項）と異なり、設立時代表理事を選定する方法については、一般法人法に明文の規定はないが、次のような方法で選定することが可能であると解されている（法人登記事務の取扱い264頁）。

① 定款に直接設立時代表理事を定める方法
② 定款の定めに基づき設立時理事の互選により選定する方法
③ 定款に設立時代表理事に関する定めがない場合において、設立時社員の議決権の過半数により選定する方法

## 5　設立関与者の責任

### (1)　設立時社員の責任

一般社団法人が成立しなかった場合は連帯して責任を負い、要した費用、たとえば事務所の賃料、手続に要した事務費用等は設立時社員の負担となる（法26条、下記(2)と同様の責任につき法23～25条参照）。

### (2)　設立時役員の責任

設立時理事や設立時監事（以下、「設立時役員」という）は、設立手続の履行や調査を行う任務があり、これを怠ると、法人に対して損害賠償をしなければならない（法23条1項）。また、設立時役員がその職務を行うにあたって悪意または重大な過失があるときは第三者に対する損害賠償責任をも負うこととなる（同条2項）。他の設立時役員も責任を負う場合は連帯債務となる（法24条）。

総社員の同意があれば法人に対する責任は免除されるが（法25条）、第三者に対する責任については免除の規定はない。

## 6　設立手続の調査

設立時社員において定款の作成、認証、主たる事務所の確保等の設立手続を行うこととなるが、設立時理事および設立時監事は、選任後遅滞なく設立の手続が法令または定款に違反していないことを調査しなければならない（法20条1項）。

なお、調査報告書は、設立登記の添付書面とはなっていない（法318条2

〔第1章〕Ⅱ　一般社団法人の設立

項・319条2項・330条）。

### 7　設立の登記手続

#### (1)　登記期間

　一般社団法人の設立の登記は、主たる事務所の所在地において次に掲げる日のいずれか遅い日から2週間以内にしなければならない（法301条1項）。なお、従たる事務所の所在地においては、主たる事務所の所在地における設立の登記をした日から2週間以内に登記をしなければならない（法312条1項1号）。

①　設立時理事等の調査が終了した日（法20条1項）

②　設立時社員が定めた日

#### (2)　主たる事務所の所在地における登記事項

　主たる事務所の所在地において登記すべき事項は以下のとおりである（法301条2項1号〜5号）。

①　目的

②　名称

③　主たる事務所および従たる事務所の所在場所

④　存続期間または解散の事由についての定款の定めがあるときは、その定め

⑤　理事の氏名　　なお、役員（理事、監事または会計監査人）の就任等の登記をするときに、婚姻により氏を改めた役員（その申請により登記簿に氏名が記載される者に限る）について、その婚姻前の氏をも記録するよう申し出ることができるので（登記規3条、商登規81条の2第1項）、その申出をする場合は、婚姻前の氏（具体的には、婚姻前の氏名をカッコ書で付記する）も登記することができる。以下、⑧および⑨について同じ。

⑥　代表理事の氏名および住所

⑦　理事会設置一般社団法人であるときは、その旨

⑧　監事設置一般社団法人であるときは、その旨および監事の氏名

⑨　会計監査人設置一般社団法人であるときは、その旨および会計監査人

16

の氏名または名称

⑩　一時会計監査人を置いたときはその氏名または名称

⑪　役員等の責任の免除についての定款の定めがあるときは、その定め

⑫　非業務執行理事、監事または会計監査人が負う責任の限度に関する契約の締結についての定款の定めがあるときは、その定め

⑬　貸借対照表を電磁的方法により開示するときは、その内容である情報について不特定多数の者がその提供を受けるために必要な事項であって法務省令で定めるもの（情報が掲載されているウェブサイトのアドレス）（規87条1項1号）

⑭　公告方法

⑮　公告方法が電子公告であるときは、ⓐ電子公告により公告すべき内容である情報について不特定多数の者がその提供を受けるために必要な事項であって法務省令で定めるもの（情報が掲載されているウェブサイトのアドレス）、およびⓑ事故その他やむを得ない事由によって電子公告による公告をすることができない場合の公告方法について定款の定めがあるときは、その定め

### (3)　従たる事務所の所在地における登記

従たる事務所の所在地において登記すべき事項は、次の事項に限定される（法312条2項1号～3号）。

①　名称

②　主たる事務所の所在場所

③　従たる事務所（その所在地を管轄する登記所の管轄区域内にあるものに限る）の所在場所

### (4)　添付書面

主たる事務所の所在地では以下のとおりである（法318条2項1号～4号・3項）。従たる事務所の所在地では主たる事務所の所在地において登記したことを証する書面（登記事項証明書）のみである（法329条）。

なお、申請書に会社法人等番号を記載した場合は、登記事項証明書の添付

〔第1章〕 Ⅱ　一般社団法人の設立

を省略することができる（法330条、商登19条の３）。

　また、主たる事務所における登記の申請の際に、従たる事務所における登記の申請を一括して行うこともできる。この場合は従たる事務所における登記の申請に関しては登記事項証明書その他の添付書面は要しない（法330条、商登49条）。

①　定款

②　設立時理事が設立時代表理事を選定したときは、これに関する書面

③　設立時理事、設立時監事および設立時代表理事が就任を承諾したことを証する書面

④　印鑑証明書　　③の就任承諾を証する書面の設立時理事（理事会設置一般社団法人にあっては設立時代表理事）の印鑑につき市区町村長の作成した証明書（登記規３条、商登規61条４項・３項）。

⑤　本人確認書類　　③の設立時理事および設立時監事（設立時役員）の就任承諾書に記載された氏名および住所と同一の氏名および住所が記載されている市区町村長その他の公務員が職務上作成した証明書（当該設立時役員が原本と相違がない旨を記載した謄本を含む）を添付する（登記規３条、商登規61条７項）。ただし、当該設立時役員のうち、市区町村長作成の印鑑証明書を添付する者を除く（同項ただし書）。

〈本人確認書類の例〉

・住民票の写し（住民票記載事項証明書）。個人番号（マイナンバー）の記載のないもの

・戸籍の附票

・市区町村長作成の印鑑証明書

　　以上については、原本およびコピー（当該設立時役員の原本証明のあるもの）を添付したうえで、原本・コピーの還付を受けることもできるし、コピーのみを添付することもできる。

・運転免許証等のコピー（表裏両面をコピーする）

・個人番号カードの表面のコピー。個人番号の記載された裏面のコピー

*18*

7　設立の登記手続

の添付は厳禁である（番号法19条参照）。裏面のコピーのないものと差
替えを求められることになる。

　以上については、当該設立時役員本人が「原本と相違ない。」と記載
して、記名押印をする必要がある（原本証明）。なお、原本証明のある
コピーについても、さらにそのコピーを用意して、原本還付を受けるこ
とができるので、必要な場合は複数の法人で同時に登記をする場合など
に使い回しができる。

⑥　設立時会計監査人を選任したときは、次に掲げる書面

　ⓐ　設立時会計監査人の選任に関する書面

　ⓑ　就任を承諾したことを証する書面

　ⓒ　設立時会計監査人が法人であるときは、当該法人の登記事項証明書。
　　ただし、設立登記を申請する登記所の管轄区域内に会計監査人となる
　　法人の主たる事務所がある場合は、添付を要しない。なお、申請書に
　　会社法人等番号を記載した場合は、登記事項証明書の添付を省略する
　　ことができる（法330条、商登19条の３）。

　ⓓ　設立時会計監査人が法人でないときは、その者が公認会計士である
　　ことを証する書面

⑦　登記すべき事項につき設立時社員全員の同意またはある設立時社員の
　一致を要するときは、その同意または一致があったことを証する書面
　（法318条３項）　　具体的には、次のような場合が考えられる。

　ⓐ　設立時社員が設立時理事、設立時監事または設立時設立時会計監査
　　人を選任したとき（法17条１項）

　ⓑ　設立時社員が主たる事務所、従たる事務所の所在場所等を定めたと
　　き

19

〔第1章〕Ⅱ　一般社団法人の設立

**【記載例1】　定款(1)（理事会設置一般社団法人で基金を引き受ける者の募集をすることができる旨の定めがある場合）**

### 一般社団法人○○会定款

第1章　総　則

（名　称）

第1条　この法人は、一般社団法人○○会と称する。

（主たる事務所の所在地）

第2条　この法人は、主たる事務所を東京都新宿区に置く。

---

（注）　主たる事務所の所在地

　定款に記載する主たる事務所の所在地は、最小行政区画（市町村、東京23区）まででよい。ただし、定款で具体的な所在場所を定めなかった場合には、具体的な所在場所が登記事項とされているので、設立登記の申請の時までにこれを定める必要がある。なお、これを定めるには、定款に別段の定めがない限り、設立時社員の議決権の過半数によって行うものとされている（基本通達）。

---

（目　的）

第3条　この法人は、障害者が安心して生活できるよう支援し、もって障害者の権利の擁護及び福祉の増進に寄与することを目的とする。

（事　業）

第4条　この法人は、前条の目的を達成するため、次の事業を行う。

　(1)　障害者総合支援法に基づく相談支援事業

　(2)　○○

　(3)　○○

　(4)　前各号に附帯する一切の事業

第2章　社　員

（法人の構成員）

第5条　この法人は、この法人の事業に賛同する個人又は団体であって、次条の規定によりこの法人の社員となった者をもって構成する。

（社員の資格の取得）

7　設立の登記手続

第6条　この法人の社員となろうとする者は、理事会において別に定めるところにより申込みをし、その承認を受けなければならない。

（経費の負担）

第7条　この法人の事業活動に経常的に生じる費用に充てるため、社員になった時及び毎月、社員は、社員総会において別に定める額の経費を支払う義務を負う。

（任意退社）

第8条　社員は、理事会において別に定める退社届を提出することにより、任意にいつでも退社することができる。

（除　名）

第9条　社員が次のいずれかに該当するに至ったときは、社員総会の決議によって当該社員を除名することができる。

(1)　この定款その他の規則に違反したとき。

(2)　この法人の名誉を傷つけ、又は目的に反する行為をしたとき。

(3)　その他除名すべき正当な事由があるとき。

（社員資格の喪失）

第10条　前2条の場合のほか、社員は、次のいずれかに該当するに至ったときは、その資格を喪失する。

(1)　第7条の支払義務を半年以上履行しなかったとき。

(2)　総社員が同意したとき。

(3)　当該社員が死亡し、又は解散したとき。

　　　第3章　社員総会

（注）　社員総会

　社員総会は最高意思決定機関としてすべての一般社団法人で必ず置かなければならない。権限については理事会を設置しているか否かによって異なる。

〔非・理事会設置一般社団法人〕

　一般法人法に規定する事項のほか運営等に関するいっさいの事項を決議できる（法35条1項）。

〔理事会設置一般社団法人〕

　一般法人法に規定する事項および定款で定めた事項でなければ決議できない（法35条2項）。

*21*

〔第1章〕Ⅱ　一般社団法人の設立

（構　成）

第11条　社員総会は、全ての社員をもって構成する。

（権　限）

第12条　社員総会は、次の事項について決議する。

(1)　社員の除名

(2)　理事及び監事並びに会計監査人の選任又は解任

(3)　理事及び監事の報酬等の額

(4)　計算書類等の承認

(5)　定款の変更

(6)　解散及び残余財産の処分

(7)　不可欠特定財産の処分の承認

(8)　基金の返還

(9)　その他社員総会で決議するものとして法令又はこの定款で定められた事項

（開　催）

第13条　社員総会は、定時社員総会として毎年度6月に1回開催するほか、必要がある場合に開催する。

（招　集）

第14条　社員総会は、法令に別段の定めがある場合を除き、理事会の決議に基づき代表理事が招集する。

2　総社員の議決権の10分の1以上の議決権を有する社員は、代表理事に対し、社員総会の目的である事項及び招集の理由を示して、社員総会の招集を請求することができる。

（議　長）

第15条　社員総会の議長は、代表理事がこれに当たる。

（議決権）

第16条　社員総会における議決権は、社員1名につき1個とする。

（決　議）

第17条　社員総会の決議は、法令又はこの定款に別段の定めがある場合を除き、総社員の議決権の過半数を有する社員が出席し、出席した当該社員の議決権の過半数をもって行う。

2　前項の規定にかかわらず、次の決議は、総社員の半数以上であって、総社員の議決権の3分の2以上に当たる多数をもって行う。

(1)　社員の除名

(2)　監事の解任

　(3)　定款の変更

　(4)　事業の全部の譲渡

　(5)　解散

　(6)　その他法令で定められた事項

3　理事又は監事を選任する議案を決議するに際しては、各候補者ごとに第
　1項の決議を行わなければならない。理事又は監事の候補者の合計数が、
　第19条に定める定数を上回る場合には、過半数の賛成を得た候補者の中か
　ら得票数の多い順に定数の枠に達するまでの者を選任することとする。

　(議事録)

第18条　社員総会の議事録については、法令で定めるところにより、議事録
　を作成する。

　　　第4章　役　員

---

　(注)　役員

　　(1)　理事

　　理事は、業務執行機関としてすべての一般社団法人で最低1名は置か
　なければならない(法60条1項)。ただし理事会設置一般社団法人は3
　名以上置かなければならない(法65条3項)。

　　(2)　監事

　　監事は定款に定めることにより任意に置くことができる(法60条2
　項)。ただし以下の場合は必ず置かなければならない(法61条・62条)。
　この場合も定款に監事を置く旨を定める必要がある。

　　①　理事会設置一般社団法人

　　②　会計監査人設置一般社団法人

　　③　大規模一般社団法人(注1)

　　監事の職務は、理事の職務執行を監査することである。

　　(3)　会計監査人(この定款記載例では設置していない)

　　会計監査人は大規模一般社団法人において設置義務があるが、小規模
　法人においても定款に定めることにより任意に置くことができる(法60
　条2項)。ただし、会計監査人は監事を補助する役割であるため監事も
　置く必要がある(法62条)。会計監査人は、一般社団法人の計算書類お
　よびその附属明細書等を監査する機関であり(法107条1項)、資格は公

〔第1章〕Ⅱ　一般社団法人の設立

> 認会計士または監査法人に限られている（法68条1項）。なお、会計監
> 査人は役員と同様、法人との関係は委任に関する規定に従う（法64条）。

　（役員の設置）

第19条　この法人に、次の役員を置く。

　(1)　理事3名以上8名以内

　(2)　監事1名以上2名以内

2　理事のうち1名を代表理事とする。

3　代表理事以外の理事のうち1名を業務執行理事とする。

　（役員の選任）

第20条　理事及び監事は、社員総会の決議によって社員の中から選任する。

2　代表理事及び業務執行理事は、理事会の決議によって理事の中から選定
　する。

> 　（注）　役員の選任
> 　　理事、監事、会計監査人は社員総会の決議によって選任する。
> 　　なお、社員総会の決議を要する事項について、社員総会以外の機関が
> 　決定することができることを内容とする定款の定めは、その効力を有し
> 　ないが（法35条4項）、役員（理事および監事）の候補者を選挙等で決
> 　定し、理事の決定（理事会設置法人においては理事会の決議）を経て、
> 　社員総会の議案とすることは認められる。
> 　〔非・理事会設置一般社団法人における代表理事〕
> 　　理事は原則として各自一般社団法人を代表するが、他に代表する者を
> 　定めた場合にはその他の理事は代表権を有しない（法77条1項）。
> 　　理事の中から代表理事を定めない場合は、各理事が代表理事となる
> 　（法77条2項）。代表理事を定める場合は次の方法による（同条3項）。
> 　　①　定款
> 　　②　定款の定めに基づく理事の互選
> 　　③　社員総会の決議
> 　〔理事会設置一般社団法人における代表理事〕
> 　　理事会の決議により理事の中から代表理事を選定する（注2）。

　（理事の職務及び権限）

第21条　理事は、理事会を構成し、法令及びこの定款で定めるところにより、

職務を執行する。

2　代表理事は、法令及びこの定款で定めるところにより、この法人を代表し、その業務を執行し、業務執行理事は、理事会において別に定めるところにより、この法人の業務を分担執行する。

（監事の職務及び権限）

第22条　監事は、理事の職務の執行を監査し、法令で定めるところにより、監査報告を作成する。

2　監事は、いつでも、理事及び使用人に対して事業の報告を求め、この法人の業務及び財産の状況の調査をすることができる。

（役員の任期）

第23条　理事の任期は、選任後2年以内に終了する事業年度のうち最終のものに関する定時社員総会の終結の時までとする。

2　監事の任期は、選任後4年以内に終了する事業年度のうち最終のものに関する定時社員総会の終結の時までとする。

3　補欠として選任された理事または監事の任期は、前任者の任期の満了する時までとする。

4　理事又は監事は、第19条に定める定数に足りなくなるときは、任期の満了又は辞任により退任した後も、新たに選任された者が就任するまで、なお理事又は監事としての権利義務を有する。

---

（注）　役員の任期

（1）　理事（法66条）

（原則）　選任後2年以内に終了する事業年度のうち最終のものに関する定時社員総会の終結の時までとする。

（短縮）　定款または社員総会の決議によって、短縮できる。

（2）　監事（法67条1項・2項）

（原則）　選任後4年以内に終了する事業年度のうち最終のものに関する定時社員総会の終結の時までとする。

（短縮）　定款によって、選任後2年以内に終了する事業年度のうち最終のものに関する定時社員総会の終結の時までとすることを限度として短縮できる。

　また、定款によって、任期の満了前に退任した監事の補欠として選任された監事の任期を退任した監事の任期の満了する時までとすることが可能である。

〔第1章〕Ⅱ　一般社団法人の設立

　（役員の解任）

第24条　理事及び監事は、社員総会の決議によって解任することができる。

　（報酬等）

第25条　社員総会の決議により、理事及び監事に対して、その職務執行の対
　価として、報酬等を支給することができる。

2　前項の報酬等の額は、社員総会の決議により定める。

　（責任限定契約）

第26条　当法人は、一般社団法人及び一般財団法人に関する法律（以下、
　「一般法人法」という）第115条の規定により、理事（業務執行理事（代表
　理事、代表理事以外の理事であって理事会の決議によって一般社団法人の
　業務を執行する理事として選定されたもの及び当該一般社団法人の業務を
　執行したその他の理事をいう）又は当該一般社団法人の使用人でないもの
　に限る）との間に、同法第111条の行為による賠償責任を限定する契約を
　締結することができる。ただし、当該契約に基づく賠償責任の限度額は、
　何万円以上であらかじめ定めた金額又は法令が規定する額のいずれか高い
　額とする。

　　　　第5章　理事会

---

　（注）　理事会

　　理事会は定款で任意に置くことができる。理事会を置く場合には理事
　の人数は3名以上であることが必要である（法65条3項）。また、監事
　の設置も義務づけられる（法61条）。

　　理事会の職務は業務執行の決定、理事の職務の執行の監督、代表理事
　の選定・解職である（法90条2項）。また、業務執行理事も選定できる
　（法91条1項2号）。

　　具体的な業務執行については代表理事や業務執行理事に委任すること
　ができるが、重要な財産の処分などの重要な業務執行については理事会
　で決定しなければならない（法90条4項）。

---

　（理事会の設置及び構成）

第27条　この法人に理事会を置く。

2　理事会は、全ての理事をもって構成する。

　（権　　限）

第28条　理事会は、次の職務を行う。
（1）　この法人の業務執行の決定
（2）　理事の職務の執行の監督
（3）　代表理事及び業務執行理事の選定及び解職
（招　集）
第29条　理事会は、代表理事が招集する。
2　代表理事が欠けたとき又は代表理事に事故があるときは、あらかじめ理
　事会で定めた順序に従い各理事が理事会を招集する。
（決　議）
第30条　理事会の決議は、決議について特別の利害関係を有する理事を除く
　理事の過半数が出席し、その過半数をもって行う。
2　前項の規定にかかわらず、一般法人法第96条の要件を満たしたときは、
　理事会の決議があったものとみなす。
（議事録）
第31条　理事会の議事については、法令で定めるところにより、議事録を作
　成する。
2　出席した理事及び監事は、前項の議事録に記名押印する。

---

（注）　理事会議事録への押印義務者
　理事会議事録に署名または記名押印すべき者は、原則として、当該理
事会に出席した理事及び監事であるが（法95条3項）、議事録に署名ま
たは記名押印すべき者を「出席した理事」に代えて「出席した代表理
事」とする旨の定款の定めがある場合は、出席した代表理事および出席
した監事のみが署名または記名押印することで足りる（同項カッコ書）。

---

　　　第6章　基　金

---

（注）　基金
　基金とは、一般社団法人に拠出された金銭その他の財産であって、当
該一般社団法人が拠出者に対して一般法人法および当該一般社団法人と
当該拠出者との間の合意の定めるところに従い返還義務（金銭以外の財
産については、拠出時の当該財産の価額に相当する金銭の返還義務）を
負うものをいう（法131条）。

〔第1章〕Ⅱ　一般社団法人の設立

(1)　基金を引き受ける者の募集

　基金の制度を採用するには、定款に、基金を引き受ける者の募集をすることができる旨を定めなければならない。この場合、次に掲げる事項も、定款で定めなければならない（法131条）。

①　基金の拠出者の権利に関する規定

②　基金の返還の手続

(2)　基金の募集

　基金を募集するには、そのつど募集事項を決定し、申込み、割当て、引受け、基金の拠出の履行という手続を経る必要がある（法132条〜139条）。なお、基金の額は、登記事項とはされていないので、登記を申請する必要はない（法301条2項参照）。

(3)　基金の返還　基金の返還については、次のような制約がある。

①　定時総会の決議が必要である（法141条1項）。

②　一定の財源規制が設けられている（法141条2項）。

③　基金の返還の際、利息を付することはできない（法143条）。

④　返還をする基金に相当する金額を代替基金として計上しなければならない（法144条1項）。

⑤　破産手続においては、劣後的破産債権および約定劣後破産債権に遅れる（法145条）。

⑥　清算手続においては、他の債務の弁済がされた後でなければ、基金の返還をすることができない（法236条）

（基金の拠出）

第32条　この法人は基金を引き受ける者の募集をすることができる。

（基金の募集）

第33条　基金の募集及び割当て、払込み等の手続に関しては、理事会の承認を要するものとし、別途「基金取扱規程」を定め、これによるものとする。

（基金拠出者の権利）

第34条　基金は、前条の「基金取扱規程」の定める日まで返還しないものとする。

（基金の返還）

第35条　基金の返還は、定時社員総会の決議に基づき、一般法人法第141条第2項に定める額の範囲内で行うものとする。

（代替基金の積立）

28

7　設立の登記手続

第36条　基金の返還を行うときは、返還する基金の額に相当する金額を代替基金として積み立てるものとし、その代替基金については取り崩しを行わないものとする。

　　　　第7章　資産及び会計

（事業年度）
第37条　この法人の事業年度は、毎年4月1日に始まり翌年3月31日に終わる。
（事業計画及び収支予算）
第38条　この法人の事業計画書、収支予算書は、毎事業年度の開始の日の前日までに、代表理事が作成し、理事会の決議を経て、社員総会の承認を受けなければならない。これを変更する場合も、同様とする。
（事業報告及び決算）
第39条　この法人の事業報告及び決算については、毎事業年度終了後、代表理事が次の書類を作成し、監事の監査を受け、理事会の承認を経て定時社員総会に提出しなければならない。なお、貸借対照表及び損益計算書については、定時社員総会の承認を受けなければならない。
（1）　事業報告
（2）　事業報告の附属明細書
（3）　貸借対照表
（4）　損益計算書（正味財産増減計算書）
（5）　貸借対照表及び損益計算書（正味財産増減計算書）の附属明細書
（6）　財産目録

　　　　第8章　定款の変更及び解散

（注）　定款の変更
　定款の変更は、社員総会の専決事項であり（法146条）、他の機関で行うことはできない。特別決議（総社員の半数以上で総社員の議決権の3分の2以上の同意）を要する。重要な事項であるため、定款の定めにより、決議に必要な議決権の割合を3分の2以上の割合にすることができる（法49条2項）。

（定款の変更）

29

〔第1章〕 II　一般社団法人の設立

第40条　この定款は、社員総会の決議によって変更することができる。

（解散）

第41条　この法人は、社員総会の決議その他法令で定められた事由により解散する。

### 第9章　公告の方法

（公告の方法）

第42条　この法人の公告方法は官報に掲載する方法による。

---

（注）　公告方法

　　公告方法は、以下から選択する（法331条、規88条）。

① 官報

② 日刊新聞紙

③ 電子公告

④ 事務所の掲示場等公衆の見やすい場所に掲示

---

### 第10章　附　則

（設立時の役員）

第43条　この法人の設立時の理事、監事及び代表理事は次のとおりとする。

　　　　　設立時理事　　　甲野太郎　　　乙野二郎　　　丙野三郎

　　　　　設立時監事　　　丁野四郎

　　　　　設立時代表理事　甲野太郎

（設立時社員の氏名、住所）

第44条　設立時社員の氏名、住所は次のとおりである。

　　東京都新宿区〇〇二丁目2番2号

　　　　甲野太郎

　　東京都中野区〇〇一丁目1番1号

　　　　乙野次郎

（最初の事業年度）

第45条　この法人の最初の事業年度は、当法人成立の日から令和〇（西暦〇〇〇〇）年3月31日までとする。

（法令の準拠）

第46条　本定款に定めのない事項は、全て一般法人法その他の法令に従う。

7　設立の登記手続

　以上、一般社団法人○○会を設立するため、この定款を作成し、設立時社
員全員が次に記名押印する。

　令和○年12月１日

　　　　　　　　　　　　　　　　　設立時社員　甲野太郎　印

　　　　　　　　　　　　　　　　　設立時社員　乙野二郎　印

（注１）　大規模一般社団法人は会計監査人の設置義務があり（法62条）、会
　　　　計監査人設置一般社団法人は、監事の設置義務がある（法61条）。し
　　　　たがって、大規模一般社団法人は監事の設置義務があることとなる。
　　　　なお、大規模一般社団法人とは、最終事業年度に係る貸借対照表の負
　　　　債の部に計上した額の合計額が200億円以上である一般社団法人をい
　　　　う（法２条２号）。
（注２）　理事会設置一般社団法人において、代表理事を社員総会において選
　　　　定する旨の定款の定めをおくことは可能である。ただし、このような
　　　　定款の定めがあっても理事会において代表理事を選定することは可能
　　　　である（法人登記実務 Q&A・Q18）。

【記載例２】　一般社団法人設立登記申請書

一般社団法人設立登記申請書

　　フリガナ　　　　○○カイ
１．名　　　称　　　一般社団法人○○会（注１）
１．主たる事務所　　東京都新宿区○○一丁目１番１号（注２）
１．登記の事由　　　令和○年12月１日設立の手続終了（注３）
１．登記すべき事項　別紙のとおり（注４）
１．登録免許税　　　６万円（注５）
１．添付書類
　(1)　定　　款　　　　　　　　　　　　　　　　１通（注６）
　(2)　設立時理事が設立時代表理事を選定したときは、これを証する書面
　　　　　　　　　　　　　　　　　　　　　　　　１通（注７）
　(3)　設立時理事、設立時監事及び設立時代表理事が就任を承諾したことを
　　　　証する書面　　　　　　　　　　　　　　　○通（注８）
　(4)　印鑑証明書　　　　　　　　　　　　　　　○通（注９）
　(5)　本人確認書類（注10）
　(6)　設立時会計監査人を選任したときは、次に掲げる書面

31

〔第1章〕Ⅱ　一般社団法人の設立

　　　　①　設立時会計監査人の選任に関する書面　　　1通
　　　　②　就任を承諾したことを証する書面　　　　　1通
　　　　③　設立時会計監査人が法人であるときは、当該法人の登記事項証明書
　　　　　　　　　　　　　　　　　　　　　　　1通（注11）
　　　　④　設立時会計監査人が法人でないときは、その者が公認会計士である
　　　　　ことを証する書面　　　　　　　　　　　1通
　　(7)　登記すべき事項につき設立時社員全員の同意又はある設立時社員の一
　　　　致を要するときは、その同意又は一致があったことを証する書面
　　　　　　　　　　　　　　　　　　　　　　　1通（注12）
　　(8)　委任状　　　　　　　　　　　　　　　1通（注13）
　　上記のとおり登記の申請をします。
　令和○年12月1日
　　　　東京都新宿区○○一丁目1番1号
　　　　　　申請人　　一般社団法人○○会
　　　　東京都新宿区○○二丁目2番2号
　　　　　代表理事　　甲野太郎
　　　　東京都新宿区○○5丁目5番5号
　　　　　上記代理人　司法書士　戊野五郎　印
　東京法務局新宿出張所　御中

（注1）　「一般社団法人」の文字を必ず入れる（法5条1項）。なお、「世界
　　　　最先端IT国家創造宣言・官民データ活用推進基本計画」（平成29年
　　　　5月30日閣議決定）の別表において、「法人が活動しやすい環境を実
　　　　現するべく、法人名のフリガナ表記については、……登記手続の申請
　　　　の際にフリガナの記載を求めるとともに、法人番号公表サイトにおけ
　　　　るフリガナ情報の提供を開始」することとされたため、商業・法人登
　　　　記の申請を行う場合には、申請書に法人名のフリガナを記載するもの
　　　　とされた。フリガナは、「一般社団法人」等の法人の種類を示す部分
　　　　を除き、カタカナでスペースを空けずに記載する。「＆」、「。」、「．」
　　　　等の符号はフリガナとしては登録できないが、「＆」を「アンド」、
　　　　「．」を「ドット」のようにカタカナで登録することは可能である。こ
　　　　のフリガナについては、国税庁法人番号公表サイトを通じて公表され
　　　　るが、登記事項証明書には記載されない[2]。
（注2）　現実に設置された主たる事務所の場所を番地まで記載する。
（注3）　設立時理事等の調査が終了した日か、設立時社員が定めた日のいず

れかの遅い日を記入する（法301条1項参照）。

(注4)　登記すべき事項は、申請書に直接記載してもかまわないが、記載事項が多い場合は、記載例のとおり別紙に記載する。

なお、磁気ディスク（CD-R、DVD-Rなど）による提出、またはオンラインによる登記事項提出制度の利用が推奨されている。オンラインによる登記事項提出制度については、法務省ウェブサイト〈http://www.moj.go.jp/MINJI/minji06_00051.html〉を参照されたい。

(注5)　主たる事務所の所在地においては、基金の有無または額にかかわらず一律6万円である（登税別表一24号㈠ロ。従たる事務所の所在地においては9000円である（同号㈡イ）。

(注6)　公証人の認証を受けたものを添付する。謄本でよい。

(注7)　定款で決めた場合は定款、定款で定めなかった場合は設立時理事の過半数の一致があったことを証する書面を添付する（法21条・318条3項）。

(注8)　定款または設立時社員の過半数の一致があった書面が、就任承諾を証する書面として援用できる場合はこれらを援用する旨を記載する（【記載例3】）。

(注9)　理事会を置かない一般社団法人にあっては設立時理事、理事会設置一般社団法人にあっては設立時代表理事の就任を承諾する書面の印鑑につき市区町村長が作成した証明書を添付する（登記規3条、商登規61条4項・5項）。

(注10)　設立時理事および設立時監事（設立時役員）の就任承諾書に記載された氏名および住所と同一の氏名および住所が記載されている市区町村長その他の公務員が職務上作成した証明書（当該設立時役員が原本と相違がない旨を記載した謄本を含む）を添付する（登記規3条、商登規61条7項）。ただし、当該設立時役員のうち、市区町村長作成の印鑑証明書を添付する者を除く（同項ただし書）。

また、婚姻前の氏を登記する場合は、戸籍の謄抄本も添付する（登記規3条、商登規81条の2第2項）。

(注11)　設立時会計監査人となる監査法人の主たる事務所が登記された登記所に一般社団法人の設立の登記の申請をする場合には、添付を要しない（法318条2項4号ロただし書）。なお、申請書に会社法人等番号を

---

2　法務省ウェブサイト「商業・法人登記申請書に法人名のフリガナ欄を追加します（平成30年3月12日から）」〈http://www.moj.go.jp/MINJI/minji06_00109.html〉。

〔第1章〕 II　一般社団法人の設立

記載した場合は、登記事項証明書の添付を省略することができる（法
330条、商登19条の3）。

(注12)　例として、次に掲げる場合には、設立時社員の議決権の過半数の一
致があったことを証する書面を添付しなければならない。ただし、定
款で定めている場合は、添付を要しない。

①　設立時社員が設立時理事、設立時監事、設立時会計監査人を選
任したとき（法17条1項）

②　設立時社員が設立時に主たる事務所または従たる事務所の所在
場所等を定めたとき

(注13)　代理人に委任する場合は、委任状を添付する（法330条、商登18条）。

---

別紙（登記すべき事項）

「名称」一般社団法人○○会

「主たる事務所」東京都新宿区○○一丁目1番1号

「法人の公告方法」官報に掲載する。

「目的等」

目的

　この法人は、障害者が安心して生活できるよう支援し、もって障害者の権
利の擁護及び福祉の増進に寄与することを目的とし、次の事業を行う。

1　障害者総合支援法に基づく相談支援事業

2　○○

3　○○

4　前各号に附帯する一切の事業

「役員に関する事項」

「資格」理事

「氏名」甲野太郎

「役員に関する事項」

「資格」理事

「氏名」乙野次郎

「役員に関する事項」

「資格」理事

「氏名」丙野三郎

「役員に関する事項」

「資格」代表理事

「住所」東京都新宿区○○二丁目2番2号

7　設立の登記手続

「氏名」甲野太郎
「役員に関する事項」
「資格」監事
「氏名」丁野四郎
「非業務執行理事等の法人に対する責任の限度に関する規定」
当法人は、一般社団法人及び一般財団法人に関する法律第115条の規定により、理事（業務執行理事（代表理事、代表理事以外の理事であって理事会の決議によって一般社団法人の業務を執行する理事として選定されたもの及び当該一般社団法人の業務を執行したその他の理事をいう）又は当該一般社団法人の使用人でないものに限る）との間に、同法第111条の行為による賠償責任を限定する契約を締結することができる。ただし、当該契約に基づく賠償責任の限度額は、何万円以上であらかじめ定めた金額又は法令が規定する額のいずれか高い額とする。
「理事会設置法人に関する事項」
理事会設置法人
「監事設置法人に関する事項」
監事設置法人
「登記記録に関する事項」設立

【記載例3】　設立時社員の一致があったことを証する書面

## 設立時社員の一致があったことを証する書面

　令和○年○月○日東京都新宿区○○一丁目1番1号当法人設立事務所において、設立時社員が全員出席し、全員の一致により下記の事項を決定した。（注）

記

1．主たる事務所の所在場所を次のとおりとする。
　　　　　東京都新宿区○○一丁目1番1号
以上、決定事項を証するため、設立時社員全員が記名押印する。
　令和○年○月○日
　　　一般社団法人○○会
　　　　社員　　甲野太郎　　印
　　　　社員　　乙野二郎　　印
　　　　社員　　丙野三郎　　印

〔第1章〕Ⅱ　一般社団法人の設立

（注）　設立時理事・監事・会計監査人を定款で選任しなかった場合にも同様
　　　に設立時社員において決定する（法17条）。

【記載例4】　一般社団法人設立の登記事項証明書

**履歴事項全部証明書**

東京都新宿区○○一丁目1番1号
一般社団法人○○会

| 会社法人等番号 | 0111-05-○○○○○○ |
|---|---|
| 名　称 | 一般社団法人○○会 |
| 主たる事務所 | 東京都新宿区○○一丁目1番1号 |
| 法人の公告方法 | 官報に掲載する。 |
| 法人成立の年月日 | 令和○年12月1日 |
| 目的等 | 目　的<br>この法人は、障害者が安心して生活できるように支援し、もって障害者の権利の擁護及び福祉の増進に寄与することを目的とし、次の事業を行う。<br>1　障害者総合支援法に基づく相談支援事業<br>2　○○<br>3　○○<br>4　前各号に附帯する一切の事業 |
| 役員に関する事項 | 東京都新宿区○○二丁目2番2号<br>代表理事　甲野　太郎 |
| | 理　事　　甲　野　太　郎 |
| | 理　事　　乙　野　二　郎 |
| | 理　事　　丙　野　三　郎 |
| | 監　事　　丁　野　四　郎 |
| 非業務執行理事等の法人に対する責任の限度に関する規定 | 当法人は、一般社団法人及び一般財団法人に関する法律第115条の規定により、理事（業務執行理事（代表理事、代表理事以外の理事であって理事会の決議によって一般社団法人の業務を執行する理事として選定されたもの及び当該一般社団法人の業務を執行したその他の理事をいう）又は当該一般社団法人の使用人でないものに限る）との間に、同法第111条の行為による賠償責任を限定する契約を締結することができる。ただし、当該契 |

36

|  |  |
|---|---|
|  | 約に基づく賠償責任の限度額は、何万円以上であらかじめ定めた金額又は法令が規定する額のいずれか高い額とする。 |
| 理事会設置法人に関する事項 | 理事会設置法人 |
| 監事設置法人に関する事項 | 監事設置法人 |
| 登記記録に関する事項 | 設　立<br><br>　　　　　　　　　　令和○年12月 1 日登記 |

（認証文言省略）

【記載例 5 】　定款⑵（非・理事会設置一般社団法人、非・監事設置法人）

一般社団法人○○定款

　　　第 1 章　総　則

（名　称）
第 1 条　当法人は、一般社団法人○○産業振興・復興支援協会と称する。
（目　的）
第 2 条　当法人は、○○地域の産業振興及び自然災害からの復興の支援をすることを目的とし、次の事業を行う。
　⑴　○○の産業振興と復興支援に関わる事業及びイベントの実施
　⑵　情報処理サービス及び情報提供サービス
　⑶　諸団体の事務局業務の受託
　⑷　その他当法人の目的を達成するために必要と認める事業
（主たる事務所の所在地）
第 3 条　当法人は、主たる事務所を○○県○○市に置く。
（公告方法）
第 4 条　当法人の公告方法は、主たる事務所の公衆の見やすい場所に掲示する方法とする。

　　　第 2 章　社　員

（社　員）
第 5 条　当法人の社員は、当法人の目的に賛同して入社した者とする。

〔第1章〕Ⅱ　一般社団法人の設立

（入　社）

第6条　当法人の成立後社員となるには、当法人所定の入社申込書により入社の申込みをし、社員総会の承認を得なければならない。

（経費の支払義務）

第7条　社員は、社員総会で定める額の経費を支払わなければならない。

（社員名簿）

第8条　当法人は、社員の氏名及び住所を記載した社員名簿を作成し、当法人の主たる事務所に備え置くものとする。

2　当法人の社員に対する通知又は催告は、社員名簿に記載した住所又は社員が当法人に通知した居所にあてて行うものとする。

（退　社）

第9条　社員は、次に掲げる事由によって退社する。

(1)　社員本人の退社の申出。ただし、退社の申出は、1カ月前にするものとするが、やむを得ない事由があるときは、いつでも退社することができる。

(2)　死亡

(3)　総社員の同意

(4)　除名

2　社員の除名は、正当な事由があるときに限り、社員総会の決議によってすることができる。この場合は、一般社団法人及び一般財団法人に関する法律（以下、「一般法人法」という）第30条及び第49条第2項第1号の定めるところによるものとする。

第3章　社員総会

（招　集）

第10条　当法人の定時社員総会は、毎事業年度末日の翌日から2カ月以内に招集し、臨時社員総会は、必要に応じて招集する。

2　社員総会は、法令に別段の定めがある場合を除くほか、理事の過半数の決定により代表理事がこれを招集する。代表理事に事故若しくは支障があるときは、あらかじめ定めた順位により他の理事がこれを招集する。

3　社員総会を招集するには、会日より1週間前までに、社員に対して招集通知を発するものとする。ただし、招集通知は、書面であることを要しない。

（招集手続の省略）

38

第11条　社員総会は、社員全員の同意があるときは、招集手続を経ずに開催することができる。

（議長）
第12条　社員総会の議長は、代表理事がこれに当たる。代表理事に事故若しくは支障があるときは、あらかじめ定めた順位により、他の理事がこれに代わる。

（決議の方法）
第13条　社員総会の決議は、法令又は定款に別段の定めがある場合を除き、総社員の議決権の過半数を有する社員が出席し、出席した社員の議決権の過半数をもって行う。

（議決権の代理行使）
第14条　社員は、当法人の社員を代理人として、議決権を行使することができる。ただし、この場合には、社員総会ごとに代理権を証する書面を提出しなければならない。

（社員総会議事録）
第15条　社員総会の議事については、法令に定める事項を記載した議事録を作成し、議事録作成者が署名又は記名押印して10年間当法人の主たる事務所に備え置くものとする。

　　　第4章　理事及び代表理事

（理事の員数）
第16条　当法人の理事の員数は、1名以上5名以内とする。

（理事の資格）
第17条　当法人の理事は、当法人の社員の中から選任する。ただし、社員総会において特に必要と認めた場合は、当法人の社員でない者から選任することができる。

（理事の選任の方法）
第18条　当法人の理事の選任は、社員総会において総社員の議決権の過半数を有する社員が出席し、出席した当該社員の議決権の過半数をもって行う。

（代表理事）
第19条　当法人に理事が2人以上いるときは、理事の互選によって代表理事1人を選定するものとする（注1）。

（理事の任期）
第20条　理事の任期は、選任後2年以内に終了する事業年度のうち最終のも

〔第 1 章〕II　一般社団法人の設立

のに関する定時社員総会の終結の時までとする。

2　任期満了前に退任した理事の補欠として、又は増員により選任された理事の任期は、前任者又は他の在任理事の任期の残存期間と同一とする。

（報酬等）

第21条　理事の報酬、賞与その他の職務執行の対価として当法人から受け取る財産上の利益は、社員総会の決議によって定める。

　　　　　　第 5 章　計　算

（事業年度）

第22条　当法人の事業年度は、毎年 9 月 1 日から翌年 8 月31日までとする。

（計算書類等の定時社員総会への提出等）

第23条　代表理事又は理事は、毎事業年度、計算書類（貸借対照表及び損益計算書）及び事業報告を定時社員総会に提出しなければならない。

2　前項の場合、計算書類については社員総会の承認を受け、事業報告については理事がその内容を定時社員総会に報告しなければならない。

（計算書類等の備置き）

第24条　当法人は、各事業年度に係る貸借対照表、損益計算書及び事業報告並びにこれらの附属明細書を、定時社員総会の日の 1 週間前の日から 5 年間、主たる事務所に備え置くものとする。

（剰余金の分配禁止）

第25条　当法人は、剰余金の分配を行うことができない（注 2 ）。

　　　　　　第 6 章　定款の変更・解散等

（定款の変更）

第26条　この定款を変更するには、社員総会の決議をもってする。

2　前項の決議は、総社員の半数以上であって、総社員の議決権の 3 分の 2 以上の賛成を要する。

（解散）

第27条　当法人は、社員総会の決議によって解散する。

2　前項の決議は、総社員の半数以上であって、総社員の議決権の 3 分の 2 以上の賛成を要する。

（残余財産の帰属）

第28条　当法人が解散した場合、当法人の残余財産は、国若しくは地方公共団体又は次に掲げる法人に帰属する（注 2 ）。

7　設立の登記手続

(1)　公益社団法人又は公益財団法人
(2)　公益社団法人及び公益財団法人の認定等に関する法律第5条第17号イからトまでに掲げる法人

　　　第7章　附　　則

（設立時社員の氏名及び住所）
第29条　当法人の設立時社員の氏名及び住所は、次のとおりである。
　　　東京都○○区○○五丁目4番3-201号
　　　　　甲野太郎
　　　東京都○○区○○二丁目2番22-2222号
　　　　　乙野花子
（設立時の役員）
第30条　当法人の設立時理事は、次のとおりとする。
　　　　　設立時理事　　　甲野太郎
　　　　　設立時理事　　　乙野二郎
（設立時の代表理事）
第31条　当法人の設立時代表理事は、次のとおりとする。
　　　東京都○○区○○五丁目4番3-201号
　　　　　甲野太郎
（最初の事業年度）
第32条　当法人の最初の事業年度は、当法人成立の日から令和○○（西暦○○○○）年8月31日までとする。
（定款に定めのない事項）
第33条　この定款に定めのない事項については、全て法人法その他の法令の定めるところによる。


　　以上、一般社団法人○○産業振興・復興支援協会を設立するため、本定款を作成し、設立時社員が次に記名押印する。
　　令和○年○月○日
　　　　　設立時社員　　　甲野太郎　　印
　　　　　設立時社員　　　乙野二郎　　印

（注1）　非・理事会設置一般社団法人では、原則として、理事は各自代表権を有するが、代表理事を選定した場合は、他の理事は代表権を有しないこととなる（法77条1項）。

*41*

〔第1章〕 II　一般社団法人の設立

　　代表理事の選定方法としては、社員総会の決議による方法、定款に
直接定める方法、定款の規定による理事の互選による方法とがある
（法77条3項）。

　　登記実務上、社員総会の決議による方法および定款に直接定める方
法の場合は、代表理事となる特定の理事以外の理事の代表権を剥奪す
るという構成をとっている。すなわち、原則として、理事となること
は代表権を有する理事（代表理事）となることであるが、特定の理事
を代表理事として、社員総会の決議で定めることまたは定款に定める
ことにより、他の理事は代表権を有しない理事となると考えるので、
理事としての就任承諾はすなわち代表理事としての就任承諾であると
考え、代表理事としての就任承諾書の添付を要しないとする取扱いで
ある[3]。

　　この定款例では、定款の規定による理事の互選による方法を採用し
ているが、この方法による場合は、理事としての選任機関と代表理事
としての選任機関が異なるため、理事としての地位と代表理事として
の地位は一応分化していると考えられており、理事としての就任承諾
書のほかに、代表理事としての就任承諾書の添付が必要であるとされ
ている[3]。

　　また、理事会設置一般社団法人では、代表理事の就任承諾書に押印
した印鑑について市区町村長発行の印鑑証明書の添付が要求されてい
るのに対し（登記規3条、商登規61条5項）、非・理事会設置一般社
団法人では、代表理事ではなく、代表権を有しない理事（いわゆる
「平理事」）を含めた理事全員（再任を除く）の就任承諾書に押印した
印鑑について、市区町村長発行の印鑑証明書を添付することが要求さ
れている（登記規3条、商登規61条4項）ことに注意が必要である。

(注2)　法人税法上の法人類型として、公益法人ではない一般社団法人につ
いても、非営利型法人の類型が認められている。非営利型法人につい
ては、①非営利性を徹底した法人と②共益型の法人とが規定されてい
る。この定款例は、①非営利性を徹底した法人の定款例である。この
法人類型は、法人税法施行令において、定款規定として、剰余金の分
配禁止が規定されていること、残余財産の帰属先について一定の法人
とすることが規定されていることが要求されている。

---

3　登記研究編集室編『法人登記書式精義〔第1巻〕《改訂版》』184頁。

7 設立の登記手続

⑸ 代議員制をとる場合

　会員（メンバー）の数が非常に多い一般社団法人の場合、会員（メンバー）のすべてを法人法上の「社員」とすると、社員総会の運営に支障（総会会場の確保、定足数を満たす社員の出席などの問題）が生じる可能性がある。このような場合には、一定の方法で会員（メンバー）の中から「代議員」を選任し、この代議員をもって一般法人法上の「社員」とすることに一定のニーズがある。一方で、「社団法人の実態としては社員となることができる資格のある者が多数いるにもかかわらず、社員の範囲を狭く絞って社員総会を運営し、多様な意見を反映する機会を設けることなく、構成員のうちの一部の勢力のみが法律上の『社員』として固定されてしまうような場合には、当該社団法人の実効性のあるガバナンスを確保することができなくなる」[4] という指摘もある。このような問題意識から、次のような定款例が示されている[5]。

【記載例6】　定款⑶（代議員制をとる場合）（抄）

> 第○条　この法人に、次の種類の会員を置く。
> ⑴　正会員　　○○の資格を有する者
> ⑵　準会員　　この法人の活動に協賛する者、○○の資格の取得予定者
> 2　この法人の社員（一般社団及び一般財団法人に関する法律（以下、「一般法人法」という）第11条第1項第5号等に規定する社員をいう。以下同じ）は、おおむね正会員300人の中から1人の割合をもって選出される代議員をもって社員とする（端数の取扱いについては理事会で定める）。
> 3　代議員を選出するため、正会員による代議員選挙を行う。代議員選挙を行うために必要な細則は理事会において定める。
> 4　代議員は、正会員の中から選ばれることを要する。正会員は、前項の代議員選挙に立候補することができる。
> 5　第3項の代議員選挙において、正会員は他の正会員と等しく代議員を選挙する権利を有する。理事又は理事会は、代議員を選出することはできない。

---

4　留意事項7頁。
5　留意事項10頁。

43

〔第1章〕Ⅱ　一般社団法人の設立

6　第3項の代議員選挙は、2年に一度、○月に実施することとし、代議員の任期は、選任の2年後に実施される代議員選挙の終了の時までとする。ただし、代議員が社員総会決議取消しの訴え、解散の訴え、責任追及の訴え及び役員の解任の訴え（一般法人法第266条第1項、第268条、第278条、第284条）を提起している場合（同法第278条第1項に規定する訴えの提起の請求をしている場合を含む）には、当該訴訟が終結するまでの間、当該代議員は社員たる地位を失わない（当該代議員は、役員の選任及び解任（同法第63条及び第70条）並びに定款変更（同法第146条）についての議決権を有しないこととする）。

7　代議員が欠けた場合又は代議員の員数を欠くこととなるときに備えて補欠の代議員を選挙することができる。補欠の代議員の任期は、任期の満了前に退任した代議員の任期の満了する時までとする。

8　補欠の代議員を選挙する場合には、次に掲げる事項も併せて決定しなければならない。

(1)　当該候補者が補欠の代議員である旨

(2)　当該候補者を1人又は2人以上の特定の代議員の補欠の代議員として選任するときは、その旨及び当該特定の代議員の氏名

(3)　同一の代議員（2以上の代議員の補欠として選任した場合にあっては、当該2以上の代議員）につき2人以上の補欠の代議員を選任するときは、当該補欠の代議員相互間の優先順位

9　第7項の補欠の代議員の選任に係る決議が効力を有する期間は、当該決議後2年以内に終了する事業年度のうち最終のものに関する定時社員総会の終結の時までとする。

10　正会員は、一般法人法に規定された次に掲げる社員の権利を、社員と同様にこの法人に対して行使することができる。

(1)　一般法人法第14条第2項の権利（定款の閲覧等）

(2)　一般法人法第32条第2項の権利（社員名簿の閲覧等）

(3)　一般法人法第57条第4項の権利（社員総会の議事録の閲覧等）

(4)　一般法人法第50条第6項の権利（社員の代理権証明書面等の閲覧等）

(5)　一般法人法第52条第5項の権利（電磁的方法による議決権行使記録の閲覧等）

(6)　一般法人法第129条第3項の権利（計算書類等の閲覧等）

(7)　一般法人法第229条第2項の権利（清算法人の貸借対照表等の閲覧等）

(8)　一般法人法第246条第3項、第250条第3項及び第256条第3項の権利

（合併契約等の閲覧等）

11　理事、監事又は会計監査人は、その任務を怠ったときは、この法人に対
し、これによって生じた損害を賠償する責任を負い、一般法人法第112条
の規定にかかわらず、この責任は、全ての正会員の同意がなければ、免除
することができない。

　ポイントとしては、代議員である「社員」に任期制を導入し、代議員選挙
により代議員を選任すること、また、一定の事項については、メンバーであ
る「正会員」に法人法上の「社員」と同様の権限を認めている点があげられ
る。なお、この定款例の2項から9項までの規定は、社員の資格の得喪に関
する規定（一般法人法11条5号）と解されるので、原則として、定款に規定
する必要がある（同法11条柱書）。

〔第1章〕Ⅲ　一般財団法人の設立

# Ⅲ　一般財団法人の設立

## 1　設立手続

　財団法人は一定の目的の下に拠出され、結合した財産の集まりに対し法人格を付与された法人である。

　一般財団法人の設立は、一般法人法第3章第1節（法152条〜169条）に規定されており、設立者（遺言による場合は遺言執行者）が作成した定款に公証人の認証を受け、その後、財産を拠出（払込み、給付）並びに設立時役員の選任、設立時理事および監事の調査を経て主たる事務所の所在地において設立の登記をすることにより成立する（準則主義）。

〔図表7〕　一般財団法人の設立手続の流れ

| |
|---|
| 1　定款の作成（法152条）<br>　⇩<br>2　公証人の認証（法155条）<br>　⇩<br>3　財産の拠出履行（法157条）<br>　⇩<br>4　設立時評議員・理事・監事の選任（定款に規定した場合を除く）（法159条）<br>　⇩<br>5　代表理事の選定（法162条）<br>　⇩<br>6　設立時理事・監事による調査（法161条）<br>　⇩<br>7　設立登記（法163条） |

### (1)　定款の作成

　旧民法では、旧財団法人の目的・組織・活動・構成員・業務執行などについての基本規則を寄附行為として規定していたが（旧民39条）、一般法人法では定款と表記することとされた。設立者全員が定款を作成し、これに署名または記名押印しなければならない（法152条1項）。

　一般財団法人は遺言によっても設立することができる。遺言による意思表示により一般財団法人を設立する場合は、遺言で、定款に規定する事項を定め、遺言執行者は、当該遺言の効力が生じた後、遅滞なく、当該遺言で定め

46

た事項を記載した定款を作成し、これに署名し、または記名押印しなければ
ならない（法152条2項）。

以上の定款は電磁的記録をもって作成することができる（法152条3項・10
条2項）。作成した定款は、公証人の認証を受けなければ、その効力を生じ
ない（法155条）。

一般財団法人の行う事業に制限はない。設立者に剰余金または残余財産の
分配を受ける権利を与える旨の定款の定めは無効であり、評議員の選任およ
び解任の方法（法153条1項8号）については、理事または理事会が評議員を
選任する規定は無効とされる（同条3項）。

### (2) 定款の備置きおよび閲覧等

定款は一般財団法人の成立前にあっては、設立者が定めた場所に、成立後
にあっては、その主たる事務所および従たる事務所に備え置かなければなら
ない（法156条1項）。

設立者（一般財団法人の成立後にあっては、その評議員および債権者）は、設
立者が定めた時間（一般財団法人の成立後にあっては、その業務時間）内は、
いつでも、定款が書面をもって作成されているときは、当該書面の閲覧の請
求および当該書面の謄本または抄本の交付の請求を、定款が電磁的記録をも
って作成されているときは、当該電磁的記録に記録された事項を法務省令で
定める方法により表示したものの閲覧の請求および当該電磁的記録に記録さ
れた事項を電磁的方法であって設立者（一般財団法人の成立後にあっては、当
該一般財団法人）の定めたものにより提供することの請求またはその事項を
記載した書面の交付の請求をすることができる（法156条2項本文）。なお、
債権者が書面の交付を請求するには、設立者（一般財団法人の成立後にあって
は、当該一般財団法人）の定めた費用を支払わなければならない（同条2項た
だし書）。

### (3) 財産の拠出の履行と帰属

設立者は、公証人の認証の後遅滞なく、設立に際して拠出する金銭の全額
を払い込み、金銭以外の財産の全部を給付しなければならない（法157条1

〔第1章〕Ⅲ　一般財団法人の設立

項）。拠出する金銭の払込みは、設立者が定めた銀行等の払込みの取扱いの場所においてしなければならない（同条2項）。

　当該財産は、一般財団法人の成立の時から当該一般財団法人に帰属し、遺言で財産の拠出をしたときは、当該財産は、遺言が効力を生じた時から一般財団法人に帰属したものとみなされる（法164条）。

　また、設立者（遺言による場合は、その相続人）は、一般財団法人の成立後は、錯誤を理由として財産の拠出の無効を主張し、または詐欺もしくは強迫を理由として財産の拠出の取消しをすることができない（法165条）。

　一般財団法人の拠出財産については、300万円以上の金銭あるいは金銭以外の財産の拠出が必要であり（法153条2項）、設立後2事業年度継続してこれを下回った場合、解散となる（法202条2項）（すなわち、設立後も300万円以上の純資産額規制がある）。

⑷　設立者等の責任

　設立者、設立時理事または設立時監事は、一般財団法人の設立についてその任務を怠ったときは、当該一般財団法人に対し、これによって生じた損害を賠償する責任を負う（法166条1項）。また、その職務を行うについて悪意または重大な過失があったときは、当該設立者、設立時理事または設立時監事は、これによって第三者に生じた損害を賠償する責任を負う（同条2項）。

　これら損害を賠償する責任を負う場合、当該設立者、設立時理事または設立時監事の責任は連帯債務となる（法167条）。

　一般財団法人の設立についてその任務を怠ったときの当該一般財団法人に対する設立者、設立時理事または設立時監事の負う責任は、総評議員の同意がなければ、免除することができない（法168条）。

　一般財団法人が成立しなかったときは、設立者（遺言による場合を除く）は、連帯して、一般財団法人の設立に関してした行為についてその責任を負い、一般財団法人の設立に関して支出した費用を負担する（法169条）。

⑸　設立時評議員、理事、監事、会計監査人の選任および代表理事の選定

　一般財団法人は、評議員、評議員会、理事、理事会および監事を置かなけ

ればならない（法170条1項）。また、定款の定めによって、会計監査人を置くことができる（同条2項）。大規模一般財団法人[1]の場合、会計監査人は必置機関である（法171条）。

一般財団法人と評議員、理事、監事および会計監査人との関係は、委任に関する規定に従う（法172条1項・65条1項）。

設立時評議員および設立時理事[2]は、それぞれ3名以上でなければならない（法160条1項）。なお、設立時評議員と設立時理事を兼ねることはできない（法173条2項）。

設立時評議員、設立時理事または設立時監事は定款で定めることができ、定款で定めなかったときは、財産の拠出の履行が完了した後、遅滞なく、定款で定めるところにより、これらの者を選任しなければならない（法159条1項）。

設立時理事および設立時監事は、その選任後遅滞なく、財産の拠出の履行が完了していること並びに一般財団法人の設立の手続が法令または定款に違反していないことを調査しなければならない（法161条1項）。調査の結果、法令もしくは定款に違反し、または不当な事項があると認めるときは、設立者にその旨を通知しなければならない（同条2項）。

設立時理事は、設立時理事の中から設立時代表理事を選定しなければならない（法162条1項）。設立時理事は、一般財団法人の成立の時までの間、設立時代表理事を解職することができる（同条2項）。

---

1　大規模一般財団法人とは、最終事業年度に係る賃借表の負債の部に計上した額の合計が200億円以上である一般財団法人をいう（法2条3号）。

2　設立時評議員、設立時理事、設立時監事とは、それぞれ、一般財団法人の設立に際して評議員、理事、監事となる者をいう（法153条1項6号）。設立時理事、設立時監事については、法人成立後の理事、監事と異なり、権限は限定されている（法161条・162条）。設立時評議員については、一般法人法にはその権限に関する規定はないが、定款に定めた権限は有するものと解される。たとえば、定款に、設立時理事および設立時監事の選任に関する事項（法153条1項6号）として、「設立時理事及び設立時監事は、設立時評議員の過半数をもって選任する」という規定がある場合は、この規定に基づき、設立時評議員が、設立時理事および設立時監事を選任することとなる。

〔第1章〕 Ⅲ　一般財団法人の設立

　設立時代表理事の選定および解職は、設立時理事の過半数をもって決定する（法162条3項）。

## 2　定款の記載または記録事項

### (1)　絶対的記載事項

　定款に必ず記載が必要とされる事項（絶対的記載事項）は、次のとおりである（法153条1項1号〜10号）。

〔図表8〕　絶対的記載事項

```
①　目的
②　名称
③　主たる事務所の所在地
④　設立者の氏名または名称および住所
⑤　設立に際して設立者（設立者が2名以上あるときは、各設立者）が拠出を
　する財産およびその価額
⑥　設立時評議員、設立時理事および設立時監事の選任に関する事項
⑦　設立しようとする一般財団法人が会計監査人設置一般財団法人であるとき
　は、設立時会計監査人の選任に関する事項
⑧　評議員の選任および解任の方法
⑨　公告方法
⑩　事業年度
```

　(A)　名　称

　一般財団法人は、その名称中に「一般財団法人」という文字を用いなければならない（法5条1項）。一般財団法人でない者は、その名称または商号中に、一般財団法人であると誤認されるおそれのある文字を用いることはできないし（法6条1項）、何人も、不正の目的をもって、他の一般社団法人または一般財団法人であると誤認されるおそれのある名称または商号を使用してはならない（法7条1項）。

　名称の登記に使用できる文字について、以下のローマ字と符号を用いることができる（登記規3条、商登規50条。平成14年7月31日法務省告示第315号）。

①　ローマ字（大文字および小文字。ローマ字を用いて複数の単語を表記する
　　場合に限り、当該単語の間を区切るために空白（スペース）を用いることも
　　できる）

② アラビア数字

③ 「＆」（アンパサンド）「'」（アポストロフィー）「，」（コンマ）

「－」（ハイフン）　　「．」（ピリオド）　　　「・」（中点）

ただし、③の符号は、字句（日本文字を含む）を区切る際の符号として使用する場合に限り用いることができるが、名称の先頭または末尾に用いることはできない。ただし、「．」（ピリオド）については、省略を表すものとして名称の末尾に用いることもできる。

⒝　目　的

一般財団法人が行うことができる事業は適法であれば制限はない。公益的な事業に限らず、共益的な事業（構成員に共通する利益を図ることを目的とする事業）を行うことも、収益事業を行うこともできる。

収益事業による利益を法人の活動経費等に充てることは何ら差し支えない[3]。

【記載例7】　定款(1)（目的・事業）

---

第2章　目的及び事業

（目　的）

第3条　この法人は、○○○○に関する事業を行い、○○○○に寄与することを目的とする。

（事　業）

第4条　この法人は、前条の目的を達成するため、次の事業を行う。

⑴　○○○○及び○○○○に関する○○○○の普及

⑵　○○○○において○○○○を行う○○○○の推進

⑶　その他この法人の目的を達成するために必要な事業

2　前項第1号の事業は、○○県及び○○○県において行うものとする。

---

⒞　主たる事務所の所在地

定款には最小行政区画名まで記載すればよく、定款で具体的な所在場所を定めていない場合は設立者の一致により決定する。

---

3　新公益法人制度研究会編著『一問一答　公益法人関連三法』17頁。

〔第1章〕 Ⅲ　一般財団法人の設立

名称、主たる事務所の所在場所がともに同一の一般財団法人がすでに登記されている場合には登記をすることができない（法330条、商登27条）。

⒟　設立者の氏名または名称および住所

一般財団法人を設立するには、設立者（設立者が2名以上あるときは、その全員）が定款を作成し、これに署名し、または記名押印しなければならない（法152条1項）。

設立者は、遺言で一般財団法人を設立する意思を表示することもできる。この場合には、遺言執行者が遺言で定めた事項を記載した定款を作成し、これに署名、または記名押印しなければならない（法152条2項）。

法人は設立者になることはできるが、当然のことながら遺言による設立はできない。

⒠　設立に際して各設立者が拠出をする財産およびその価額

設立者が複数いる場合、全員が拠出する必要がある（法153条1項5号・157条1項）。設立者が拠出をする財産およびその価額の合計額は、300万円を下回ることはできない（法152条2項）。

⒡　設立時評議員、設立時理事および設立時監事の選任に関する事項

設立時評議員または設立時監事を定款で定めることができる。定款で定めなかったときは、財産の拠出の履行が完了した後、遅滞なく、定款で定めるところにより、これらの者を選任しなければならない（法159条1項）。「評議員の選任及び解任の方法」（法153条8号）の規定は成立後の評議員についての規定であり、設立時にはこの定めにより設立時評議員を選任することはできない。したがって、設立時の定款に、具体的な設立時評議員の氏名または設立時評議員の選任方法を定めておく必要がある（法人登記事務の取扱い287頁）。

公益法人の場合、評議員の選任については法令上、親族や特定団体に所属する者の割合に関する制限はないが、理事については制限がある（公益5条10項・11項）。ただし、評議員についても定款変更留意事項Ⅱ6においては理事と同様の制限を定款規定に設けることが推奨されている。

52

(G) 設立しようとする一般財団法人が会計監査人設置一般財団法人であるときは、設立時会計監査人の選任に関する事項

設立しようとする一般財団法人が会計監査人設置一般財団法人（会計監査人を置く一般財団法人または一般法人法の規定により会計監査人を置かなければならない一般財団法人）である場合において、定款で設立時会計監査人（一般財団法人の設立に際して会計監査人となる者）を定めなかったときは、財産の拠出の履行が完了した後、遅滞なく、定款で定めるところにより、設立時会計監査人を選任しなければならない（法159条2項）。

なお、大規模一般財団法人は、会計監査人を置くことが義務づけられている（法171条）。

(H) 評議員の選任および解任の方法

評議員の選任および解任の方法として、次のような選任方法が考えられる。

① 評議員会で選任する方法

② 定款で定めた特定の者が選任する方法

③ 選任のための委員会等を設置して選任する方法

理事または理事会が評議員を選任し、または解任する旨の定款の定めは、評議員に監督される理事または理事会が評議員を選任することになり無効とされるので（法153条3項1号）、「理事の同意を得て○○○で行う」などの規定や②③において理事が「特定の者」や「委員会等の構成員」になることも許されない（留意事項Ⅱ6㊟3）。

評議員については役員（理事・監事）と同様の欠格事由および理事、監事、使用人との兼職禁止規定（法173条1項2項・65条1項）はあるが、その選任については、親族や特定団体に所属する者の割合に関する制限はないので、評議員会あるいは評議員が過半数を占める機関で選任することとした場合当初の評議員が特定の関係あるものに偏ったときは、以後の人選も偏ったものになることが考えられる。

留意事項20頁において、評議員の選任方法として「評議員選定委員会」方式が示されたことから、公益財団法人においては、次のような定款規定を採

〔第1章〕 Ⅲ　一般財団法人の設立

用していることが多い。

【記載例8】　評議員選定委員会による評議員の選任

　　第○条　評議員の選任及び解任は、評議員選定委員会において行う。
　2　評議員選定委員会は、評議員1名、監事1名、事務局員1名、次項の定
　　めに基づいて選任された外部委員2名の合計5名で構成する。
　3　評議員選定委員会の外部委員は、次のいずれにも該当しない者を理事会
　　において選任する。
　⑴　この法人又は関連団体（主要な取引先及び重要な利害関係を有する団
　　　体を含む）の業務を執行する者又は使用人
　⑵　過去に前号に規定する者となったことがある者
　⑶　第1号又は第2号に該当する者の配偶者、三親等内の親族、使用人
　　　（過去に使用人となった者も含む）
　4　評議員選定委員会に提出する評議員候補者は、理事会又は評議員会がそ
　　れぞれ推薦することができる。評議員選定委員会の運営についての細則は、
　　理事会において定める。
　5　評議員選定委員会に評議員候補者を推薦する場合には、次に掲げる事項
　　のほか、当該候補者を評議員として適任と判断した理由を委員に説明しな
　　ければならない。
　⑴　当該候補者の経歴
　⑵　当該候補者を候補者とした理由
　⑶　当該候補者と当該法人及び役員等（理事、監事及び評議員）との関係
　⑷　当該候補者の兼職状況
　6　評議員選定委員会の決議は、委員の過半数が出席し、その過半数をもっ
　　て行う。ただし、外部委員の1名以上が出席し、かつ、外部委員の1名以
　　上が賛成することを要する。
　7　評議員選定委員会は、第○条で定める評議員の定数を欠くこととなると
　　きに備えて、補欠の評議員を選任することができる。補欠の評議員の任期
　　は、任期の満了前に退任した評議員の任期の満了する時までとする。
　8　前項の場合には、評議員選定委員会は、次に掲げる事項も併せて決定し
　　なければならない。
　⑴　当該候補者が補欠の評議員である旨
　⑵　当該候補者を1人又は2人以上の特定の評議員の補欠の評議員として
　　　選任するときは、その旨及び当該特定の評議員の氏名
　⑶　同一の評議員（2以上の評議員の補欠として選任した場合にあっては、

54

2　定款の記載または記録事項

当該 2 以上の評議員）につき 2 人以上の補欠の評議員を選任するときは、当該補欠の評議員相互間の優先順位
9　第 7 項の補欠の評議員の選任に係る決議は、当該決議後 4 年以内に終了する事業年度のうち最終のものに関する定時評議員会の終結の時まで、その効力を有する。

（I）　公告方法

公告方法としては官報、時事に関する事項を掲載する日刊新聞紙、電子公告および当該一般財団法人の主たる事務所の公衆の見やすい場所に掲示する方法の 4 通りがある（法331条 1 項、規87条 2 項）。

電磁的方法および当該一般財団法人の主たる事務所の公衆の見やすい場所に掲示する方法による場合の公告期間についてはそれぞれ一般法人法332条、施行規則88条 2 項の規定による。

なお、一般財団法人は、一般社団法人と同様、評議員会の終了後遅滞なく貸借対照表（大規模一般社団法人にあっては、貸借対照表および損益計算書）を公告しなければならない（法199条・128条 1 項）。

（J）　事業年度

事業年度は 1 年（事業年度の末日を変更する場合における変更後の最初の事業年度については、 1 年 6 カ月）を超えることはできない（規29条 1 項）。

**(2)　相対的記載事項**

相対的記載事項とは、定款の定めがなければその効力を生じない事項であり、その主要なものは次の事項である。

（A）　基本財産に関する定め

理事は、一般財団法人の財産のうち一般財団法人の目的である事業を行うために不可欠なものとして定款で定めた基本財産があるときは、定款で定めるところにより、これを維持しなければならず、かつ、これについて一般財団法人の目的である事業を行うことを妨げることとなる処分をしてはならない（法172条 2 項）。

基本財産の定款の定めは、一般財団法人が個々の事情に応じて任意に設け

55

〔第1章〕Ⅲ　一般財団法人の設立

るものであり、たとえば、設立時に拠出された財産や一般財団法人の存続の
ために確保すべき純資産が当然に「基本財産」に該当するものではない（も
ちろん、設立時に拠出された財産を基本財産と定めることは可能である）（民事局
Q&A・Q24）。

　なお、基本財産の滅失による一般財団法人の目的である事業の成功の不能
は一般財団法人の解散事由である（法202条1項3号）

　(B)　評議員の任期

　評議員の任期は、選任後4年以内に終了する事業年度のうち最終のものに
関する定時評議員会の終結の時までとする。ただし、定款によって、その任
期を選任後6年以内に終了する事業年度のうち最終のものに関する定時評議
員会の終結の時まで伸長することができる（法174条1項）。

　定款または評議員会の決議をもってしても上記の任期を短縮することはで
きない。

　ただし、定款によって、任期の満了前に退任した評議員の補欠として選任
された評議員の任期を退任した評議員の任期の満了する時までとすることが
できる（法174条2項）。

　(C)　理事および監事の任期

　　(a)　理事の任期

　理事の任期は、選任後2年以内に終了する事業年度のうち最終のものに関
する定時評議員会の終結の時までとする。ただし、定款によって、その任期
を短縮することができる（法177条・66条）[4]。

　　(b)　監事の任期

　監事の任期は、選任後4年以内に終了する事業年度のうち最終のものに関
する定時評議員会の終結の時までとする。ただし、定款によって、その任期
を選任後2年以内に終了する事業年度のうち最終のものに関する定時評議員
会の終結の時までとすることを限度として短縮することができる（法177条・

---

　4　評議員会の決議によって短縮することはできない（法177条）。

2　定款の記載または記録事項

67条1項)。

　また、定款によって、任期の満了前に退任した監事の補欠として選任された監事の任期を退任した監事の任期の満了する時までとすることができる(法177条・67条2項)。

　定款または評議員会の決議をもってしても上記の任期をさらに短縮することはできない。

【記載例9】　定款⑵（任期）

> （役員の任期）
> 第○条　理事の任期は、選任後2年以内に終了する事業年度のうち最終のものに関する定時評議員会の終結の時までとする。
> 2　監事の任期は、選任後4年以内に終了する事業年度のうち最終のものに関する定時評議員会の終結の時までとする。
> 3　補欠として選任された理事又は監事の任期は、前任者の任期の満了する時までとする。
> （会計監査人の任期）
> 第○条　会計監査人の任期は、選任後1年以内に終了する事業年度のうち最終のものに関する定時評議員会の終結の時までとする。ただし、その定時評議員会において別段の決議がされなかったときは、再任されたものとみなす。

　⒟　責任免除・責任限定契約の定め

　理事、監事もしくは会計監査人または評議員は、その任務を怠ったときは、一般財団法人に対し、これによって生じた損害を賠償する責任を負う（法198条・111条1項）が、理事、監事、会計監査人が職務を行うにつき善意でかつ重大な過失がない場合において、最低責任限度額（法113条1項）を控除して得た額を限度として評議員会の決議によって免除することができる（法198条・113条1項）。また、理事がその任務を怠ったことにより、当法人に対して負うべき損害賠償責任については、理事が職務を行うにつき善意でかつ重大な過失がない場合において、責任の原因となった事実の内容、当該理事の職務の執行の状況その他の事情を勘案して特に必要と認めるときは理事会

57

〔第 1 章〕Ⅲ　一般財団法人の設立

の決議によって免除することができる旨を定款で定めることができる（法198・114条 1 項）。

　理事（業務執行理事（代表理事、代表理事以外の理事であって理事会の決議によって一般財団法人の業務を執行する理事として選定されたものおよび当該一般財団法人の業務を執行したその他の理事をいう）または当該一般財団法人の使用人でないものに限る）、監事または会計監査人（非業務執行理事等）の責任について、当該非業務執行理事等が職務を行うにつき善意でかつ重大な過失がないときは、定款で定めた額の範囲内であらかじめ一般財団法人が定めた額と最低責任限度額とのいずれか高い額を限度とする旨の契約を非業務執行理事等と締結することができる旨を定款で定めることができる（法198条・115条 1 項）。

**【記載例10】　定款⑶（理事の責任免除等）**

---

　（理事の責任免除等）
第○条　理事がその任務を怠ったことにより、当法人に対して負うべき損害賠償責任については、当該理事が職務を行うにつき善意でかつ重大な過失がない場合において、責任の原因となった事実の内容、当該理事の職務の執行の状況その他の事情を勘案して特に必要と認めるときは理事会の決議をもって、一般社団法人及び一般財団法人に関する法律（次項において、「一般法人法」という）第113条 1 項に定める額を限度として、当該理事の責任を免除することができる。
　2　当法人の理事（業務執行理事（代表理事、代表理事以外の理事であって理事会の決議によって当法人の業務を執行する理事として選定されたもの及び当法人の業務を執行したその他の理事をいう）又は当法人の使用人でないものに限る。以下、「非業務執行理事」という）との間で、当該費業務執行理事が負うべき前項の責任について、当該非業務執行理事が職務を行うにつき善意でかつ重大な過失がない場合、1000万円と一般法人法第113条第 1 項の最低責任限度額とのいずれか高い額を限度とする契約を締結することができる。

---

　(E)　会計監査人を置く定め

　会計監査人を置く場合には、その旨を定款に定めなければならない。

おいて、当該提案につき当該事項について議決に加わることができる理事全員が書面または電磁的記録により同意の意思表示をしたとき（監事が当該提案について異議を述べたときを除く）は、当該提案を可決する旨の理事会の決議があったものとみなす旨を定款で定めることができる（法197条・96条）。

　また、評議員会については、定款にその旨の定めがなくとも、評議員の全員が同意の意思表示をしたときは、当該提案を可決する旨の評議員会の決議があったものとみなされる（法194条1項）。

　なお、法人法の規定では、一般社団法人の社員総会のみなし決議においては提案をすることができるのは「理事又は社員」とされている（法58条1項）のに対し、一般財団法人の評議員会のみなし決議では提案をすることができるのは「理事」のみであって、評議員には提案権がないことに注意が必要である（法194条1項）。

【記載例14】　定款(7)（理事会の決議方法）

---

（理事会の決議方法）

第○条　理事会の決議は、理事（決議につき特別利害関係を有する理事を除く）の過半数が出席し、出席した理事の過半数で行う。

2　理事が理事会の決議の目的である事項につき提案した場合において、理事（当該決議事項について議決に加わることができる理事に限る）の全員が書面又は電磁的記録により同意の意思表示をしたときは、当該決議事項を可決する旨の理事会の決議があったものとみなす。ただし、監事が当該決議事項について異議を述べたときはこの限りではない。

---

　(K)　その他

その他の相対的記載事項として以下の事項がある。

①　評議員会の決議要件を加重する定め（法189条1項・2項）

②　評議員会の招集通知の発信に関する特例（法182条1項）　評議員会開催日の1週間前までと規定されている招集通知の発信を、1週間以内に短縮することを定款で定めることができる。

③　理事の職務執行状況の理事会への報告回数の定め（法197条・91条2項

〔第1章〕Ⅲ　一般財団法人の設立

　　　ただし書）

　④　理事会の決議要件を加重する定め（法197条・95条1項）

　⑤　存続期間または解散事由の定め（法202条1項1号・2号）

　⑥　残余財産の帰属の定め（法239条1項）[5]

(3)　**任意的記載事項**

　評議員会の議長、定時評議員会の招集時期、理事の員数（3名以上）など
がある。

【記載例15】　一般財団法人定款

---

**一般財団法人○○○○○定款**

　　　　第1章　総　　則

　（名　　称）
第1条　この法人は、一般財団法人○○○○○と称する。
　（主たる事務所）
第2条　この法人は、主たる事務所を埼玉県さいたま市に置く。

　　　　第2章　目的及び事業

　（目　　的）
第3条　この法人は、○○○○に関する事業を行い、○○○○に寄与するこ
　とを目的とする。
　（事　　業）
第4条　この法人は、前条の目的を達成するため、次の事業を行う。
　(1)　○○○○及び○○○○に関する○○○○○の普及
　(2)　○○○の推進
　(3)　その他この法人の目的を達成するために必要な事業
　2　前項第1号の事業は、○○県及び○○○県において行うものとする。

　　　　第3章　資産及び会計

　（基本財産）

---

　5　なお、設立者に剰余金または残余財産の分配を受ける権利を与える旨の定款の定めは
　　無効である（法153条3項2号）。

第5条　この法人の目的である事業を行うために不可欠な別表（略）の財産は、この法人の基本財産とする。

2　前項の基本財産について、理事はこの法人の目的を達成するために善良な管理者の注意をもって管理しなければならない。また、基本財産の一部を処分しようとするとき及び基本財産から除外しようとするときは、あらかじめ理事会及び評議員会の承認を要する。

（事業年度）

第6条　この法人の事業年度は、毎年○月○日に始まり翌年○月○日に終わる。

（事業計画及び収支予算）

第7条　この法人の事業計画書、収支予算書、資金調達及び設備投資の見込みを記載した書類については、毎事業年度開始の日の前日までに、代表理事が作成し、理事会の決議を経て、評議員会の承認を受けなければならない。これを変更する場合も、同様とする。

2　前項の書類については、主たる事務所（及び従たる事務所）に、当該事業年度が終了するまでの間備え置き、一般の閲覧に供するものとする。

（事業報告及び決算）

第8条　この法人の事業報告及び決算については、毎事業年度終了後、代表理事が次の書類を作成し、監事の監査を受け、理事会の承認を経て、定時評議員会に提出しなければならない。なお貸借対照表及び損益計算書については、定時評議員会の承認を受けなければならない。

(1)　事業報告

(2)　事業報告の附属明細書

(3)　貸借対照表

(4)　損益計算書

(5)　貸借対照表及び損益計算書の附属明細書

2　前項の規定により提出された書類のほか、次の書類を、主たる事務所に10年間備え置き、一般の閲覧に供するものとする。

(1)　監査報告

　　　第4章　評議員

（評議員）

第9条　この法人に評議員○○名以上○○名以内を置く。

（評議員の選任及び解任）

〔第1章〕Ⅲ　一般財団法人の設立

第10条　評議員の選任及び解任は、評議員会の議決により行う。

（任　期）

第11条　評議員の任期は、選任後4年以内に終了する事業年度のうち最終の
　　ものに関する定時評議員会の終結の時までとする。

2　任期の満了前に退任した評議員の補欠として選任された評議員の任期は、
　　退任した評議員の任期の満了する時までとする。

（評議員に対する報酬等）

第12条　評議員に対して、1日当たり○○○○円を超えない範囲で、評議員
　　会において別に定める報酬等の基準に従って算出した額を支給する。

　　　　　第5章　評議員会

（構　成）

第13条　評議員会は、全ての評議員をもって構成する。

（権　限）

第14条　評議員会は、次の事項について決議する。

　(1)　理事及び監事の選任及び解任

　(2)　理事及び監事の報酬等の額

　(3)　評議員に対する報酬等の基準

　(4)　計算書類等の承認

　(5)　定款の変更

　(6)　残余財産の処分

　(7)　基本財産の処分又は除外の承認

　(8)　その他評議員会で決議するものとして法令又はこの定款で定められた
　　事項

（開　催）

第15条　評議員会は、定時評議員会として毎年度○月に1回開催するほか、
　　必要がある場合には臨時に開催する。

（招　集）

第16条　評議員会は、法令に別段の定めがある場合を除き、理事会の決議に
　　基づき代表理事が招集する。

2　評議員は、代表理事に対し、評議員会の目的である事項及び招集の理由
　　を示して、評議員会の招集を請求することができる。

（決　議）

第17条　評議員会の決議は、法令又はこの定款に別段の定めがある場合を除

64

き、決議について特別の利害関係を有する評議員を除く評議員の過半数が出席し、その過半数をもって行う。

2　前項の規定にかかわらず、次の決議は、決議について特別の利害関係を有する評議員を除く評議員の3分の2以上に当たる多数をもって行わなければならない。

(1)　監事の解任

(2)　定款の変更

(3)　事業の全部の譲渡

(4)　基本財産の処分又は除外の承認

(5)　評議員に対する報酬等の基準

(6)　その他法令で定められた事項

（議事録）

第18条　評議員会の議事については、法令で定めるところにより、議事録を作成する。

　　　第6章　役　　員

（役員の設置）

第19条　この法人に、次の役員を置く。

(1)　理事　　○○名以上○○名以内

(2)　監事　　○○名以内

2　理事のうち○名を代表理事とする。

3　代表理事以外の理事のうち、○名を業務執行理事とする。

（役員の選任）

第20条　理事及び監事は、評議員会の決議によって選任する。

2　代表理事及び業務執行理事は、理事会の決議によって理事の中から選定する。

（理事の職務及び権限）

第21条　理事は、理事会を構成し、法令及びこの定款で定めるところにより、職務を執行する。

2　代表理事は、法令及びこの定款で定めるところにより、この法人を代表し、その業務を執行し、業務執行理事は、理事会において別に定めるところにより、この法人の業務を分担執行する。

（監事の職務及び権限）

第22条　監事は、理事の職務の執行を監査し、法令で定めるところにより、

〔第1章〕Ⅲ　一般財団法人の設立

監査報告を作成する。

2　監事は、いつでも、理事及び使用人に対して事業の報告を求め、この法人の業務及び財産の状況の調査をすることができる。

（役員の任期）

第23条　理事の任期は、選任後2年以内に終了する事業年度のうち最終のものに関する定時評議員会の終結の時までとする。

2　監事の任期は、選任後4年以内に終了する事業年度のうち最終のものに関する定時評議員会の終結の時までとする。

3　補欠として選任された理事又は監事の任期は、前任者の任期の満了する時までとする。

（役員の解任）

第24条　理事又は監事が、次のいずれかに該当するときは、評議員会の決議によって解任することができる。

(1)　職務上の義務に違反し、又は職務を怠ったとき。

(2)　心身の故障のため、職務の執行に支障があり、又はこれに堪えないとき。

第7章　理事会

（構　成）

第25条　理事会は、全ての理事をもって構成する。

（権　限）

第26条　理事会は、次の職務を行う。

(1)　この法人の業務執行の決定

(2)　理事の職務の執行の監督

(3)　代表理事及び業務執行理事の選定及び解職

（招　集）

第27条　理事会は、代表理事が招集するものとする。

（決　議）

第28条　理事会の決議は、決議について特別の利害関係を有する理事を除く理事の過半数が出席し、その過半数をもって行う。

2　前項の規定にかかわらず、一般社団法人及び一般財団法人に関する法律（以下、「一般法人法」という）第197条において準用する同法第96条の要件を満たしたときは、理事会の決議があったものとみなす。

（議事録）

2　定款の記載または記録事項

第29条　理事会の議事については、法令で定めるところにより、議事録を作成する。

2　出席した代表理事及び監事は、前項の議事録に記名押印する。

　　　第8章　定款の変更及び解散

（定款の変更）

第30条　この定款は、評議員会の決議によって変更することができる。

2　前項の規定は、この定款の第3条及び第4条（及び第10条）についても適用する。

（解　散）

第31条　この法人は、基本財産の滅失によるこの法人の目的である事業の成功の不能その他法令で定められた事由によって解散する。

　　　第9章　公告の方法

（公告の方法）

第32条　この法人の公告方法は官報に掲載する方法による。

　　　第10章　附　則

（設立者の氏名、住所）

第33条　設立者の氏名、住所は次のとおりである。

　　埼玉県さいたま市大宮区○○一丁目○番○号

　　　　甲野太郎

（設立者が拠出する財産及び価額）

第34条　設立者が拠出する財産及び価額は、次のとおりである。

　　　設立者　甲野太郎　金銭　金300万円

---

（注）　金銭以外の財産を拠出する場合の規定

　（設立者が拠出する財産及び価額）

第34条　設立者が拠出する財産及び価額は、次のとおりである。

①　設立者の氏名　　　甲野太郎

②　拠出する財産　　　普通乗用自動車1台

　　　　　　　　　　　ホンダステーションワゴン令和○年式

　　　　　　　　　　　登録番号　＊＊＊－＊＊＊＊

③　その価額　　　　　金300万円

---

〔第1章〕Ⅲ　一般財団法人の設立

（最初の事業年度）

第35条　当法人の最初の事業年度は、当法人成立の日から令和○年○月○日までとする。

（設立時評議員、設立時理事、設立時監事及び設立時代表理事）

第36条　当会社の設立時評議員、設立時理事、設立時監事及び設立時代表理事は次のとおりとする（注1）。

　　　　設立時評議員

　　　　　　住所　埼玉県さいたま市大宮区○○二丁目○番○号

　　　　　　　　　乙野二郎

　　　　　　住所　埼玉県さいたま市大宮区○○三丁目○番○号

　　　　　　　　　丙野三郎

　　　　　　住所　埼玉県さいたま市大宮区○○四丁目○番○号

　　　　　　　　　丁野四郎

　　　　設立時理事

　　　　　　住所　埼玉県さいたま市浦和区○○一丁目○番○号

　　　　　　　　　山川一郎

　　　　　　住所　埼玉県さいたま市浦和区○○二丁目○番○号

　　　　　　　　　川谷二郎

　　　　　　住所　埼玉県さいたま市浦和区○○三丁目○番○号

　　　　　　　　　谷山三郎

　　　　設立時代表理事

　　　　　　住所　埼玉県さいたま市浦和区○○一丁目○番○号

　　　　　　　　　山川一郎

　　　　設立時監事

　　　　　　住所　埼玉県さいたま市浦和区○○一丁目○番○号

　　　　　　　　　戊野五郎

（法令の準拠）

第37条　本定款に定めのない事項は、全て一般法人法その他の法令に従う。


　　以上、一般財団法人○○○○を設立するため、この定款を作成し、設立者が次に記名押印する。

　　令和○年○月○日

　　　　　　　　　　　　　　　　　　　　　設立者　甲野太郎　印

> （注）　電子定款による場合の規定
> 　以上、一般財団法人○○○○○設立のため、設立者甲野太郎の定款作成
> 代理人である司法書士浦和一郎は、電磁的記録である本定款を作成し、
> 電子署名をする。
> 　令和○年○月○日
>
> 　　　　　　　　　　　　　　　　　　設立者　甲野太郎
> 　　　　　　　　　　　上記設立者の定款作成代理人
> 　　　　　　　　　　　　　　　　司法書士　浦和一郎　印

（別表は省略）

（注1）　定款では設立時評議員等の選解任方法を定めて（法153条1項6号）、
具体的な選任については定款以外で定めることもできる。

## 3　設立の登記手続

### ⑴　登記の期限

　一般財団法人の設立の登記は、その主たる事務所の所在地において、①設立時理事および設立時監事の調査（法161条1項）が終了した日、②設立者が定めた日のいずれか遅い日から2週間以内にしなければならない（法302条1項）。

### ⑵　主たる事務所の所在地における登記事項

　登記すべき事項は以下のとおりである（法302条2項1号〜13号）。

①　目的

②　名称

③　主たる事務所および従たる事務所の所在場所

④　一般財団法人の存続期間または解散の事由についての定款の定めがあるときは、その定め

⑤　評議員、理事および監事の氏名　　なお、役員（理事、監事、評議員または会計監査人）の就任等の登記をするときに、婚姻により氏を改めた役員（その申請により登記簿に氏名が記載される者に限る）について、その婚姻前の氏をも記録するよう申し出ることができるので（商登規81

69

〔第1章〕 Ⅲ 一般財団法人の設立

条の2第1項)、その申出をする場合は、婚姻前の氏(具体的には、婚姻前の氏名をカッコ書で付記する)も登記することができる。以下、⑥および⑦について同じ

⑥ 代表理事の氏名および住所

⑦ 会計監査人設置一般財団法人であるときは、その旨および会計監査人の氏名または名称

⑧ 一時会計監査人の職務を行うべき者を置いたときは、その氏名または名称

⑨ 役員等の責任の免除についての定款の定めがあるときは、その定め

⑩ 非業務執行理事等が負う責任の限度に関する契約の締結についての定款の定めがあるときは、その定め

⑪ 貸借対照表を電磁的方法により開示するときは、貸借対照表の内容である情報について不特定多数の者がその提供を受けるために必要な事項であって法務省令で定めるもの(規87条1項3号。具体的には、当該情報を掲載するウェブサイトのアドレス)

⑫ 公告方法

⑬ ⑫の公告方法が電子公告であるときは、次に掲げる事項

　ⓐ 電子公告により公告すべき内容である情報について不特定多数の者がその提供を受けるために必要な事項であって法務省令で定めるもの(規87条1項4号。具体的には、当該情報を掲載するウェブサイトのアドレス)

　ⓑ 事故その他やむを得ない事由によって電子公告による公告をすることができない場合の公告方法について定款の定めがあるときは、その定め

(3) 従たる事務所の所在地における登記事項

従たる事務所において登記すべき事項は、以下のとおりである(法312条2項1号〜3号)。

① 名称

3　設立の登記手続

② 主たる事務所の所在場所

③ 従たる事務所（その所在地を管轄する登記所の管轄区域内にあるものに限る）の所在場所

**(4) 添付書面**

主たる事務所の所在地における設立の登記の申請書には、法令に別段の定めがある場合を除き、次の書面を添付しなければならない（法319条2項・3項）。

従たる事務所の所在地における設立の登記の申請書には、主たる事務所の所在地においてした登記を証する書面を添付すれば足りる（法329条）。

なお、申請書に会社法人等番号を記載した場合は、登記事項証明書の添付を省略することができる（法330条、商登19条の3）。

また、主たる事務所における登記の申請の際に、従たる事務所における登記の申請を一括して行うこともできる。この場合は従たる事務所における登記の申請に関しては登記事項証明書その他の添付書面は要しない（法330条、商登49条）。

① 定款

② 財産の拠出の履行があったことを証する書面

③ 設立時評議員、設立時理事および設立時監事の選任に関する書面

④ 設立時代表理事の選定に関する書面

⑤ 設立時評議員、設立時理事、設立時監事および設立時代表理事が就任を承諾したことを証する書面

⑥ 印鑑証明書　設立時代表理事の就任承諾書の印鑑について市区町村の作成した印鑑証明書（登記規3条、商登61条4項・5項）

⑦ 本人確認書類　⑤の設立時理事、設立時監事、設立時評議員（設立時役員等）の就任承諾書に記載された氏名および住所と同一の氏名および住所が記載されている市区町村長その他の公務員が職務上作成した証明書（当該設立時役員等が原本と相違がない旨を記載した謄本を含む）を添付する（登記規3条、商登規61条7項）。ただし、当該設立時役員のうち、

71

〔第1章〕 Ⅲ　一般財団法人の設立

市区町村長作成の印鑑証明書を添付する者を除く（同項ただし書）。

〈本人確認書類の例〉

・住民票の写し（住民票記載事項証明書）。個人番号（マイナンバー）の記載のないもの

・戸籍の附票

・市区町村長作成の印鑑証明書

以上については、原本およびコピー（当該設立時役員の原本証明のあるもの）を添付した上で、原本・コピーの還付を受けることもできるし、コピーのみを添付することもできる。

・運転免許証等のコピー（表裏両面をコピーする）

・個人番号カードの表面のコピー。個人番号の記載された裏面のコピーの添付は厳禁である（番号法19条参照）。裏面のコピーのないものと差替えを求められることになる。

以上については、当該設立時役員本人が「原本と相違ない。」と記載して、記名押印をする必要がある（原本証明）。

なお、原本証明のあるコピーについても、さらにそのコピーを用意して、原本還付を受けることができるので、必要な場合は複数の法人で同時に登記をする場合などに使い回しができる。

⑧　設立時会計監査人を選任したときは、次に掲げる書面

ⓐ　設立時会計監査人の選任に関する書面

ⓑ　就任を承諾したことを証する書面

ⓒ　設立時会計監査人が法人であるときは、当該法人の登記事項証明書（ただし、当該登記所の管轄区域内に当該法人の主たる事務所がある場合は不要）。

なお、申請書に会社法人等番号を記載した場合は、登記事項証明書の添付を省略することができる（法330条、商登19条の3）。

ⓓ　設立時会計監査人が法人でないときは、その者が公認会計士であることを証する書面

3　設立の登記手続

⑨　定款で主たる事務所について最小行政区画のみ定めた場合の具体的な
地番についての設立者の過半数の一致を証する書面

【記載例16】　一般財団法人設立登記申請書

---

### 一般財団法人設立登記申請書

　　フリガナ　　　　○○カイ
1．名　　　称　　　一般財団法人○○会（注１）
1．主たる事務所　　埼玉県さいたま市浦和区○○二丁目○番○号
1．登記の事由　　　令和○年○月○日設立の手続終了（注２）
1．登記すべき事項　別紙のとおり（注３）
1．登録免許税　　　金６万円（注４）
1．添付書類
　　⑴　定　　款　　　　　　　　　　　　　　　　　１通（注５）
　　⑵　設立時評議員、設立時理事及び設立時監事の選任に関する書面（注
　　　６）　　　　　　　　　　　　　　　　　　　　１通
　　⑶　設立時代表理事の選定に関する書面（注７）　　１通
　　⑷　設立時評議員、設立時理事、設立時監事が就任を承諾したことを証
　　　する書面　　　　　　　　　　　　　　　　　○通（注８）
　　⑸　設立時代表理事が就任承諾したことを証する書面　○通（注９）
　　⑹　印鑑証明書　　　　　　　　　　　　　　　　○通（注10）
　　⑺　本人確認書類（注11）
　　⑻　本店所在地決定書　　　　　　　　　　　　　１通（注12）
　　⑼　財産の拠出の履行があったことを証する書面　　１通（注13）
　　⑽　設立時会計監査人を選任したときは、次に掲げる書面
　　　①　設立時会計監査人の選任に関する書面　　　　１通
　　　②　就任を承諾したことを証する書面　　　　　　１通
　　　③　設立時会計監査人が法人であるときは、当該法人の登記事項証明
　　　　書（当該登記所の管轄区域内に当該法人の主たる事務所がある場合
　　　　または会社法人等番号の記載をした場合は不要）　１通
　　　④　設立時会計監査人が法人でないときは、その者が公認会計士であ
　　　　ることを証する書面　　　　　　　　　　　　　１通
　　⑾　委任状　　　　　　　　　　　　　　　　　　１通（注14）
　上記のとおり登記の申請をする。

---

73

〔第1章〕Ⅲ　一般財団法人の設立

令和○年○月○日
　　　埼玉県さいたま市浦和区○○二丁目○番○号
　　　　申請人　　一般財団法人○○会
　　　埼玉県さいたま市浦和区○○一丁目○番○号
　　　　代表理事　山川一郎（注15）
　　　埼玉県さいたま市浦和区○○二丁目○番○号
　　　　上記代理人　司法書士　甲野太郎
　　　　連絡先 TEL　　○○○－○○○－○○○○
さいたま地方法務局　御中

---

別紙（登記すべき事項）
「名称」一般財団法人○○○○○
「主たる事務所」埼玉県さいたま市浦和区○○二丁目○番○号
「法人の公告方法」官報に掲載する。
「目的」
当法人は、○○○○に関する事業を行い、○○○○に寄与することを目的
とし、次の事業を行う。
１　○○○○及び○○○○に関する○○○○○の普及
２　○○○の推進
３　その他この法人の目的を達成するために必要な事業
「役員に関する事項」
「資格」評議員
「氏名」乙野二郎
「役員に関する事項」
「資格」評議員
「氏名」丙野三郎
「役員に関する事項」
「資格」評議員
「氏名」丁野四郎
「役員に関する事項」
「資格」理事
「氏名」山川一郎
「役員に関する事項」
「資格」理事

74

3　設立の登記手続

```
「氏名」川谷二郎
「役員に関する事項」
「資格」理事
「氏名」谷山三郎
「役員に関する事項」
「資格」代表理事
「住所」埼玉県さいたま市浦和区○○一丁目○番○号
「氏名」山川一郎
「役員に関する事項」
「資格」監事
「氏名」戊野五郎
「役員に関する事項」
「資格」会計監査人
「氏名」○○○監査法人
「会計監査人設置法人に関する事項」
会計監査人設置法人
「登記記録に関する事項」設立
```

（注１）　「一般財団法人」の文字を使用しなければならない（法５条１項）。

　　　　なお、「世界最先端 IT 国家創造宣言・官民データ活用推進基本計画」（平成29年５月30日閣議決定）の別表において、「法人が活動しやすい環境を実現するべく、法人名のフリガナ表記については、……登記手続の申請の際にフリガナの記載を求めるとともに、法人番号公表サイトにおけるフリガナ情報の提供を開始」することとされたため、商業・法人登記の申請を行う場合には、申請書に法人名のフリガナを記載するものとされた。フリガナは、「一般社団法人」等の法人の種類を示す部分を除き、カタカナでスペースを空けずに記載する。「＆」、「．」、「・」等の符号はフリガナとしては登録できないが、「＆」を「アンド」、「．」を「ドット」のようにカタカナで登録することは可能である。このフリガナについては、国税庁法人番号公表サイトを通じて公表されるが、登記事項証明書には記載されない[6]。

（注２）　設立時理事等の調査が終了した日あるいは設立者が定めた日のいず

---

6　法務省ウェブサイト「商業・法人登記申請書に法人名のフリガナ欄を追加します（平成30年３月12日から）」〈http://www.moj.go.jp/MINJI/minji06_00109.html〉。

〔第1章〕 Ⅲ 一般財団法人の設立

れか遅い日を記入する（法302条1項）。

(注3) 登記すべき事項は、申請書に直接記載してもかまわないが、記載事項が多い場合は、記載例のとおり別紙に記載する。

なお、磁気ディスク（CD-R、DVD-Rなど）による提出、またはオンラインによる登記事項提出制度の利用が推奨されている。オンラインによる登記事項提出制度については、法務省ウェブサイト〈http://www.moj.go.jp/MINJI/minji06_00051.html〉を参照されたい。

(注4) 主たる事務所においては6万円、従たる事務所においては9000円である（登免別表一24号㈠ロ・㈡イ）。

(注5) 公証人の認証を受けた定款を添付する。謄本でもかまわない。

(注6) 定款で定めた場合は定款、選任方法を定款で定めたうえでそれに従って選任した場合は定款および定款の定めに従い選任した書面。

(注7) 定款で定めた場合は定款、定款で定めなかった場合は設立時理事の過半数の一致（法162条）を証する書面（【記載例18】）。

(注8) 設立時役員等の就任承諾書を添付する。なお、設立者が定款で設立時役員等に選任されている場合は定款の記載を就任承諾書として援用できる。

(注9) 設立時代表理事の就任承諾書。

(注10) 設立時代表理事の就任承諾書の印鑑について市区町村長の作成した印鑑証明書（登記規3条、商登規61条4項・5項）。

(注11) 設立時理事、設立時監事および設立時評議員（設立時役員等）の就任承諾書に記載された氏名および住所と同一の氏名および住所が記載されている市区町村長その他の公務員が職務上作成した証明書（当該設立時役員等が原本と相違がない旨を記載した謄本を含む）を添付する（登記規3条、商登規61条7項本文）。ただし、当該設立時役員のうち、市区町村長作成の印鑑証明書を添付する者を除く（同項ただし書）。

また、婚姻前の氏を登記する場合は、戸籍の謄抄本も添付する（登記規3条、商登規81条の2第2項）。

(注12) 定款で主たる事務所について最小行政区画のみ定めた場合、設立者が所在場所を決定する（【記載例17】）。

(注13) 拠出財産が金銭の場合には、具体的には、代表理事が作成した払込みの事実を証明する書面に預金通帳の写し等（拠出額に相当する金額が口座に入金されたことを確認することができるもの）を合綴したも

の（以下、「預金通帳の写し等」という）。残高証明は認められない（【記載例19】【記載例20】）。拠出財産が金銭以外の場合には、設立時理事および設立時監事が作成した調査報告書（法人登記実務 Q&A・Q9）。

(注14)　代理人に登記申請を委任する場合に添付する。

(注15)　設立の登記は、設立者ではなく一般財団法人を代表すべき者の申請によってする（法319条1項）。

## 【記載例17】　設立者による主たる事務所所在地決定書

### 主たる事務所所在地決定書

　令和○年○月○日一般財団法人○○会設立事務所において設立者全員出席しその全員の一致の決議により主たる事務所所在地を次のとおり決定した。
　　　主たる事務所　　埼玉県さいたま市浦和区○○二丁目○番○号

　上記決定事項を証するため、設立者全員は、次のとおり記名押印（または署名）する。
　令和○年○月○日
　　　一般財団法人○○会
　　　　設立者　甲野太郎　印
　　　　設立者　乙野二郎　印

## 【記載例18】　設立時代表理事を選定したことを証する書面

### 設立時代表理事選定決議書

　令和○年○月○日一般財団法人○○会設立事務所において設立時理事全員出席しその全員の一致の決議により次のように設立時代表理事を選定した。なお、被選定者は即時その就任を承諾した。
　　　設立時代表理事　　山川一郎

　上記設立時代表理事の選定を証するため、設立時理事の全員は、次のとおり記名押印する。
　令和○年○月○日
　　　一般財団法人○○会
　　　　出席設立時理事　山川一郎　印

〔第1章〕Ⅲ　一般財団法人の設立

|  |  |  |  |
|---|---|---|---|
| 同 | 川谷二郎 | 印 |  |
| 同 | 谷山三郎 | 印 |  |

**【記載例19】　財産（金銭）の拠出の履行のあったことを証する書面**

証　明　書

　当法人の設立時財産の拠出については以下のとおり、全額の払込みがあったことを証明します。


　　　　払込みを受けた金額　　金〇〇〇万円


　令和〇年〇月〇日
　　一般財団法人〇〇会
　　　設立時代表理事　山川一郎　印

（注1）　登記所に届け出るべき印鑑を押印する。
（注2）　取引明細表や預金通帳の写し等（口座名義人が判明する部分を含む）を合わせて綴じて、（注1）と同じ印鑑で契印する。また添付した取引明細表や預金通帳の写しの入金または振込みに関する部分にマーカーまたは下線を付す等して、払い込まれた金額がわかるようにしておく。

**【記載例20】　財産（金銭以外）の拠出の履行のあったことを証する書面**

調査報告書

　令和〇年〇月〇日一般財団法人〇〇会の設立時理事及び設立時監事に選任されたので、一般社団及び財団法人に関する法律第161条1項の規定に基づいて調査をした。その結果は次のとおりである。

調査事項

1　定款に記載された拠出財産に関する事項
　①　定款に定めた、設立者甲野太郎が拠出する財産の表示
　　　　普通乗用自動車　　ホンダステーションワゴン　令和〇年式
　　　　登録番号　　　　　＊＊＊－＊＊＊＊＊
　　　　この価格　　　　　金300万円
　②　令和〇年〇月〇日拠出財産の履行が完了していることを認める。

3　設立の登記手続

　2　上記事項以外の設立に関する手続が法令または定款に違反していないこ
　　とを認める。


　上記のとおり一般社団法人及び一般財団法人に関する法律の規定に従い報
告する。
　　令和○年○月○日
　　　　一般財団法人○○会
　　　　　設立時代表理事　　山川一郎　　印
　　　　　設立時理事　　　　川谷二郎　　印
　　　　　設立時理事　　　　谷山三郎　　印
　　　　　設立時監事　　　　戊野五郎　　印

## 【記載例21】　一般財団法人設立の登記事項証明書

### 履歴事項全部証明書

埼玉県さいたま市浦和区○○二丁目○番○号
一般財団法人○○会

| 会社法人等番号 | 0300-05-○○○○○○ |
|---|---|
| 名　称 | 一般財団法人○○○○○ |
| 主たる事務所 | 埼玉県さいたま市浦和区○○二丁目○番○号 |
| 法人の公告方法 | 官報に掲載する。 |
| 法人成立の年月日 | 令和○年○月○日 |
| 目的等 | 目　的<br>当法人は、○○○○に関する事業を行い、○○○○に寄与することを目的とし、次の事業を行う。<br>1　○○○○及び○○○○に関する○○○○の普及<br>2　○○○の推進<br>3　その他この法人の目的を達成するために必要な事業 |
| 役員に関する事項 | 評議員　　乙野　　二郎 |
| | 評議員　　丙野　　三郎 |
| | 評議員　　丁野　　四郎 |
| | 埼玉県さいたま市浦和区○○一丁目○番○号<br>代表理事　　山川　　一郎 |

79

〔第1章〕Ⅲ　一般財団法人の設立

| | 理　事　　山川　一郎 |
|---|---|
| | 理　事　　川谷　二郎 |
| | 理　事　　谷山　三郎 |
| | 監　事　　戊野　五郎 |
| | 会計監査人　○○○監査法人 |
| 会計監査人設置法人に関する事項 | 会計監査人設置法人 |
| 登記記録に関する事項 | 設　立<br>　　　　　　　　　　　　令和○年○月○日登記 |

（認証文言省略）

## 公益認定

〔第2章〕 I　はじめに

# I　はじめに

## 1　公益認定の要件と定款の記載事項

　一般社団法人または一般財団法人は、行政庁の認定（「公益認定」（公益5条））を受け、それぞれ公益社団法人または公益財団法人（以下、「公益法人」という）となることができる（公益4条）。公益認定の要件は次のとおりである（第4章〔図表46〕もあわせて参照）。

① 　公益認定法5条1号〜18号に掲げる基準に適合すること

② 　公益認定法6条1号〜6号に掲げる欠格事由に該当しないこと

公益法人の定款について、以下の規定について記載する必要がある。

① 　会計監査人を置く旨の定め（公益5条12号本文）　　ただし、政令（公益令6条）に定める基準[1]に達しない場合は、設置義務は免除される。

② 　「公益目的事業を行うために不可欠な特定の財産」（不可欠特定財産）がある場合の定め（公益5条16号）

③ 　公益認定の取消しの処分を受けた場合等の公益目的取得財産残額の贈与の定め（公益5条17号）

④ 　清算をする場合の残余財産の帰属先の定め（公益5条18号）

## 2　一般社団法人・一般財団法人と公益法人

　公益法人とは、一般社団法人・一般財団法人のうち、公益目的事業を行うもので行政庁の認定を受けたものをいう（公益2条3号）。したがって、「公益認定に関する事項」「行政庁による監督に関する事項」以外の「法人の機関設計」「法人の管理」等については、一般法人法の適用がある。

---

1 　当該法人の勘定の額が次に掲げる基準のいずれにも達しない場合に、会計監査人の設置義務が免除される（公益令6条1号〜3号）。

① 　最終事業年度に係る損益計算書の収益の部に計上した額の合計額　1000億円

② 　最終事業年度に係る損益計算書の費用及び損失の部に計上した額の合計額　1000億円

③ 　貸借対照表の負債の部に計上した額の合計額　50億円

### 3 公益認定法

公益認定法では、公益法人の認定基準、認定手続、公益法人の監督および公益認定等委員会（都道府県の合議制の機関）の権限等について規定を設けている。法人の設立、運営管理等については、一般法人法の適用が前提となるので、公益法人には固有の規定が定められている。

### 4 登記関係法令

登記関係の法令については、一般法人法に規定があるほか、商業登記法のかなりの部分が準用されている。

さらに、一般社団法人等登記規則が制定されているが、具体的な手続については、商業登記規則の多くの規定が準用されている。同規則61条4項・5項が準用されているため、理事または代表理事の就任承諾書の印鑑について、印鑑証明書の添付が必要となっている（ただし、再任を除く）。また、同条6項も準用されているため、原則として、理事または代表理事を選任または選定した議事録に押印された印鑑について印鑑証明書の添付が必要となる。具体的には第3章〔図表18〕を参照されたい。

### 5 登録免許税法

公益認定または公益認定の取消しによる名称変更については、登録免許税は非課税である（登免5条14号）。

また、公益法人（特例民法法人を含む）の変更等の登記については、登録免許税は非課税とされている（登免4条、税改附則27条1項）。

〔第2章〕 II 公益認定の手続

## II 公益認定の手続

### 1 名称等

公益社団法人または公益財団法人は、それぞれその名称中に公益社団法人または公益財団法人という文字を用いなければならない（公益9条3項）。公益社団法人または公益財団法人でない者は、その名称または商号中に公益社団法人または公益財団法人であると誤認されるおそれのある文字を用いることはできないし（同条4項）、何人も不正の目的をもって、他の公益社団法人または公益財団法人であると誤認されるおそれのある名称または商号を使用してはならない（同条5項）。

公益認定を受けた一般社団法人または一般財団法人は、その名称中の一般社団法人または一般財団法人の文字を公益社団法人または公益財団法人と変更する定款の変更をしたものとみなされる（公益9条1項）。また、これらの法人は名称変更の登記をしなければならないが、その登記の申請書には、公益認定を受けたことを証する書面を添付しなければならない（同条2項）。

### 2 目的および事業

公益法人の事業については、収益事業も行うことができるが、公益目的事業が主たる目的でなければならず（公益5条1号）、公益目的事業比率が100分の50以上となると見込まれるものであることが必要である（同条8号）。収益事業等については公益目的事業の実施に支障を及ぼすおそれがある場合は認められない（同条7号）。

定款で定める法人の事業または目的に根拠がない事業は、公益目的事業として認められないことがありうる（公益認定等ガイドライン）。

### 3 機 関

公益法人における、理事の構成について、次の制限が課される（監事が複数名いる場合についても同様）。

① 各理事について、当該理事およびその配偶者または3親等内の親族やその他特別の関係がある者である理事の合計数が、理事の総数の3分の

１を超えるものであってはならない（公益５条10号）。

　その他特別の関係がある者として次の者が公益認定令に規定されている（公益令４条１号～５号）。

ⓐ　当該理事と婚姻の届出をしていないが事実上婚姻関係と同様の事情にある者

ⓑ　当該理事の使用人

ⓒ　ⓐⓑ以外の者であって、当該理事から受ける金銭その他の財産によって生計を維持しているもの

ⓓ　ⓑⓒの配偶者

ⓔ　ⓐ～ⓒの３親等内の親族であって、これらの者と生計を一にするもの

②　他の同一の団体（公益社団法人および公益財団法人等を除く）の理事または使用人である者その他これに準ずる相互に密接な関係にある者（公益令５条）である理事の合計数は、理事の総数の３分の１を超えるものであってはならない（公益５条11号）。

　なお、公益法人においては原則として会計監査人は必置機関である（第２章Ⅰ参照）。

### 4　不可欠特定財産

　公益目的事業を行うために不可欠な特定の財産があるときは、その旨並びにその維持および処分の制限について、必要な事項を定款で定めていなければならない（公益５条16号）。

　公益財団法人における不可欠特定財産に係る定款の定めは、基本財産としての定め（法172条２項）も兼ね備える（公益認定等ガイドライン）。

### 5　公益目的取得財産の贈与先

　公益法人が公益認定を取り消され、または合併により消滅する場合に、公益目的取得財産残額を贈与する先を選定しておき、定款に明記する必要がある（公益５条17号）。

〔第2章〕 II　公益認定の手続

【記載例22】　定款(1)（公益認定の取消しに伴う贈与）

> （公益認定の取消しに伴う贈与）
> 第○条　この法人が公益認定の取消しの処分を受けた場合又は合併により法
> 　　人が消滅する場合（その権利義務を承継する法人が公益法人であるときを
> 　　除く。）には、評議員会の決議を経て、公益目的取得財産残額に相当する
> 　　額の財産を、当該公益認定の取消しの日又は当該合併の日から1カ月以内
> 　　に、公益社団法人及び公益財団法人の認定等に関する法律第5条第17号に
> 　　掲げる法人又は国若しくは地方公共団体に贈与するものとする。

### 6　清算する場合の残余財産の帰属先

　清算する場合に残余財産を帰属させる先として、類似の事業を目的とする
他の公益法人もしくは公益認定法5条17号で規定する法人、または国、地方
公共団体を選定し、定款に明記する必要がある（公益5条18号）。

【記載例23】　定款(2)（残金財産の帰属）

> （残余財産の帰属）
> 第○条　この法人が清算する場合において有する残余財産は、評議員会の決
> 　　議を経て、公益社団法人及び公益財団法人の認定等に関する法律第5条第
> 　　17号に掲げる法人又は国若しくは地方公共団体に贈与するものとする。

### 7　認定申請の提出書類

　公益認定の申請にあたり提出する書類は次のとおりである（公益7条1
項・2項1号～6号、公益規5条2項1号～4号・3項1号～7号）。なお、具体
的な申請書類の雛型については、公益法人 information ウェブサイトを参照
されたい。

- ①　申請書（名称および代表者の氏名、主たる事務所および従たる事務所の所
　　在場所、公益目的事業を行う都道府県の区域、公益目的事業の種類および内
　　容、収益事業等の内容）
- ②　定款
- ③　事業計画書および収支予算書
- ④　事業計画書および収支予算書に記載された予算の基礎となる事実を明

らかにする書類

⑤ 事業を行うにあたり法令上行政機関の許認可等を必要とする場合においては、当該許認可等があったことまたはこれを受けることができることを証する書類

⑥ 公益目的事業を行うのに必要な経理的基礎を有することを明らかにする財産目録、貸借対照表およびその附属明細書

⑦ その他公益目的事業を行うのに必要な経理的基礎を有することを明らかにする書類

⑧ 役員等の報酬等の支給の基準を記載した書類

⑨ 公益認定を申請する法人の登記事項証明書

⑩ 理事等の氏名、生年月日および住所を記載した書類

⑪ 一般法人法5条各号に掲げる基準に適合することを説明した書類

⑫ 理事等が欠格事由に該当しないことを説明した書類

⑬ 公益認定を申請する法人が欠格事由に該当しないことを説明した書類

⑭ 滞納処分に係る国税および地方税の納税証明書

⑮ その他行政庁が必要と認める書類

〔第2章〕Ⅲ　認定による名称変更の登記

# Ⅲ　認定による名称変更の登記

　公益認定を受けた一般社団法人または一般財団法人は、その主たる事務所の所在地においては2週間以内に、その従たる事務所の所在地においては3週間以内に、名称変更の登記をしなければならない（法303条・312条4項）。

【記載例24】　一般財団法人変更登記申請書（公益財団法人への変更）

---

一般財団法人変更登記申請書

　1.　会社法人等番号　　　　○○○○－○○－○○○○○○

　　　フリガナ　　　　　　　○○カイ

　1.　名　　　称　　　　　　一般財団法人○○会（注1）

　1.　主たる事務所　　　　　埼玉県さいたま市大宮区○○町一丁目○○○番地

　1.　登記の事由　　　　　　名称の変更

　1.　認定書到達の年月日

　　　　　　　　　　　　　　令和○年○月○日

　1.　登記すべき事項　　　　令和○年○月○日名称変更

　　　　　　　　　　　　　　名称　　公益財団法人○○○

　1.　登録免許税　　　　　　非課税（登録免許税法第5条第14号）

　1.　添附書類

　　　　　　　　　公益認定を受けたことを証する書面　　　1通

　　　　　　　　　委任状　　　　　　　　　　　　　　　　1通

　　上記のとおり登記の申請をする。

　令和○年○月○日

　　　　埼玉県さいたま市大宮区○○町一丁目○○○番地

　　　　　　申請人　公益財団法人○○○

　　　　埼玉県さいたま市大宮区○○町一丁目○○○番地

　　　　　　代表理事　甲野太郎

　　　　埼玉県さいたま市大宮区○○町二丁目○○番地

　　　　　　上記代理人　司法書士　乙野二郎　印

　　　　　　連絡先TEL　○○○－○○○－○○○○

　　さいたま地方法務局　御中

---

（注1）　認定前の名称を記載する。

# 第 3 章

# 一般社団法人および一般財団法人の変更等

〔第3章〕 Ⅰ 変更が生じる事由

# Ⅰ　変更が生じる事由

　本章では、一般社団法人および一般財団法人の成立後（または移行後）に
生じる変更等について、主として登記事項に関する部分についての概要を説
明する。

　一般社団法人および一般財団法人については、法人の意思決定機関の決定
による変更のほか、行政庁の処分等により変更が生じることがある。ここで
は、こうした変更の概要を説明する。

## 1　法人の意思決定機関による変更

### (1)　意思決定機関

　非・理事会設置一般社団法人、理事会設置一般社団法人および一般財団法
人は、それぞれ意思決定機関やその権限が異なる。

〔図表9〕　意思決定機関および権限等の比較

| | 非・理事会設置<br>一般社団法人 | 理事会設置<br>一般社団法人 | 一般財団法人 |
|---|---|---|---|
| 意思決定機関 | 社員総会<br>理事<br>（法60条1項） | 社員総会<br>理事会<br>理事<br>（法60条2項） | 評議員会<br>理事会<br>理事<br>（法170条1項） |
| 社員総会または評議員会の権限 | 一般法人法に規定する事項及び一般社団法人の組織、運営、管理その他一般社団法人に関する一切の事項について決議をすることができる（法35条1項） | 一般法人法に規定する事項及び定款で定めた事項に限り、決議をすることができる（法35条2項） | 一般法人法に規定する事項及び定款で定めた事項に限り、決議をすることができる（法178条2項） |
| 理事会の権限 | | ①　理事会設置一般社団法人の業務執行の決定<br>②　理事の職務の執行の監督<br>③　代表理事の選 | ①　一般財団法人の業務執行の決定<br>②　理事の職務の執行の監督<br>③　代表理事の選 |

90

1　法人の意思決定機関による変更

| | | 定及び解職<br>（法90条2項） | 定及び解職<br>（法197条・90条2項） |
|---|---|---|---|
| （各）理事に委任することのできない事項 | ① 従たる事務所の設置、移転及び廃止<br>② 社員総会の招集に関する事項<br>③ 理事の職務の執行が法令及び定款に適合することを確保するための体制その他一般社団法人の業務の適正を確保するために必要なものとして法務省令で定める体制の設備<br>④ 定款の定めに基づく理事の責任の免除<br>（法76条3項） | 次に掲げる事項その他の重要な業務執行の決定<br>① 重要な財産の処分及び譲受け<br>② 多額の借財<br>③ 重要な使用人の選任及び解任<br>④ 従たる事務所その他の重要な組織の設置、変更及び廃止<br>⑤ 理事の職務の執行が法令及び定款に適合することを確保するための体制その他一般社団法人の業務の適正を確保するために必要なものとして法務省令で定める体制の整備<br>⑥ 定款の定めに基づく理事の責任の免除<br>（法90条4項） | 次に掲げる事項その他の重要な業務執行の決定<br>① 重要な財産の処分及び譲受け<br>② 多額の借財<br>③ 重要な使用人の選任及び解任<br>④ 従たる事務所その他の重要な組織の設置、変更及び廃止<br>⑤ 理事の職務の執行が法令及び定款に適合することを確保するための体制その他一般財団法人の業務の適正を確保するために必要なものとして法務省令で定める体制の整備<br>⑥ 定款の定めに基づく理事の責任の免除<br>（法197条・90条4項） |
| 理事の権限 | ① 理事は、定款に別段の定めがある場合を除き、一般社団法人の業務を執行する<br>② 理事が2人以上ある場合は、一般社団法人の業務は、定款に別段の定めがある場合を除き、 | 次に掲げる理事は、理事会設置一般社団法人の業務を執行する。<br>① 代表理事<br>② 代表理事以外の理事であって、理事会の決議によって理事会設置一般社団法人の業務を執行す | 次に掲げる理事は、一般財団法人の業務を執行する。<br>① 代表理事<br>② 代表理事以外の理事であって、理事会の決議によって一般財団法人の業務を執行する理事として選定されたも |

91

〔第3章〕 I　変更が生じる事由

| | | |
|---|---|---|
| 理事の過半数をもって決定する（法76条1項・2項） | る理事として選定されたもの（法91条1項） | の（法197条・91条1項） |

　理事会設置一般社団法人（一般財団法人）において代表理事を社員総会（評議員会）の決議で選定する旨の定款の定めの効力については、従来からこれを認める見解が示されていた[1]。これに関し、株式会社の事例ではあるが、最高裁判所は、非公開会社である取締役会設置会社（理事会設置一般社団法人に相当）において、代表取締役（代表理事に相当）を株主総会（社員総会に相当）の決議により選定する旨の定款の定めの効力を認める判断を示している[2]。

(2)　意思決定機関とその意思決定の方法

　各意思決定機関の意思決定の方法等は次のとおりである。

〔図表10〕　意思決定機関とその意思決定の方法等の比較

| | 社員総会決議 | 評議員会決議 | 理事会決議 |
|---|---|---|---|
| 決議要件 | ①　普通決議<br>【定足数要件】<br>総社員の議決権の過半数を有する社員の出席（定款規定により、定足数の加重、軽減、排除可能）<br>【議決数要件】<br>出席した当該社員の議決権の過半数（法49条1項） | ①　普通決議<br>【定足数要件】<br>議決に加わることができる評議員の過半数の出席（定款規定により、加重可能）<br><br>【議決数要件】<br>出席評議員の過半数（定款規定により、加重可能）（法189条1項） | 【定足数要件】<br>議決に加わることができる理事の過半数の出席（定款規定により、加重可能）<br><br>【議決数要件】<br>出席理事の過半数（定款規定により、加重可能）（法95条1項） |
| | ②　特別決議<br>【頭数要件】<br>総社員の半数以上<br>【議決権要件】 | ②　特別決議<br>【頭数要件】<br>なし<br>【議決権要件】 | |

1　FAQ問Ⅱ-1-④。登記研究編集室編『法人登記書式精義（第1巻）〔改訂版〕』178頁。
2　最三決平成29・2・21民集71巻2号195頁。

1　法人の意思決定機関による変更

|  | | | |
|---|---|---|---|
|  | 総社員の議決権の3分の2以上にあたる多数（定款規定により、加重可能）（法49条2項） | 議決に加わることができる評議員の3分の2以上にあたる多数（定款規定により、加重可能）（法189条2項） |  |
| 特別利害関係を有する者の議決権行使の制限 |  | 特別の利害関係を有する評議員は、議決に加わることができない（法189条3項） | 特別の利害関係を有する理事は、議決に加わることができない（法95条2項） |
| 代理人による議決権行使 | 可能（法50条） | 不可（法64条、民法104条） | 不可（法64条、民法104条） |
| 書面等による議決権行使の可否 | 社員総会の招集事項決定の際に定めれば可能（法38条3号） | 可能とする規定がない（不可） | 可能とする規定がない（不可） |
| 決議の省略（みなし決議） | 【提案者】<br>理事または社員<br>【決議の対象事項】<br>社員総会の目的である事項<br>【同意を要する者】<br>当該提案につき社員の全員<br><br><br>【同意の方法】<br>書面または電磁的記録<br><br><br><br>【定款規定】<br>不要（法58条1項） | 【提案者】<br>理事<br>【決議の対象事項】<br>評議員会の目的である事項<br>【同意を要する者】<br>当該提案につき評議員（当該事項について議決に加わることができる者に限る）の全員<br>【同意の方法】<br>書面または電磁的記録<br><br><br><br>【定款規定】<br>不要（法194条1項） | 【提案者】<br>理事<br>【決議の対象事項】<br>理事会の決議の目的である事項<br>【同意を要する者】<br>当該提案につき理事（当該事項について議決に加わることができる者に限る）の全員<br>【同意の方法】<br>書面または電磁的記録<br>【除外要件】<br>監事が当該提案について異議を述べたとき<br>【定款規定】<br>必要（法96条） |
| 報告の省略（みなし報告） | 【報告者】<br>理事 | 【報告者】<br>理事 | 【報告者】<br>理事、監事、また |

93

〔第3章〕 I　変更が生じる事由

| | | | は会計監査人 |
|---|---|---|---|
| | 【通知】<br>社員の全員に対して社員総会に報告すべき事項を通知<br><br>【同意の内容】<br>当該事項を社員総会に報告することを要しないこと<br>【同意を要する者】<br>社員の全員<br>【同意の方法】<br>書面または電磁的記録（法59条） | 【通知】<br>評議員の全員に対して評議員会に報告すべき事項を通知<br><br>【同意の内容】<br>当該事項を評議員会に報告することを要しないこと<br>【同意を要する者】<br>評議員の全員<br>【同意の方法】<br>書面または電磁的記録（法195条） | 【通知】<br>理事および監事の全員に対して理事会に報告すべき事項を通知<br>【同意不要】<br>同意手続は不要<br>【理事会への報告を省略できない場合】<br>代表理事および業務執行理事の職務の執行状況の報告（法98条1項） |

### (3)　決定すべき事項と決定機関

決定すべき事項によって決定機関およびその決定方法が、次のとおり定められている。

〔図表11〕　決定すべき事項と決定機関

| 決定すべき事項 | 非・理事会設置<br>一般社団法人 | 理事会設置<br>一般社団法人 | 一般財団法人 |
|---|---|---|---|
| 定款変更（注1） | 社員総会の特別決議（法146条・49条2項4号） | 社員総会の特別決議（法146条・49条2項4号） | 評議員会の特別決議（注2）（法200条・189条2項3号） |
| 主たる事務所の移転 | 具体的な所在場所の決定は、理事の決定（法76条1項・2項）<br>定款変更を伴う場合の定款変更は、社員総会の特別決議（法146条・49条2項） | 具体的な所在場所の決定は、理事会決議（法90条2項）<br>定款変更を伴う場合の定款変更は、社員総会の特別決議（法146条・49条2項） | 具体的な所在場所の決定は、理事会決議（法197条・90条2項）<br>定款変更を伴う場合の定款変更は、評議員会の特別決議（法200条・189条2項3号） |
| 理事、監事、会計監査人の選任 | 社員総会の普通決議（法63条1項） | 社員総会の普通決議（法63条1項） | 評議員会の普通決議（法177条・63条1項） |
| | | | |

94

| | | | |
|---|---|---|---|
| 代表理事 | ① （選定しない場合）各理事が代表権をもつ（法77条1項・2項）<br>② （選定する場合）<br>・定款に定める<br>・定款の定めに基づく理事の互選<br>・社員総会の決議（法77条3項） | 理事会において代表理事を選定する（注3）（法90条3項） | 理事会において代表理事を選定する（注3）（法197条・90条3項） |
| 基金の募集（注4） | 理事の決定（法132条・76条1項2項） | 理事会決議（法132条・90条2項） | |
| 基金の返還 | 定時社員総会の決議（法141条1項） | 定時社員総会の決議（法141条1項） | |
| 解散 | 社員総会の特別決議（法148条3項） | 社員総会の特別決議（法148条3項） | 決議による解散はできない（注5） |
| 継続 | 社員総会の特別決議（法150条） | 社員総会の特別決議（法150条） | 評議員会の特別決議（法204条） |

（注1）　一般社団法人および一般財団法人には、それぞれ、〔図表12〕のとおり、定款に記載しても無効となる事項がある。

（注2）　一般財団法人においては、〔図表13〕のとおり、定款変更の制限がある。

（注3）　代表理事を社員総会（または評議員会）において選定する旨の定款の定めをおくことができる（123頁参照）。

（注4）　法人成立前は、設立時社員全員の同意が必要である（法132条2項）。

（注5）　一般財団法人は、一般社団法人と異なり、評議員会の決議による解散をすることはできないが（法202条1項）、存続期間の定めを設ける定款の変更決議を行うことにより、存続期間の満了による解散をすることはできる（同条1項1号）。この場合、解散の日の前日を存続期間の満了日と定めることになる。なお、存続期間を定めた場合は、その登記をしなければならない（法302条2項4号）。

〔第3章〕 I　変更が生じる事由

〔図表12〕　定款に記載しても無効となる事項

| 一般社団法人 | 一般財団法人 |
|---|---|
| | ①　評議員の選任および解任の方法として、理事または理事会が評議員を選任し、または解任する旨の定款の定め |
| ①　社員に剰余金または残余財産の分配を受ける権利を与える旨の定款の定め（法11条2項） | ②　設立者に剰余金または残余財産の分配を受ける権利を与える旨の定款の定め（法153条3項2号） |
| ②　社員総会の決議を必要とする事項について、理事、理事会その他の社員総会以外の機関が決定することができることを内容とする定款の定め（法35条4項） | ③　評議員会の決議を必要とする事項について、理事、理事会その他の評議員会以外の機関が決定することができることを内容とする定款の定め（法178条3項） |
| ③　社員総会において決議をする事項の全部につき社員が議決権を行使することができない旨の定款の定め（法48条2項） | |

〔図表13〕　一般財団法人における定款変更の制限

| 【原　則】 | 定款の定めを変更することができない事項（法200条1項）<br>①　目的<br>②　評議員の選任・解任方法 |
|---|---|
| 【例外1】 | 上記①および②の規定を評議員会の決議によって変更することができる旨を、設立者が定款に定めた場合は可能（法200条2項） |
| 【例外2】 | 一般財団法人の設立の当時予見することのできなかった特別の事情により、上記①および②の定款の定めを変更しなければその運営の継続が不可能または著しく困難となるに至ったときは、裁判所の許可を得て、評議員会の決議によって上記①および②の定款の定めを変更することができる（法200条3項） |

## 2　行政庁等の当該法人以外の処分等による変更

### (1)　行政庁の処分

公益認定法に基づく公益認定または公益認定の取消しがあった場合には、下記のとおり名称中の文字を変更する定款変更があったものとみなされる（公益9条1項・29条5項）。

| | 変更前の名称 | 変更後の名称 | 登記申請の要否 |
|---|---|---|---|
| 公益認定 | 一般社団法人○○<br>一般財団法人○○ | 公益社団法人○○<br>公益財団法人○○ | 変更登記申請が必要 |
| 公益認定の取消し | 公益社団法人○○<br>公益財団法人○○ | 一般社団法人○○<br>一般財団法人○○ | 行政庁による嘱託登記 |

### (2) 裁判所の裁判

解散命令（法261条）または解散の訴え（法268条）を認容する裁判所の裁判があったときは、一般社団法人および一般財団法人（以下、「一般社団法人等」という）は解散する（法148条7号・202条6号）。

なお、いずれの場合も、裁判所書記官による嘱託登記がなされる（法315条1項1号ハ・3号ロ）。

| | 申立権者 | 要件等 |
|---|---|---|
| 解散命令 | 法務大臣または社員、評議員、債権者その他の利害関係人 | 次に掲げる場合において、公益を確保するため一般社団法人等の存在を許すことができないと認めるとき<br>① 一般社団法人等の設立が不法な目的に基づいてされたとき<br>② 一般社団法人等が正当な理由がないのにその成立の日から1年以内にその事業を開始せず、または引き続き1年以上その事業を休止したとき<br>③ 業務執行理事が、法令もしくは定款で定める一般社団法人等の権限を逸脱しもしくは濫用する行為または刑罰法令に触れる行為をした場合において、法務大臣から書面による警告を受けたにもかかわらず、なお継続的にまたは反復して当該行為をしたとき |
| 解散の訴え | 総社員の議決権の10分の1（これを下回る割合を定款で定めた場合にあっては、その割合）以 | 次に掲げる場合において、やむを得ない事由があるとき<br>① 一般社団法人等が業務の執 |

97

〔第 3 章〕 I　変更が生じる事由

| | | |
|---|---|---|
| | 上の議決権を有する社員または評議員 | 行において著しく困難な状況に至り、当該一般社団法人等に回復することができない損害が生じ、または生ずるおそれがあるとき<br>②　一般社団法人等の財産の管理または処分が著しく失当で、当該一般社団法人等の存立を危うくするとき |

98

## II 変更手続(1)——登記事項の変更

### 1 名称変更

一般社団法人等は、定款変更手続によって、その名称を変更することができるが、その種類に従い、その名称中に一般社団法人または一般財団法人という文字を用いなければならない（法5条1項）。なお、「世界最先端IT国家創造宣言・官民データ活用推進基本計画」（平成29年5月30日閣議決定）の別表において、「法人が活動しやすい環境を実現するべく、法人名のフリガナ表記については、……登記手続の申請の際にフリガナの記載を求めるとともに、法人番号公表サイトにおけるフリガナ情報の提供を開始」することとされたため、商業・法人登記の申請を行う場合には、申請書に法人名のフリガナを記載するものとされた。フリガナは、「一般社団法人」等の法人の種類を示す部分を除き、カタカナでスペースを空けずに記載する。「&」、「.」、「・」等の符号はフリガナとしては登録できないが、「&」を「アンド」、「.」を「ドット」のようにカタカナで登録することは可能である。このフリガナについては、国税庁法人番号公表サイトを通じて公表されるが、登記事項証明書には記載されない[1]。

#### (1) 定款変更手続

名称変更を行うには、社員総会または評議員会の特別決議による定款変更手続が必要となる（法146条・49条2項4号・200条1項・189条2項3号）。

#### (2) 登記申請期間

一般社団法人等は、名称を変更する定款変更が効力を生じたときから、その主たる事務所の所在地においては2週間以内に、その従たる事務所の所在地においては3週間以内に、変更の登記をしなければならない（法303条・312条4項）。

---

1 法務省ウェブサイト「商業・法人登記申請書に法人名のフリガナ欄を追加します（平成30年3月12日から）」〈http://www.moj.go.jp/MINJI/minji06_00109.html〉。

〔第3章〕 Ⅱ　変更手続⑴──登記事項の変更

⑶　登記申請書記載事項および添付書類

　一般社団法人等の名称変更による登記申請の登記申請書の記載例は次のとおりである。

【記載例25】　一般財団法人の名称変更の登記申請書

---

**一般財団法人変更登記申請書**

1．会社法人等番号　　○○○○－○○－○○○○○○
　　フリガナ　　　　　○○カイ
1．名　　　称　　　　一般財団法人○○会（注1）
　　フリガナ　　　　　△△カイ
　　（新名称　　　　　一般財団法人△△会）
1．主たる事務所　　　東京都○○区○○二丁目○番○号
1．登記の事由　　　　名称の変更（注2）
1．登記すべき事項　　別紙の通り（注3）
1．登録免許税　　　　金30,000円（注4）
1．添附書類　　　　　評議員会議事録　　　1通（注5）
　　　　　　　　　　　委任状　　　　　　　1通（注6）
　上記のとおり登記の申請をする。
令和○年○月○日（注7）
　　　東京都○○区○○二丁目○番○号
　　　　　申請人　一般財団法人△△会（注8）
　　　東京都○○区○○二丁目○番○号（注9）
　　　　　代表理事　甲野太郎
　　　東京都○○区○○一丁目○番○号（注10）
　　　　　上記代理人　司法書士　戊野五郎　印
　　東京法務局○○出張所　御中（注11）

---

別紙（登記すべき事項）
「名称」一般財団法人△△会（注12）
「原因年月日」令和○年○月○日変更（注13）

---

（注1）　変更の対象となる登記簿を特定するため、変更前の名称およびフリガナを記載する。また、変更後の名称をカッコ書きしおよびその上にフリガナを記載する。

　　　　　　　　　　　　　　　　　　　　　　　2　主たる事務所の移転

（注２）　登記の事由として、「名称の変更」と記載する。

（注３）　登記すべき事項は、申請書に直接記載してもかまわないが、記載事
　　　　　項が多い場合は、記載例のとおり別紙に記載するか、磁気ディスク
　　　　　（CD-R、DVD-R など）に記録して提出する。

（注４）　登録免許税額は、３万円である（登免別表一24号㈠ネ）。

（注５）　名称を変更する定款変更を行った評議員会（一般社団法人にあって
　　　　　は社員総会議事録）の議事録を添付する（法317条２項）。

（注６）　司法書士等に登記の申請代理を委任する場合には委任状を添付する
　　　　　（法330条、商登18条）。委任状には、登記所届出印を押印する（商登
　　　　　20条２項）。

　　　　　　なお、代理人によらずに法人代表者が自ら申請をする場合は、申請
　　　　　書の代表者氏名の右側に登記所届出印を押印する（商登20条１項）。

（注７）　申請書を登記所に提出する日を記載する（法330条、商登17条２項
　　　　　７号）。なお、郵送申請の場合は、発送日を記載する。

（注８）　変更後の名称を記載する。

（注９）　法人を代表する者の住所、資格、氏名を記載する（法330条、商登
　　　　　17条２項１号）。なお、法人を代表する者が複数いる場合は、実際に
　　　　　申請をする１名（印鑑の届出をしている者に限る）を記載すれば足り
　　　　　る。

（注10）　代理人により申請する場合は、代理人の住所、氏名を記載する（法
　　　　　330条、商登17条２項２号）。

（注11）　管轄登記所の名称を記載する（法330条、商登17条２項８号）。

（注12）　変更後の名称を記載する。

（注13）　名称変更の効力発生日を記載する。名称を変更する定款変更決議に
　　　　　おいて、期限または条件を付けていなければ、決議が成立した時をも
　　　　　って効力が発生するので、決議の日を記載する。

## 2　主たる事務所の移転

　「主たる事務所の所在地」は、定款の絶対的記載事項とされている（法11
条１項３号・153条１項３号）が、定款に記載する「主たる事務所の所在地」
は、最小行政区画（市町村まで）を記載すればよいこととされている。

　また、東京都の23区については「区」までが記載事項となるが、政令指定
都市の「○○市△△区」のうち「△△区」については定款に記載する必要が

*101*

〔第3章〕II　変更手続(1)——登記事項の変更

ない。つまり、政令指定都市の場合は「○○市」と記載すればよいことになる。

　もちろん、具体的な住所（所在場所）までを定款に記載しても構わないが、この場合、同一市町村内で主たる事務所を移転する場合であっても、定款変更手続が必要となる。

(1)　定款変更手続の要否

　主たる事務所の移転をする場合、定款変更手続が必要となる場合とならない場合とがある。

〔図表14〕　定款の規定と定款変更の要否

(例)　移転前の主たる事務所の所在場所：東京都 A 区本町 2 番 3 号

| 定款の規定 | 移転先（注1） | 定款変更の要否 |
|---|---|---|
| 具体的住所<br>　東京都 A 区<br>　本町 2 番 3 号 | ①　同一最小行政区画（注2）<br>　東京都 A 区□□台一丁目 4 番 5 号<br>②　異なる最小行政区画<br>　東京都 C 区☆☆町二丁目 3 番 4 号 | 必要 |
| 最小行政区画<br>　東京都 A 区 | 同一最小行政区画<br>　東京都 A 区□□台一丁目 4 番 5 号 | 不要 |
| 最小行政区画<br>　東京都 A 区 | 異なる最小行政区画<br>　東京都 B 市◇◇四丁目 2 番 1 号 | 必要 |

（注1）　移転先の具体的住所までを新たな定款の規定とする場合は、すべての場合に、定款変更が必要となる。

（注2）　定款で、部屋番号まで決めている場合は、同一のビル内でも定款変更が必要となる。

　　　　　移転元の主たる事務所：東京都 A 区本町 2 番 3 号本町ビル201号室
　　　　　移転先の主たる事務所：東京都 A 区本町 2 番 3 号本町ビル202号室
　　　　　定款の規定：

　　　　　①　当会社の本店は、東京都 A 区に置く。

　　　　　②　当会社の本店は、東京都 A 区本町 2 番 3 号本町ビル201号室に置く。

　　　　　定款の規定が、①の場合は定款変更不要だが、②の場合は定款変更が必要となる。

2　主たる事務所の移転

(2)　定款変更手続（必要な場合のみ）

定款の主たる事務所の所在地の変更を行う必要がある場合には、社員総会または評議員会の特別決議が必要となる（法146条・49条2項4号・200条1項・189条2項3号）。

(3)　主たる事務所の具体的な所在場所および移転の日の決定

⒜　決定機関

主たる事務所の具体的な所在場所および移転の日の決定については、業務執行に該当するので次の機関が決定する。

〔図表15〕　主たる事務所の具体的な所在場所および移転の日の決定

| 法人の種類・機関設計 | 決定機関 |
|---|---|
| 非・理事会設置一般社団法人 | 理事（理事の過半数の一致）（注1） |
| 理事会設置一般社団法人 | 理事会の決議 |
| 一般財団法人 | 理事会の決議 |

（注1）　非・理事会設置一般社団法人においては、社員総会で決議することも可能である（法35条1項）。

⒝　主たる事務所の移転の日

主たる事務所の移転の日は次のとおりとなる。

①　「決議の移転の日」と「現実の移転の日」が同じ場合

| 決議で定めた移転の日 | 令和○年3月1日に移転する。 |
|---|---|
| 現実の移転日 | 令和○年3月1日 |
| 登記簿に記載される移転日 | 令和○年3月1日（現実の移転の日） |

②　「決議の移転の日」と「現実の移転の日」が異なる場合

　ⓐ　決議の移転の日が概括的に定められている場合で、その期間内に現実に移転をしたとき（昭和41年2月7日法務省民四第75号）

| 決議で定めた移転の日 | 令和○年3月1日から同年3月7日の間に移転する。なお、上記期間内における具体的な移転日については、代表理事に一任する。 |
|---|---|

103

〔第3章〕Ⅱ　変更手続(1)——登記事項の変更

| 現実の移転日 | 令和○年3月5日 |
|---|---|
| 登記簿に記載される移転日 | 令和○年3月5日（現実の移転の日） |

ⓑ　決議前に現実の移転をしている場合

| 決議で定めた移転の日 | 令和○年3月7日 |
|---|---|
| 現実の移転日 | 令和○年3月4日 |
| 登記簿に記載される移転日 | 令和○年3月7日（決議の日） |

ⓒ　決議で定めた本店移転の日の後に、現実の本店移転をしている場合

あらためて決議をやり直して、決議の日をもって移転の日とする。

| 決議で定めた移転の日 | 令和○年3月4日 |
|---|---|
| 現実の移転日 | 令和○年3月10日 |
| 決議のやり直しの日 | 令和○年3月11日 |
| 登記簿に記載される移転日 | 令和○年3月11日（再決議の日） |

⑷　登記申請手続

　主たる事務所の移転をする場合、新所在地を管轄する登記所が旧所在地を管轄する登記所と同一か異なるかによって、登記申請の方法が異なるので注意が必要である。

　すなわち、同一の登記所の管轄区域内での移転は、1件の申請で済むが、異なる登記所の管轄区域内への移転は、新旧それぞれの所在地を管轄する登記所への申請が必要となる（法304条）。ただし、新所在地を管轄する登記所への登記の申請は、旧所在地を管轄する登記所に対する申請と同時に旧所在地を管轄する登記所を経由してしなければならない（法330条、商登51条）。

〈参考〉　商業・法人登記申請の管轄（平成30年3月30日現在）

| 北海道地方（札幌法務局管内） | | |
|---|---|---|
| ・　札幌法務局（北海道） | 本局のみ | |
| ・　函館地方法務局（北海道） | 本局のみ | |
| ・　旭川地方法務局（北海道） | 本局のみ | |
| ・　釧路地方法務局（北海道） | 本局 | 帯広支局　北見支局　根室支局 |

104

2　主たる事務所の移転

| | | | 中標津出張所 | | |
|---|---|---|---|---|---|
| | | | | | |
| 東北地方（仙台法務局管内） | | | | | |
| ・ | 仙台法務局（宮城県） | 本局のみ | | | |
| ・ | 福島地方法務局（福島県） | 本局のみ | | | |
| ・ | 山形地方法務局（山形県） | 本局のみ | | | |
| ・ | 盛岡地方法務局（岩手県） | 本局のみ | | | |
| ・ | 秋田地方法務局（秋田県） | 本局のみ | | | |
| ・ | 青森地方法務局（青森県） | 本局のみ | | | |
| | | | | | |
| 関東甲信越地方（東京法務局管内） | | | | | |
| ・ | 東京法務局（東京都） | 本局 | 板橋出張所　品川出張所　城北出張所　墨田出張所　立川出張所　中野出張所　八王子支局　港出張所 | 江戸川出張所　渋谷出張所　杉並出張所　世田谷出張所　田無出張所　西多摩支局　府中支局 | 北出張所　城南出張所　新宿出張所　台東出張所　豊島出張所　練馬出張所　町田出張所 |
| ・ | 横浜地方法務局（神奈川県） | 本局 | 湘南支局 | | |
| ・ | さいたま地方法務局（埼玉県） | 本局のみ | | | |
| ・ | 千葉地方法務局（千葉県） | 本局のみ | | | |
| ・ | 水戸地方法務局（茨城県） | 本局のみ | | | |
| ・ | 宇都宮地方法務局（栃木県） | 本局のみ | | | |
| ・ | 前橋地方法務局（群馬県） | 本局のみ | | | |
| ・ | 静岡地方法務局（静岡県） | 本局 | 沼津支局　浜松支局 | | |
| ・ | 甲府地方法務局（山梨県） | 本局のみ | | | |
| ・ | 長野地方法務局（長野県） | 本局のみ | | | |
| ・ | 新潟地方法務局（新潟県） | 本局のみ | | | |
| | | | | | |
| 中部地方（名古屋法務局管内） | | | | | |
| ・ | 名古屋法務局（愛知県） | 本局 | 岡崎支局 | | |

105

〔第3章〕Ⅱ　変更手続(1)──登記事項の変更

| | | | |
|---|---|---|---|
| ・ | 津地方法務局（三重県） | 本局のみ | |
| ・ | 岐阜地方法務局（岐阜県） | 本局のみ | |
| ・ | 福井地方法務局（福井県） | 本局のみ | |
| ・ | 金沢地方法務局（石川県） | 本局のみ | |
| ・ | 富山地方法務局（富山県） | 本局のみ | |
| | | | |
| | 近畿地方（大阪法務局管内） | | |
| ・ | 大阪法務局（大阪府） | 本局 | 北大阪支局　東大阪支局　堺支局 |
| ・ | 京都地方法務局（京都府） | 本局のみ | |
| ・ | 神戸地方法務局（兵庫県） | 本局のみ | |
| ・ | 奈良地方法務局（奈良県） | 本局のみ | |
| ・ | 大津地方法務局（滋賀県） | 本局のみ | |
| ・ | 和歌山地方法務局（和歌山県） | 本局のみ | |
| | | | |
| | 中国地方（広島法務局管内） | | |
| ・ | 広島法務局（広島県） | 本局のみ | |
| ・ | 山口地方法務局（山口県） | 本局のみ | |
| ・ | 岡山地方法務局（岡山県） | 本局のみ | |
| ・ | 鳥取地方法務局（鳥取県） | 本局のみ | |
| ・ | 松江地方法務局（島根県） | 本局のみ | |
| | | | |
| | 四国地方（高松法務局管内） | | |
| ・ | 高松法務局（香川県） | 本局のみ | |
| ・ | 徳島地方法務局（徳島県） | 本局のみ | |
| ・ | 高知地方法務局（高知県） | 本局のみ | |
| ・ | 松山地方法務局（愛媛県） | 本局のみ | |
| | | | |
| | 九州・沖縄地方（福岡法務局管内） | | |
| ・ | 福岡法務局（福岡県） | 本局 | 北九州支局 |
| ・ | 佐賀地方法務局（佐賀県） | 本局のみ | |

106

| | | | |
|---|---|---|---|
| ・ | 長崎地方法務局（長崎県） | 本局のみ | |
| ・ | 大分地方法務局（大分県） | 本局のみ | |
| ・ | 熊本地方法務局（熊本県） | 本局のみ | |
| ・ | 鹿児島地方法務局（鹿児島県） | 本局のみ | |
| ・ | 宮崎地方法務局（宮崎県） | 本局のみ | |
| ・ | 那覇地方法務局（沖縄県） | 本局のみ | |

⑸　登記申請書記載事項および添付書類

　一般社団法人等の主たる事務所の移転による登記申請の登記申請書の記載例は次のとおりである。

　㈠　旧所在地を管轄する登記所と新所在地を管轄する登記所が同一である場合

　旧所在地を管轄する登記所と新所在地を管轄する登記所が同一である場合、申請は１カ所のみでよい。

【記載例26】　同一管轄内での一般社団法人の主たる事務所移転の登記申請書

### 一般社団法人主たる事務所移転登記申請書

　１．会社法人等番号　　○○○○－○○－○○○○○○
　　　フリガナ　　　　　○○カイ
　１．名　　　称　　　　一般社団法人○○会
　１．主たる事務所　　　東京都Ａ区本町２番３号（注１）
　１．登記の事由　　　　主たる事務所移転（注２）
　１．登記すべき事項　　別紙の通り（注３）
　１．登録免許税　　　　金30,000円（注４）
　１．添附書類（注５）　社員総会議事録　　　　　　　　１通（注６）
　　　　　　　　　　　　理事会議事録（または理事の決定書）１通（注７）
　　　　　　　　　　　　委任状　　　　　　　　　　　　１通（注８）
　　上記のとおり登記の申請をする。
　令和○年○月○日
　　　東京都Ａ区□□台一丁目４番５号（注９）
　　　　　　申請人　一般社団法人○○会
　　　東京都○○区○○二丁目○番○号

*107*

〔第3章〕Ⅱ　変更手続(1)──登記事項の変更

　　　　　代表理事　甲野太郎
　　　東京都○○区○○一丁目○番○号
　　　　　上記代理人　司法書士　戊野五郎　印
　　　東京法務局○○出張所　御中

---

別紙（登記すべき事項）
「主たる事務所」東京都Ａ区□□台一丁目4番5号（注9）
「原因年月日」令和○年○月○日変更（注10）

（注1）　変更する登記簿を特定するため、移転前の主たる事務所の所在場所
　　　　を記載する。
（注2）　登記の事由として、「主たる事務所移転」と記載する。
（注3）　登記すべき事項は、記載例のとおり別紙に記載するか磁気ディスク
　　　　（CD-R、DVD-Rなど）に記録して提出する。
（注4）　登録免許税は、1カ所につき3万円（登免別表一24号㈠ヲ）。
（注5）　定款変更が必要となる場合と定款変更が不要の場合とで、添付書類
　　　　が異なるので注意が必要である。
（注6）　定款変更が必要な場合は、定款変更を決議した社員総会議事録（ま
　　　　たは評議員会議事録）を添付する。
（注7）　主たる事務所の移転先の所在場所および移転の日を決議した理事会
　　　　議事録を添付する。非・理事会設置一般社団法人の場合は、これらの
　　　　事項を決定または決議した、理事の決定書または社員総会議事録を添
　　　　付する。
（注8）　司法書士等に登記の申請代理を委任する場合には委任状を添付する
　　　　（法330条、商登18条）。委任状には、登記所届出印を押印する（商登
　　　　20条2項）。
　　　　　なお、代理人によらずに法人代表者が自ら申請をする場合は、申請
　　　　書の代表者氏名の右側に登記所届出印を押印する（商登20条1項）。
（注9）　移転後の具体的な所在場所を記載する。
（注10）　主たる事務所の移転の日を記載する。移転の日については、上記(3)
　　　　(B)を参照。

　(B)　旧所在地を管轄する登記所と新所在地を管轄する登記所が異なる場合
　旧所在地を管轄する登記所と新所在地を管轄する登記所が異なる場合、登
記申請は新旧2カ所の登記所に対してそれぞれ行う必要がある（法304条）。

ただし、新所在地を管轄する登記所に対する申請は、旧所在地を管轄する登記所に対してする申請と同時に旧所在地を管轄する登記所を経由してしなければならない（法330条、商登51条）。つまり、旧所在地を管轄する登記所あての申請書と新所在地を管轄する登記所あての申請書を、同時に旧所在地を管轄する登記所に提出することになる。

　(a)　旧所在地を管轄する登記所あての申請書

旧所在地を管轄する登記所あての申請書の記載例は次のとおりである。なお、旧所在地を管轄する登記所においては、この登記によって登記簿が閉鎖される（登記規3条、商登規80条2項）。

**【記載例27】** 異なる管轄へ移転する場合の一般社団法人の主たる事務所移転の登記申請書(1)（旧所在地管轄登記所あて）

---

### 一般社団法人主たる事務所移転登記申請書

　1．会社法人等番号　　　○○○○−○○−○○○○○○

　　フリガナ　　　　　　○○カイ

　1．名　　称　　　　　一般社団法人○○会

　1．主たる事務所　　　東京都A区本町2番3号（注1）

　1．登記の事由　　　　主たる事務所移転（注2）

　1．登記すべき事項　　別紙の通り（注3）

　1．登録免許税　　　　金30,000円（注4）

　1．添附書類（注5）　社員総会議事録　　　　　　　　　　1通（注6）

　　　　　　　　　　　理事会議事録（または理事の決定書）1通（注7）

　　　　　　　　　　　委任状　　　　　　　　　　　　　　1通（注8）

　　上記のとおり登記の申請をする。

　令和○年○月○日

　　　東京都B市◇◇四丁目2番1号（注9）

　　　　　申請人　一般社団法人○○会

　　　東京都○○区○○二丁目○番○号

　　　　　代表理事　甲野太郎

　　　東京都○○区○○一丁目○番○号

　　　　　上記代理人　司法書士　戊野五郎　印

　　東京法務局A出張所　御中（注10）

---

*109*

〔第3章〕Ⅱ　変更手続(1)──登記事項の変更

---

別紙（登記すべき事項）

「登記記録に関する事項」（注11）

令和○年○月○日東京都Ｂ市◇◇四丁目２番１号に主たる事務所移転（注12）

---

（注１）　変更する登記簿を特定するため、移転前の主たる事務所の所在場所を記載する。

（注２）　登記の事由として、「主たる事務所移転」と記載する。

（注３）　登記すべき事項は、記載例のとおり別紙に記載するか、磁気ディスク（CD-R、DVD-R など）に記録して提出する。

（注４）　登録免許税は、１カ所につき３万円である（登免別表一24号㈠ヲ）。異なる管轄への移転の場合は、合計で６万円となるが、申請をする登記所ごとに３万円ずつ納付する。

（注５）　管轄登記所が異なる場合は、定款変更を要することとなる。

（注６）　定款変更を決議した社員総会議事録（または評議員会議事録）を添付する。

（注７）　主たる事務所の移転先の所在場所および移転の日を決議した理事会議事録を添付する。非・理事会設置一般社団法人の場合は、これらの事項を決定または決議した、理事の決定書または社員総会議事録を添付する。

（注８）　司法書士等に登記の申請代理を委任する場合には委任状を添付する（法330条、商登18条）。委任状には、登記所届出印を押印する（法330条、商登20条２項）。

　　　　　なお、代理人によらずに法人代表者が自ら申請をする場合は、申請書の代表者氏名の右側に登記所届出印を押印する（法330条、商登20条１項）。

（注９）　移転後の所在場所を記載する。

（注10）　旧所在地を管轄する登記所を記載する。

（注11）　主たる事務所の移転により、旧所在地を管轄する登記所の登記簿が閉鎖されるので、閉鎖の事由を「登記記録に関する事項」として記載する。

（注12）　日付は、主たる事務所の移転の日である。

　（b）　新所在地を管轄する登記所あての申請書

旧所在地を管轄する登記所あての申請書といっしょに、旧所在地を管轄す

る登記所に提出する（法330条、商登51条）。

【記載例28】　異なる管轄へ移転する場合の一般社団法人の主たる事務所移転の登記申請書(2)（新所在地管轄登記所あて）

---

### 一般社団法人主たる事務所移転登記申請書

1．会社法人等番号　　　○○○○－○○－○○○○○○（注1）

　　フリガナ　　　　　　○○カイ

1．名　　称　　　　　　一般社団法人○○会

1．主たる事務所　　　　東京都B市◇◇四丁目2番1号（注2）

1．登記の事由　　　　　主たる事務所移転（注3）

1．登記すべき事項　　　別紙の通り（注4）

1．登録免許税　　　　　金30,000円（注5）

1．添附書類（注6）　　委任状　　　　　1通

　上記のとおり登記の申請をする。

令和○年○月○日

　　　東京都B市◇◇四丁目2番1号（注7）

　　　　　申請人　一般社団法人○○会

　　　東京都○○区○○二丁目○番○号

　　　　　代表理事　甲野太郎

　　　東京都○○区○○一丁目○番○号

　　　　　上記代理人　司法書士　戊野五郎　印

　　東京法務局B出張所　御中（注8）

---

別紙（登記すべき事項）（注9）

「登記記録に関する事項」

令和○年○月○日東京都B市◇◇四丁目2番3号に主たる事務所移転

---

（注1）　平成24年5月21日以降、登記所の管轄が変更となる主たる事務所の移転があっても、会社法人等番号は変更されない[2]。

（注2）　移転先の主たる事務所の所在場所を記載する。

（注3）　登記の事由として、「主たる事務所移転」と記載する。

（注4）　登記すべき事項は、記載例のとおり、すべてを別紙に記載するか、磁気ディスク（CD-R、DVD-R など）に記録して提出する。

　　　　なお、オンラインによる登記事項提出制度の利用が推奨されている。

〔第3章〕Ⅱ　変更手続(1)——登記事項の変更

オンラインによる登記事項提出制度については、法務省ウェブサイト〈http://www.moj.go.jp/MINJI/minji06_00051.html〉を参照されたい。

(注5)　登録免許税は、管轄1カ所につき3万円（登免別表一24号㈠ヲ）。異なる管轄への移転の場合は、合計で6万円となるが、申請をする登記所ごとに3万円ずつ納付する。

(注6)　添付書類は、司法書士等に申請代理を委任する場合は委任状のみを添付する。代表者自らが申請する場合は、申請書に直接押印することになるので添付書類は不要である（法330条、商登51条3項）。

(注7)　移転後の主たる事務所の所在場所を記載する。

(注8)　旧所在地を管轄する登記所を経由しての申請となるが、申請書のあて名は、新所在地を管轄する登記所である。

(注9)　登記すべき事項は、一般法人法301条2項または302条2項に掲げる事項のほか、一般社団法人等の成立の年月日並びに主たる事務所を移転した旨およびその年月日をも登記しなければならない（法304条2項）。

なお、変更後の主たる事務所の所在地における登記申請書の登記すべき事項の記載については、主たる事務所を移転した旨およびその年月日の記載があれば足り、その他の事項の記載を省略しても差し支えない（平成29年7月6日民商第110号商事課長回答）とされている[3]。

(c)　新所在地を管轄する登記所あての印鑑の提出

移転前の主たる事務所の所在地と移転後の主たる事務所の所在地を管轄する登記所が異なる場合、新所在地を管轄する登記所に対して、印鑑の提出をする必要がある（法330条、商登20条）。

ただし、旧所在地で使用していた印鑑と同一の印鑑を、新所在地を管轄す

---

2　平成24年5月21日から、会社法人等番号の付番方法が変更された。

従来は、組織変更、他の登記所の管轄区域内への本店の移転の登記等をする場合または管轄登記所が変更となる場合、新たに作成される登記記録については、従前の登記記録に付されていた会社法人等番号とは異なる新しい会社法人等番号が付されることとなっていたが、同日からは、従前の登記記録に付されていた会社法人等番号がそのまま変更後や移転後の新たな登記記録に引き継がれることとなった（法務省ウェブサイト「会社法人等番号の付番方法の変更について」〈http://www.moj.go.jp/MINJI/minji06_00068.html〉）。

3　登記研究編集室編『法人登記書式精義（第1巻）〔改訂版〕』131頁。

る法務局に提出するときは、印鑑届書に添付する代表者個人の印鑑証明書は添付を省略することができる（平成11年4月2日法務省民四第667号）。

### 3 目的の変更

#### (1) 定款変更手続

一般社団法人は、社員総会の特別決議による定款変更手続によって、目的を変更することができる（法146条・49条2項4号）。

一方、一般財団法人は、原則として、目的の変更は禁止されている（法200条1項）。

ただし、設立者が、目的についての「定款の定めを、評議員会の決議によって、変更することができる旨」を定款に定めたとき（法200条2項）、または「その設立の当時予見することのできなかった特別の事情により」、目的についての「定款の定めを変更しなければその運営の継続が不可能または著しく困難となるに至ったときは、裁判所の許可を得て、評議員会の決議によって」（同条3項）、目的の変更することができる。

なお、これらの評議員会の決議は特別決議である（法189条2項3号）。

#### (2) 登記申請期間

一般社団法人等は、目的を変更する定款変更が効力を生じたときから、その主たる事務所の所在地において、2週間以内に、変更の登記をしなければならない（法303条）。

#### (3) 登記申請書記載事項および添付書類

一般社団法人等の目的変更による登記申請の登記申請書の記載例は次のとおりである。

【記載例29】 一般社団法人の目的変更の登記申請書

---

**一般社団法人変更登記申請書**

1．会社法人等番号　　　　○○○○－○○－○○○○○○
　　フリガナ　　　　　　　○○カイ
1．名　　称　　　　　　　一般社団法人○○会

〔第3章〕Ⅱ　変更手続(1)──登記事項の変更

1．主たる事務所　　　　東京都○○区○○二丁目○番○号
1．登記の事由　　　　　目的変更（注1）
1．登記すべき事項　　　別紙の通り（注2）
1．登録免許税　　　　　金30,000円（注3）
1．添附書類（注5）　　社員総会議事録　　　　　　　1通（注4）
　　　　　　　　　　　　委任状　　　　　　　　　　　1通（注5）
　　上記のとおり登記の申請をする。
令和○年○月○日
　　　東京都○○区○○二丁目○番○号
　　　　　申請人　一般社団法人○○会
　　　東京都○○区○○二丁目○番○号
　　　　代表理事　甲野太郎
　　　東京都○○区○○一丁目○番○号
　　　　上記代理人　司法書士　戊野五郎　印
　　東京法務局○○出張所　御中

---

別紙（登記すべき事項）
「目的」（注6）
当法人は、○○を図ることを目的とするとともに、その目的に資するため、
次の事業を行う。
　　1　○○
　　2　○○
　　3　○○
　　4　前各号に附帯又は関連する一切の事業
「原因年月日」令和○年○月○日変更（注7）

（注1）　登記の事由として、「目的変更」と記載する。
（注2）　登記すべき事項は、記載例のとおり別紙に記載するか、磁気ディス
　　　　ク（CD-R、DVD-Rなど）に記録して提出する。
　　　　　　なお、オンラインによる登記事項提出制度の利用が推奨されている。
　　　　オンラインによる登記事項提出制度については、法務省ウェブサイト
　　　　〈http://www.moj.go.jp/MINJI/minji06_00051.html〉を参照されたい。
（注3）　登録免許税額は、3万円（登免別表一24号㈠ネ）。
（注4）　目的を変更する定款変更を行った社員総会の議事録を添付する（法
　　　　317条2項）。

*114*

なお、一般財団法人において、定款規定に基づく評議員会の決議により目的を変更する定款変更を行った場合は、当該評議員会議事録のほか（法317条2項）、定款を添付する（登記規3条、商登規61条1項）。また、裁判所の許可を得て、評議員会の決議によって定款変更を行った場合は、当該評議員会議事録のほか、裁判所の許可を証する書面を添付する（登記規3条、商登規61条1項）。

（注5） 司法書士等に登記の申請代理を委任する場合には委任状を添付する（法330条、商登18条）。

（注6） 目的の一部を変更する場合であっても、変更後の目的の全部を記載する。

（注7） 目的変更の効力発生日を記載する。

## 4 評議員、理事、代表理事、監事および会計監査人の変更

### (1) 評議員、理事、代表理事、監事および会計監査人の選任手続

理事、監事（以下、「役員」という）および会計監査人は、社員総会または評議員会の普通決議によって選任する（法63条1項・49条1項・177条）。

評議員は、定款に定める方法によって選任する（法153条1項8号）。

一般社団法人等と役員、会計監査人および評議員との関係は委任に関する規定に従うとされるので（法64条・172条1項）、役員、会計監査人および評議員となる者の就任承諾が必要である（民法643条）。

役員および評議員については欠格事由が定められている（法65条1項・173条1項）。

また、監事および評議員についてはそれぞれ兼職禁止規定（法65条2項・173条2項）がある。

会計監査人については、その資格として公認会計士または監査法人でなければならない（法68条1項）とされるほか、欠格事由（同条3項）がある。

### (2) 代表理事の選定手続

非・理事会設置一般社団法人においては、原則として各理事が法人を代表するが（法77条1項・2項）、定款、定款の定めに基づく理事の互選または社員総会の決議によって、理事の中から代表理事を定めることができる（同条

〔第3章〕Ⅱ　変更手続(1)──登記事項の変更

3項)[4]。

　理事会設置一般社団法人および一般財団法人においては、理事会の決議によって理事の中から代表理事を選定しなければならない（法90条3項・197条）。

　ただし、代表理事を社員総会または評議員会の決議によって選定する旨の定款の定めがある場合は、この定款の定めに従って、社員総会または評議員会の決議によって代表理事を選定することができる[5]。

(3)　評議員、役員、代表理事および会計監査人の任期

　評議員、役員、代表理事および会計監査人（以下、「役員等」という）の任期については、次のとおりである。

〔図表16〕　評議員、役員、代表理事および会計監査人の任期

| | 任　　期 |
|---|---|
| 評議員 | 【原則】<br>選任後4年以内に終了する事業年度のうち最終のものに関する定時評議員会の終結の時まで（法174条1項）<br>【例外】<br>①　定款によって、その任期を選任後6年以内に終了する事業年度のうち最終のものに関する定時評議員会の終結の時まで伸長することができる（法174条1項ただし書）<br>②　定款によって、任期の満了前に退任した評議員の補欠として選任した評議員の任期を退任した評議員の任期の満了とするときまでとすることができる（法174条2項） |
| 理事 | 【原則】<br>選任後2年以内に終了する事業年度のうち最終のものに関する定時社員総会の終結の時まで（法66条・177条）<br>【例外】<br>定款または社員総会の決議（一般財団法人の場合は定款のみ）によって、その任期を短縮することができる（法66条ただし書・177条） |

---

4　定款に「代表理事を理事の互選により選定する」旨を定めた場合は、互選によることを義務づける趣旨とみられるため、定款を変更しない限り、社員総会の決議によって代表理事を選任することはできないと解される（松井信憲『商業登記ハンドブック〔第3版〕』）385頁。

5　最三決平成29・2・21民集71巻2号195頁。

116

| 代表理事 | 代表理事としての任期の定めはなく、理事の任期が満了したときは、資格喪失退任となる。 |
|---|---|
| 監事 | 【原則】<br>選任後4年以内に終了する事業年度のうち最終のものに関する定時社員総会の終結の時まで（法67条1項・177条）<br>【例外】<br>① 定款によって、その任期を選任後2年以内に終了する事業年度のうち最終のものに関する定時社員総会の終結の時までとすることを限度として短縮することができる（法67条1項ただし書・177条）<br>② 定款によって、任期の満了前に退任した監事の補欠として選任された監事の任期を退任した監事の任期の満了する時までとすることができる（法67条2項・177条） |
| 会計監査人 | 【原則】<br>選任後1年以内に終了する事業年度のうち最終のものに関する定時社員総会の終結の時までとする（法67条2項・177条）<br>【みなし再任】<br>任期が満了する定時社員総会において別段の決議がされなかったときは、当該定時社員総会において再任されたものとみなされる（法69条2項・177条） |

　監事および会計監査人については、機関設計を変更し、これらの機関を置く旨の定款の定めを廃止することにより、任期満了となる。

〔図表17〕　定款変更による任期満了

| 監事を置く旨の定款の定めを廃止する定款の変更をした場合には、監事の任期は、当該定款の変更の効力が生じたときに満了する（法67条3項・177条） |
|---|
| 会計監査人設置一般社団法人が会計監査人を置く旨の定款の定めを廃止する定款の変更をした場合には、会計監査人の任期は、当該定款の変更の効力が生じた時に満了する（法69条3項・177条） |

### (4)　登記申請期間

　一般社団法人等は、役員等の就任または退任の効力が生じたときから、その主たる事務所の所在地において、2週間以内に、変更の登記をしなければならない（法303条）。

### (5)　登記申請書記載事項および添付書類

　一般社団法人等の役員等の変更による登記申請の登記申請書の記載例は次のとおりである。

〔第3章〕 II　変更手続(1)──登記事項の変更

## 【記載例30】　一般社団法人の役員等の変更の登記申請書

<br>

### 一般社団法人変更登記申請書

- 1．会社法人等番号　　　○○○○−○○−○○○○○○
- 　　フリガナ　　　　　　○○カイ
- 1．名　　称　　　　　　一般社団法人○○会
- 1．主たる事務所　　　　東京都○○区○○二丁目○番○号
- 1．登記の事由　　　　　理事、代表理事、監事及び会計監査人の変更（注1）
- 1．登記すべき事項　　　別紙の通り（注2）
- 1．登録免許税　　　　　金10,000円（注3）
- 1．添附書類（注5）　　社員総会議事録　　　　　　　　1通（注4）
- 　　　　　　　　　　　理事会議事録　　　　　　　　　1通（注5）
- 　　　　　　　　　　　就任承諾書　　　　　　　　　　1通（注6）
- 　　　　　　　　　　　印鑑証明書　　　　　　　　　　1通（注7）
- 　　　　　　　　　　　本人確認書類　　　　　　　　　1通（注8）
- 　　　　　　　　　　　会計監査人の資格を証する書面　1通（注9）
- 　　　　　　　　　　　辞任届　　　　　　　　　　　　1通（注10）
- 　　　　　　　　　　　（死亡を証する書面　　　　　　1通（注10））
- 　　　　　　　　　　　委任状　　　　　　　　　　　　1通

　上記のとおり登記の申請をする。

　令和○年○月○日
　　　東京都○○区○○二丁目○番○号
　　　　　　申請人　一般社団法人○○会
　　　東京都○○区○○二丁目○番○号
　　　　　　代表理事　山川一郎
　　　東京都○○区○○一丁目○番○号
　　　　　　上記代理人　司法書士　甲野太郎　印
　　　東京法務局○○出張所　御中

<br>

別紙（登記すべき事項）
「役員に関する事項」（注11）
「資格」理事
「氏名」乙野二郎
「原因年月日」令和○年○月○日退任（注12）

「役員に関する事項」（注11）

「資格」理事

「氏名」丙野三郎

「原因年月日」令和○年○月○日辞任（死亡）（注12）

「役員に関する事項」（注11）

「資格」理事

「氏名」丁野四郎

「原因年月日」令和○年○月○日就任（注12）

「役員に関する事項」（注11）

「資格」理事

「氏名」山川一郎

「原因年月日」令和○年○月○日重任（注12）

「役員に関する事項」（注11）

「資格」理事

「氏名」川谷二郎

「原因年月日」令和○年○月○日重任（注12）

「役員に関する事項」（注11）

「資格」代表理事

「住所」東京都○○区○○二丁目○番○号

「氏名」山川一郎

「原因年月日」令和○年○月○日重任（注12）

「役員に関する事項」（注11）

「資格」監事

「氏名」戊野五郎

「原因年月日」令和○年○月○日就任（注12）

「役員に関する事項」（注11）

「資格」会計監査人

「氏名」○○○監査法人

「原因年月日」令和○年○月○日重任（注12）

（注1）　登記の事由として、役員等の変更の旨を記載する。

（注2）　登記すべき事項は、記載例のとおり別紙に記載するか、磁気ディス
ク（CD-R、DVD-R など）に記録して提出する。

　　　　なお、オンラインによる登記事項提出制度の利用が推奨されている。
オンラインによる登記事項提出制度については、法務省ウェブサイト

〔第3章〕 Ⅱ　変更手続(1)——登記事項の変更

　　　　　〈http://www.moj.go.jp/MINJI/minji06_00051.html〉を参照されたい。
（注3）　登録免許税額は、1万円（登免別表一24号(一)カ）。
（注4）　役員および会計監査人を選任した社員総会（または評議員会）の議
　　　　事録を添付する（法317条2項）。
　　　　　なお、一般財団法人において、定款規定に基づき、評議員を選任し
　　　　たときは、評議員の選任に関する書面（法320条2項）および定款を
　　　　添付する（登記規3条、商登規61条1項）。
（注5）　理事会設置一般社団法人および一般財団法人においては、代表理事
　　　　を選定した理事会の議事録を添付する（法317条2項）。
　　　　　非・理事会設置一般社団法人において、定款または社員総会決議に
　　　　よって代表理事を選定したときは社員総会議事録を（法317条2項）、
　　　　定款規定に基づく理事の互選によって代表理事を選定したときは、理
　　　　事の互選を証する書面（同条1項）および定款を添付する（登記規3
　　　　条、商登規61条1項）。
（注6）　役員等の就任承諾を証する書面を添付する（法320条1項～3項）。
　　　　　ただし、役員等を選任した議事録において、出席した被選任者が就
　　　　任を承諾した旨の記載があるときは、その記載を援用することができ
　　　　る（新任の役員等がある場合は、その者については氏名の他に住所の
　　　　記載が必要である）。この場合は、申請書の添付書類の欄に「就任承
　　　　諾を証する書面は、議事録の記載を援用する」と記載する。
（注7）　印鑑証明書の添付が必要となる印鑑については、〔図表18〕のとお
　　　　りである（登記規3条、商登規61条4項～6項）。
（注8）　新任の理事、監事および評議員（役員等）の就任承諾書に記載され
　　　　た氏名および住所と同一の氏名および住所が記載されている市区町村
　　　　長その他の公務員が職務上作成した証明書（当該役員等が原本と相違
　　　　がない旨を記載した謄本を含む）を添付する（登記規3条、商登規61
　　　　条7項）。ただし、当該役員等のうち、市区町村長作成の印鑑証明書
　　　　を添付する者を除く（同項ただし書）。
　　　　　また、婚姻前の氏を登記する場合は、戸籍の謄抄本も添付する（登
　　　　記規3条、商登規81条の2第2項）。

　　　　〈本人確認書類の例〉
　　　　・住民票の写し（住民票記載事項証明書）。個人番号（マイナンバー）
　　　　　の記載のないもの
　　　　・戸籍の附票

120

　　　　　　　　　　　4　評議員、理事、代表理事、監事および会計監査人の変更

　・市区町村長作成の印鑑証明書
　　以上については、原本およびコピー（当該設立時役員の原本証明の
　あるもの）を添付した上で、原本・コピーの還付を受けることもでき
　るし、コピーのみを添付することもできる。
　・運転免許証等のコピー（表裏両面をコピーする）
　・個人番号カードの表面のコピー。個人番号の記載された裏面のコピ
　ーの添付は厳禁である（番号法19条参照）。裏面のコピーのないも
　のと差替えを求められることになる。
　　以上については、当該設立時役員本人が「原本と相違ない。」と記
　載して、記名押印をする必要がある（原本証明）。
　　なお、原本証明のあるコピーについても、さらにそのコピーを用意
　して、原本還付を受けることができるので、必要な場合は複数の法人
　で同時に登記をする場合などに使い回しができる。
（注9）　会計監査人の資格を証する書面として、次の書面を添付する（法
　　　320条3項2号・3号）。
　　　　①　会計監査人が法人であるときは、当該法人の登記事項証明書。
　　　　　ただし、登記申請をする登記所の管轄区域内に当該監査法人の主
　　　　　たる事務所がある場合は添付を省略することができる。また、申
　　　　　請書に会社法人等番号を記載した場合は、登記事項証明書の添付
　　　　　を省略することができる（法330条、商登19条の3）。この場合は、
　　　　　登記申請書に次のとおり記載する[6]。

　　　　　┌──────────────────────────────┐
　　　　　│登記証明事項証明書　添付省略　　　　　　　　　　　│
　　　　　│（会社法人等番号　○○○○－○○－○○○○○○○）│
　　　　　└──────────────────────────────┘

　　　　　　これらの場合、添付書類の表示として、「会計監査人の資格を
　　　　　証する書面は添付を省略する」と記載する。
　　　　②　会計監査人が法人でないときは、その者が公認会計士であるこ
　　　　　とを証する書面
（注10）　任期中に辞任をした場合または死亡した場合は、退任事由を証する
　　　　書面として辞任届または死亡を証する書面を添付する（法320条5項）。
　　　　辞任届のうち、「登記所に印鑑を提出した」代表理事の辞任届に押印
　　　　した印鑑につき市区町村長の作成した証明書を添付しなければならな
　　　　い（登記規3条、商登規61条8項）。ただし、当該印鑑と当該代表取

────────────────────────────────────────────
6　登記研究編集室編『法人登記書式精義（第1巻）〔改訂版〕』194頁。

〔第3章〕Ⅱ　変更手続(1)——登記事項の変更

締役等が登記所に提出している印鑑とが同一であるときは、この限りでない（同項ただし書）。

　なお、2人以上の代表理事（代表権のある理事）がいる法人の場合、登記所に印鑑を提出していない代表理事の辞任届については、上記の規定の適用はない。

　死亡を証する書面については、戸籍謄抄本、死亡診断書、住民票、遺族からの会社に対する死亡届等がある[7]。

(注11)　代表理事については資格、氏名および住所によって登記対象者を特定する。その他の役員等については資格および氏名によって登記対象者を特定する。

(注12)　退任事由については、辞任または死亡の場合は「辞任」または「死亡」と記載する。その他の場合は「退任」と記載する。就任については、任期満了と同時に就任する場合は「重任」と記載し、それ以外の場合は「就任」と記載する。

〔図表18〕　印鑑証明書の添付が必要となる印鑑

| 印鑑証明書が必要な印鑑 | 非・理事会設置一般社団法人 | 理事会設置一般社団法人 | 一般社団法人 |
|---|---|---|---|
| 就任承諾書の印鑑 | 理事（商登規61条4項） | 代表理事（商登規61条5項） | 代表理事（商登規61条5項） |
| 選任をした議事録等に押印した印鑑（注1） | ①　理事が各自代表である場合：理事を選任した社員総会議事録（商登規61条6項1号）<br>②　定款の定めに基づき代表理事を理事の互選で選定した場合：理事の互選書（商登規61条6項2号）<br>③　社員総会の決議によって代表理事を定めた場合：社員総会議 | 理事会議事録（商登規61条6項3号） | 理事会議事録（商登規61条6項3号） |

7　松井信憲『商業登記ハンドブック〔第3版〕』414頁。

4　評議員、理事、代表理事、監事および会計監査人の変更

| | 事録（商登規61条6項1号） | | |
|---|---|---|---|
| 議事録の署名または記名押印義務者 | ①および③については、一般法人法上の押印義務者はないが（法57条1項、規11条）、議長および出席した理事が記名押印しなければならない（商登規61条6項1号）②については、互選に参加した理事全員が押印する（商登規61条6項2号） | 出席した理事（定款で議事録に署名し、または記名押印しなければならない者を当該理事会に出席した代表理事とする旨の定めがある場合にあっては、当該代表理事）および監事（法95条3項） | 出席した理事（定款で議事録に署名し、または記名押印しなければならない者を当該理事会に出席した代表理事とする旨の定めがある場合にあっては、当該代表理事）および監事（法197条・95条3項） |

（注1）　変更前の代表理事が、議事録等に登記所に提出している印鑑と同一の印鑑を押印しているときは、印鑑証明書の添付は不要である（登記規3条、商登規61条4項ただし書）。

《コラム1》　理事会設置一般社団法人において、代表理事の選定を社員総会の決議によって行う旨の定款の定めがある場合

　　理事会設置法人においては、原則として代表理事の選定は理事会の権限とされている。一方で、社員総会の権限については、一般法人法に規定する事項および定款で定めた事項に限り決議することができるとされている。この定款で定めた事項については特段の制約はないものと解されているので、代表理事の選定を社員総会の決議によって行う旨の定款の定めをおくことにより、社員総会の決議によって代表理事の選定を行うことができることになる。
　　これについては、非公開会社である株式会社の事例ではあるが、次のような最高裁判例がある[8]。
　　「3　取締役会を置くことを当然に義務付けられているものではない非公開会社（法327条1項1号参照）が、その判断に基づき取締役会を置いた場合、株主総会は、法に規定する事項及び定款で定めた事項に限り決議をすることができることとなるが（法295条2項）、法において、この定款で定める

---

8　最三決平成29・2・21民集71巻2号195号。

〔第3章〕Ⅱ　変更手続(1)——登記事項の変更

事項の内容を制限する明文の規定はない。そして、法は取締役会をもって代表取締役の職務執行を監督する機関と位置付けていると解されるが、取締役会設置会社である非公開会社において、取締役会の決議によるほか株主総会の決議によっても代表取締役を定めることができることとしても、代表取締役の選定及び解職に関する取締役会の権限（法362条2項3号）が否定されるものではなく、取締役会の監督権限の実効性を失わせるとはいえない。

以上によれば、取締役会設置会社である非公開会社における、取締役会の決議によるほか株主総会の決議によっても代表取締役を定めることができる旨の定款の定めは有効であると解するのが相当である」。

なお、一般社団法人に関しては、株式会社の場合と異なり（会社法327条1項）、理事会設置が強制される機関設計はないので、形式的には非公開会社と類似しているとみることも可能である。そのように考えると、私見では、上記の判例は一般社団法人の場合にもあてはまるものと考える。また、一般財団法人については、理事会設置が強制されているので、上記の判例の射程外であると解する余地（株式会社の場合の公開会社に相当するとの考え方）もあるが、私見では、定款自治を広く認める立場から、一般財団法人の場合にもあてはまるものと考える。

《コラム2》　選挙による役員の選任

　　法人によっては、いわゆる「選挙」の方法によって、役員を選任したいというニーズもあるものと思われる。その場合、機関設計によっては、一般法人法の予定している選任方法との調整（すりあわせ）が必要となる。

【選挙による役員の選任】

　　一般社団法人においては、理事および監事の選任は社員総会の決議によるものとされているので、選挙が社員総会における議案の採決の方法として行われる場合は、特に問題はない。

　　また、非・理事会設置一般社団法人において、定款に特段の定めがなければ、代表理事の選定についても社員総会の決議で行うことが可能であるので、同様である。理事会設置法人の場合は、代表理事の選定については、原則として理事会の決議によるものとされるが、定款に定めることにより、社員総会の決議によることも可能と考えられるので、そのような定款規定がある場合は、社員総会の議案の採決の方法としての選挙により代表理事を選定することができる。

【選挙による役員候補者の指名】

４　評議員、理事、代表理事、監事および会計監査人の変更

　役員の選挙について、社員総会の決議とは別の機会に行われる場合は、選挙により直接役員が選任されると解することはできない。というのは、役員の選任は、社員総会の決議を要する事項とされており（法63条１項）、社員総会の決議を必要とする事項について、社員総会以外の機関が決定することができることを内容とする定款の定めは、その効力を有しないとされているからである（法35条４項）。この場合は、選挙によって役員の候補者を選出し、その結果を受けてあらためて社員総会の決議によって最終的に役員として選任することが必要である。

　また、代表理事（法人によっては理事長、会長という役職と紐づけられていることもある）の選挙についても、同様である。選挙によって代表理事の候補者として選出したうえで、非・理事会設置一般社団法人においては、定款、定款の定めに基づく理事の互選または社員総会の決議によって最終的に代表理事として選定されることが必要である。理事会設置一般社団法人においては、原則として理事会の決議によって代表理事の選定されることが必要である。

《コラム３》　定款規定による評議員の議案提案権の制限の可否

　・定款規定に基づく役員推薦委員会によって役員候補者の推薦が行われている場合において、評議員会において、役員推薦委員会の推薦によらない役員候補者が評議員提案の議案として追加されたとき、その者を役員として選任することの可否について、次のような裁判例がある[9]。

　公益財団法人Ｚ連盟（以下、「本連盟」という）の定款（以下、「本件定款」という）22条１項は「理事及び監事は、評議員会の決議によって選任する」と定め、同条２項は、「理事、監事を評議員会に推薦する方法については、評議員会で別に定める」と定めている。評議員会決議により定められた定款施行細則17条は、「評議員会に理事候補者を推薦する組織として、役員推薦委員会を設置する。役員推薦委員会の構成及び運営については、評議員会において別に定める」と定めている。

　評議員会により定められた役員推薦委員会規定は、①役員推薦委員会（本件委員会）の役割は、評議員会に対し理事と監事の候補者を推薦することである、②本件委員会の委員は、現会長および現業務執行理事で構成する、③本件委員会は、まず、次期会長候補の予備投票を実施して会長候補者を決定

---

9　東京高決平成26・3・31判時2241号155頁。この判例の評釈として山本哲生「批判」ジュリスト1485号119頁がある。

〔第3章〕Ⅱ　変更手続(1)──登記事項の変更

し、当該会長候補者は、本件委員会に対し、理事候補者6名以上11名以内および監事候補者2名を推薦する、④連盟の加盟団体により構成される地域ブロック（全国8ブロック）は本件委員会に対し、それぞれ1名（合計8名）の理事候補者を推薦する、⑤本件委員会は、推薦された理事候補者および監事候補者による構成で適正な連盟運営が可能か、定款所定の資格制限（親族制限等）に適合するかどうか等を審査したうえで、評議員会に理事候補者および監事候補者を推薦する、と定めている。

　平成25年6月22日、本連盟の平成24年度第4回理事会が開催され、同理事会において、同年9月28日に役員（理事および監事）改選等を議題とする定時評議員会（本件評議員会）を開催することが決議され、本連盟の当時の代表理事Aは、同年6月23日頃本件評議員会の招集通知を発出した。

　本件委員会は、平成25年7月3日から同月10日にかけて、次期会長候補者の予備投票を実施し、Bおよび$Y_1$が立候補したところ、Bが25票、$Y_1$が24票を獲得し、Bが会長候補者に選ばれた。

　本件推薦委員会は、平成25年9月13日、理事候補者および監事候補者の審査をしたうえで、評議員会に対し、会長候補者であるB、Bが理事候補者として推薦した10名および各地域ブロックが理事候補者として推薦した8名の計19名（以下、「本件推薦理事候補者ら」という）を理事候補者として推薦すること並びにBが推薦した監事候補者2名（以下、「本件推薦監事候補者ら」という）を監事候補者として推薦することを承認した。

　平成25年9月28日、本件評議員会が開催されたところ、評議員であるCは、役員改選の議題の審議にあたって「一般社団法人及び一般財団法人に関する法律第185条に基づく評議員提案の申立」と題する書面を各評議員に配布し、$Y_1$、$Y_2$、$Y_3$、$Y_4$および$Y_5$ほか3名（以下、「本件非推薦理事候補者ら」という）を理事に選任する旨並びに$Y_6$を監事に選任する旨の議案（以下、「本件評議員提案」という）を提出した。

　議長は本件評議員提案を適法なものであると判断し、理事につき、本件推薦理事候補者らおよび本件非推薦理事候補者らについて採決をし、本件推薦理事候補者ら19名のうち13名、本件非推薦理事候補者ら8名のうち5名（$Y_1$、$Y_2$、$Y_3$、$Y_4$および$Y_5$）を理事に選任するとの決議がされ、また、監事につき、本件推薦監事候補者等2名および$Y_6$を監事に選任する旨の決議がされた（以下、これらの選任決議を「本件決議」という）。

　これに対し、本連盟の評議員である債権者らが、本連盟の評議員会における本件決議のうち、$Y_1$、$Y_2$、$Y_3$、$Y_4$及び$Y_5$を理事に選任する旨の決議並

びに Y$_6$ を監事に選任する旨の決議は、いずれも無効または取り消されるべきものであると主張して、Y$_1$〜Y$_6$（以下、「Y$_1$ら」という）に対し職務執行停止の、本連盟に対し Y$_1$ らに各職務をさせてはならない旨の各仮処分命令の発令を求めた事案である。

　原審は、これらの申立てをいずれも却下したところ、債権者らはこれを不服として抗告をした。

　東京高等裁判所は、「1　抗告人は、①一般法人法では、定款等の規定で本件委員会の推薦等を経ていない役員の選任議案を原則的に評議員会に提出できないとすることまでは禁止されていないところ、②本件定款22条2項に加え、これを受けて定められた本件細則7条及び本件規定の各条項に照らすと、評議員会は、本件委員会が推薦した役員構成の枠組みの中で役員選任の当否を判断することとされており、評議員会が本件委員会の審査、推薦を経ない役員の選任をすることは原則として禁止されていると解釈するのが相当であるから、これに反してされた本件決議は無効であり、又は取消事由があると主張するので、以下、検討する。

(1)　上記①の主張について

　抗告人は、一般法人法185条但し書きは、定款で評議員提案権を制限しうることを想定した規定であると主張する。しかし、同法185条は、評議員会における評議員の議案提出権についての規定であり、同条但し書きは、法令若しくは定款に違反する場合などはこの限りではないとするものである。そうであるとすると、同条但し書きは、評議員において、法令若しくは当該一般法人の目的・組織・活動・構成員などについての基本規則を定めた定款に違反するような内容の議案の提出権までは認めないとするにとどまるものと解するのが相当であり、積極的に評議員の議案提出権を制約することまでを想定したものとまでいうことはできない。

　また、本件委員会の委員の構成が会長である代表理事及び業務執行理事であることに照らすと、評議員会において、本件委員会の審査、推薦を経ない役員の選任をすることが原則として禁止されているものと解することは、評議員提案による役員の選任議案の提出の可否を実質的に理事会の構成員の意思にかからしめ、評議員提案権の行使に重大な制約を課すこととなって、一般法人法の趣旨に整合しないことは、原決定が説示するとおりである。この点について、抗告人は、次のとおり反論する。すなわち、上記制約は、評議員会の決議事項そのものを制限しているものではなく、評議員会は、本件委員会が推薦した候補が相当でない場合には否決すればよいのである。そうす

〔第3章〕 Ⅱ　変更手続(1)──登記事項の変更

れば、本件委員会は、評議員会の意見を尊重して改めて理事候補を推薦することになるのである。仮に、本件委員会が、評議員会の意見を尊重せず独自の意見に固執するようであれば、評議員会において、例外的な特段の事情があるとして独自に理事候補を提案、決議することができるものと解することができる。したがって、抗告人の主張は、一般法人法の趣旨に整合しないとまではいえないと反論する。そこで、以下、抗告人の反論について検討することにする。本件委員会による推薦等の制度は、抗告人の主張するところによれば、相手方連盟の事業の継続性を確保し、会長のリーダーシップの下での円滑な実務対応を可能としつつ、各地域ブロックの意向を反映するという趣旨、目的で設けられたものであるから、本件委員会は、評議員会に対し、会長等現執行部の意向や各地域ブロックの意向を強く反映させるための存在である。そうであるとすると、評議員会が本件委員会が推薦した候補を否決した場合に、本件委員会が評議員会の意見を尊重してこれに沿う理事候補を改めて推薦するようなことはまず想定することができない。また、本件委員会が評議員会とは異なる意見を表明し続け、その結果、評議員会において上記例外的な特段の事情があるとして、評議員会独自の候補の提案、決議をすることになるところ、かかる例外的な特段の事情が発生しない限り評議員会が独自に理事候補を提案、決議することができないことは、それだけで評議員提案権の行使に重大な制約を課すことになり、一般法人法185条の趣旨に反することになる。よって、抗告人の上記反論は理由がない。

(2)　小　括

　以上によれば、一般法人法は、少なくとも、定款等の規定で本件委員会のような構成員の委員会による推薦等を経ていない役員の選任議案を原則的に評議員会に提出できないとすることを禁止していると解するのが相当である。これを覆すに足りる的確な疎明資料は存在しない。したがって、抗告人の上記①の主張は理由がない。また、上記②の主張は、上記①の主張を前提としている以上、上記①の主張が理由がない本件にあっては、その余の点を判断するまでもなく理由がない。そして、本件定款等が、評議員が本件委員会の推薦等を経ていない役員の選任議案を評議員会に提出することを禁じていることが明らかであるとまでいえないことによれば、上記一般法人法の趣旨に照らし、本件評議員提案及びこれを議決したことは、本件定款等の趣旨に違反するとはいえない」と判示し、債権者らの抗告を棄却した。

## 5　機関設計の変更

### (1)　機関設計

　一般社団法人および一般財団法人の機関設計は、それぞれ次のとおりである。

　一般社団法人においては、理事会を設置する場合または会計監査人を設置する場合は必ず監事を設置しなければならないことに注意が必要である（法61条）。

〔図表19〕　一般社団法人および一般財団法人の機関設計

◎：必須機関　○：定款規定による任意設置機関

| 一般社団法人 | ① | ② | ③ | ④ | ⑤ | 一般財団法人 | ⑥ | ⑦ |
|---|---|---|---|---|---|---|---|---|
| 社員総会 | ◎ | ◎ | ◎ | ◎ | ◎ | 評議員会 | ◎ | ◎ |
| 理事 | ◎ | ◎ | ◎ | ◎ | ◎ | 理事 | ◎ | ◎ |
| 理事会 |  |  |  | ○ | ○ | 理事会 | ◎ | ◎ |
| 監事 |  | ○ | ○ | ○ | ○ | 監事 | ◎ | ◎ |
| 会計監査人 |  |  | ○ |  | ○ | 会計監査人 |  | ○ |

　大規模一般社団法人[10]は、会計監査人を置かなければならないので（法62条）、③または⑤の類型となる。また、大規模一般財団法人は、会計監査人を置かなければならないので（法171条）、⑦の類型となる。

　なお、理事会設置一般社団法人の理事および一般財団法人の評議員・理事は、それぞれ3名以上が必要である（法65条3項・173条3項・177条）。

### (2)　機関設計の変更手続

#### (A)　機関を設置する変更

　ある機関を設置するには、まず、社員総会（または評議員会）の決議によって、機関を置く旨の定款変更を行い（法60条2項・170条2項）、同時にその定款変更を行った社員総会（または評議員会）において、設置した機関に

---

10　大規模一般社団法人（大規模一般財団法人）とは、最終事業年度に係る貸借対照表の負債の部に計上した額の合計額が200億円以上である一般社団法人（一般財団法人）をいう（法2条2号・3号）。

〔第 3 章〕 II　変更手続(1)──登記事項の変更

応じて、監事または会計監査人の選任、あるいは理事会設置一般社団法人において、理事の員数が 3 名を欠く場合は理事の追加選任を行わなければならない。

すなわち、機関の設置は、定款によって定めなければならない事項であり、現実にその機関を置くか否かを社員総会（または評議員会）に委ねることはできないからである。

なお、非・理事会設置一般社団法人が、理事会設置一般社団法人に移行する場合、従前の代表理事は理事会の決議によって選定されていないため（法 77 条 3 項・90 条 3 項）、その地位に疑義が残る。よって、理事会設置後あらためて理事会において代表理事の選定を行うことが望ましい[11]。

(B)　機関を廃止する変更

ある機関を廃止するには、社員総会（または評議員会）の決議によって、ある機関を置く旨の定款を廃止する定款変更を行う（法 60 条 2 項・170 条 2 項）。

監事および会計監査人を置く旨の定款を廃止する場合には、その旨の定款変更の効力が生じた時に、監事および会計監査人の任期が満了するとされているので、同時にこれらの者の退任の登記を行う（法 67 条 3 項・69 条 3 項）。

なお、一般社団法人において、理事会を置く旨の定款を廃止する定款変更を行っても、監事を置く旨の定款を廃止しなければ、〔図表19〕の④の類型から②の類型に移行するだけであるので、監事の地位はそのまま維持される。

また、理事会設置一般社団法人が、理事会を廃止し、非・理事会設置一般社団法人に移行する場合、その定款変更の際に、一般法人法 77 条 3 項の規定に従って、あらためて代表理事の選定を行わないときは、従前の代表理事以外の理事の代表権が復活する、すなわち各自代表となることになるので（法 77 条 2 項）、注意が必要である（基本通達）。

---

11　なお、この場合、あらためて選定された代表理事が従前の代表理事と同じであった場合には、代表理事の変更の登記を行う必要はなく、理事会を置く旨の登記のみ行えばよい（法人登記実務 Q&A・Q17）。

5　機関設計の変更

⑶　登記申請期間

　一般社団法人等は、機関設計の変更等が効力を生じたときから、その主たる事務所の所在地において、2週間以内に、変更の登記をしなければならない（法303条）。

⑷　登記申請書記載事項および添付書類

　一般社団法人等の機関設計の変更等による登記申請の登記申請書の記載例は次のとおりである。

【記載例31】　一般社団法人において機関を設置する場合の登記申請書

---

**一般社団法人変更登記申請書**

1．会社法人等番号　　〇〇〇〇－〇〇－〇〇〇〇〇〇
　　フリガナ　　　　　〇〇カイ
1．名　　　称　　　　一般社団法人〇〇会
1．主たる事務所　　　東京都〇〇区〇〇二丁目〇番〇号
1．登記の事由　　　　理事、代表理事、監事及び会計監査人の変更(注1)
　　　　　　　　　　　理事会の設置
　　　　　　　　　　　監事及び会計監査人の設置
1．登記すべき事項　　別紙の通り（注2）
1．登録免許税　　　　金70,000円（注3）
1．添附書類（注5）　社員総会議事録　　　　　　　1通（注4）
　　　　　　　　　　　理事会議事録　　　　　　　　1通（注5）
　　　　　　　　　　　就任承諾書　　　　　　　　　1通（注6）
　　　　　　　　　　　印鑑証明書　　　　　　　　　1通（注7）
　　　　　　　　　　　本人確認書類　　　　　　　　1通（注8）
　　　　　　　　　　　会計監査人の資格を証する書面　1通（注9）
　　　　　　　　　　　委任状　　　　　　　　　　　1通
　　上記のとおり登記の申請をする。
　令和〇年〇月〇日
　　　東京都〇〇区〇〇二丁目〇番〇号
　　　　申請人　一般社団法人〇〇会
　　　東京都〇〇区〇〇二丁目〇番〇号
　　　　代表理事　甲野太郎

---

131

〔第 3 章〕Ⅱ　変更手続(1)──登記事項の変更

```
　　　東京都○○区○○一丁目○番○号
　　　　　上記代理人　司法書士　戊野五郎　印
　　　東京法務局○○出張所　御中
```

別紙（登記すべき事項）

「役員に関する事項」（注10）

「資格」理事

「氏名」乙野二郎

「原因年月日」令和○年○月○日就任（注11）

「役員に関する事項」（注10）

「資格」代表理事

「住所」東京都○○区○○二丁目○番○号

「氏名」甲野太郎

「原因年月日」令和○年○月○日就任（注11）

「役員に関する事項」（注10）

「資格」監事

「氏名」丙野三郎

「原因年月日」令和○年○月○日就任（注11）

「役員に関する事項」（注10）

「資格」会計監査人

「氏名」○○○監査法人

「原因年月日」令和○年○月○日重任（注11）

「理事会設置法人に関する事項」（注12）

理事会設置法人

「原因年月日」令和○年○月○日設定（注13）

「監事設置法人に関する事項」（注12）

監事設置法人

「原因年月日」令和○年○月○日設定（注13）

「会計監査人設置法人に関する事項」（注12）

会計監査人設置法人

「原因年月日」令和○年○月○日設定（注13）

(注 1 )　登記の事由として、該当する機関を設置する旨記載する。また、機
　　　　関設置によって、新たに就任することとなる役員等の変更の旨を記載
　　　　する。

5　機関設計の変更

（注2）　登記すべき事項は、記載例のとおり別紙に記載するか、磁気ディスク（CD-R、DVD-R など）に記録して提出する。なお、オンラインによる登記事項提出制度の利用が推奨されている。オンラインによる登記事項提出制度については、法務省ウェブサイト〈http://www.moj.go.jp/MINJI/minji06_00051.html〉を参照されたい。

（注3）　登録免許税額は、理事会設置分が3万円（登免別表一24号㈠ワ）、役員等の変更分が1万円（同号㈠カ）、監事および会計監査人の設置分（その他の変更）が3万円（同号㈠ネ）である。

（注4）　定款変更および役員等を選任した社員総会（または評議員会）の議事録を添付する（法317条2項）。

（注5）　代表理事を選定した理事会の議事録を添付する（法317条2項）。

（注6）　役員等の就任承諾を証する書面を添付する（法320条1項〜3項）。ただし、役員等を選任した議事録において、出席した被選任者が就任を承諾した旨の記載があるときは、その記載を援用することができる（新任の役員等がある場合は、その者については氏名のほかに住所の記載が必要である）。この場合は、申請書の添付書類の欄に「就任承諾を証する書面は、議事録の記載を援用する」と記載する。

（注7）　印鑑証明書の添付が必要となる印鑑については、〔図表18〕を参照。

（注8）　新任の理事、監事および評議員（役員等）の就任承諾書に記載された氏名および住所と同一の氏名および住所が記載されている市区町村長その他の公務員が職務上作成した証明書（当該役員等が原本と相違がない旨を記載した謄本を含む）を添付する（登記規3条、商登規61条7項）。ただし、当該役員のうち、市区町村長作成の印鑑証明書を添付する者を除く（同項ただし書）。

　　　　　また、婚姻前の氏を登記する場合は、戸籍の謄抄本も添付する（登記規3条、商登規81条の2第2項）。

（注9）　会計監査人の資格を証する書面として、次の書面を添付する（法320条3項2号・3号）。

　　　①　会計監査人が法人であるときは、当該法人の登記事項証明書。ただし、登記申請をする登記所の管轄区域内に当該監査法人の主たる事務所がある場合は添付を省略することができる。

　　　　また、申請書に会社法人等番号を記載した場合は、登記事項証明書の添付を省略することができる（法330条、商登19条の3）。これらの

*133*

〔第3章〕Ⅱ　変更手続⑴──登記事項の変更

場合、添付書類の表示として、「会計監査人の資格を証する書面は添付を省略する」と記載する。

②　会計監査人が法人でないときは、その者が公認会計士であることを証する書面。

(注10)　代表理事については資格、氏名および住所によって登記対象者を特定する。その他の役員等については資格および氏名によって登記対象者を特定する。

(注11)　就任の年月日および就任の旨を記載する。

(注12)　設置した機関に応じて、理事会設置一般社団法人である旨、監事設置一般社団法人である旨、会計監査人設置一般社団法人である旨を記載する。

(注13)　機関を設置する定款変更の効力発生日を記載する。

【記載例32】　一般社団法人において機関を廃止した場合の登記申請書

---

**一般社団法人変更登記申請書**

1．会社法人等番号　　　〇〇〇〇－〇〇－〇〇〇〇〇〇

　　フリガナ　　　　　　〇〇カイ

1．名　　称　　　　　　一般社団法人〇〇会

1．主たる事務所　　　　東京都〇〇区〇〇二丁目〇番〇号

1．登記の事由　　　　　代表理事、監事及び会計監査人の変更（注1）

　　　　　　　　　　　　理事会の廃止

　　　　　　　　　　　　監事及び会計監査人の廃止

1．登記すべき事項　　　別紙の通り（注2）

1．登録免許税　　　　　金70,000円（注3）

1．添附書類（注5）　　社員総会議事録　　　　　　　　1通（注4）

　　　　　　　　　　　　委任状　　　　　　　　　　　　1通

　　上記のとおり登記の申請をする。

令和〇年〇月〇日

　　　東京都〇〇区〇〇二丁目〇番〇号

　　　　　申請人　一般社団法人〇〇〇会

　　　東京都〇〇区〇〇二丁目〇番〇号

　　　　　代表理事　甲野太郎

　　　東京都〇〇区〇〇一丁目〇番〇号

　　　　　上記代理人　司法書士　戊野五郎　印

5　機関設計の変更

　東京法務局○○出張所　御中

---

別紙（登記すべき事項）
「役員に関する事項」
「資格」代表理事（注5）
「住所」東京都○○区○○二丁目○番○号
「氏名」甲野太郎
「原因年月日」令和○年○月○日代表権付与（注6）
「役員に関する事項」
「資格」代表理事（注5）
「住所」東京都○○区△△台二丁目○番○号
「氏名」乙野二郎
「原因年月日」令和○年○月○日代表権付与（注6）
「役員に関する事項」
「資格」監事
「氏名」丙野三郎
「原因年月日」令和○年○月○日退任（注7）
「役員に関する事項」
「資格」会計監査人
「氏名」○○○監査法人
「原因年月日」令和○年○月○日退任（注7）
「理事会設置法人に関する事項」
令和○年○月○日廃止（注8）
「監事設置法人に関する事項」
令和○年○月○日廃止（注8）
「会計監査人設置法人に関する事項」
令和○年○月○日廃止（注8）

---

（注1）　登記の事由として、該当する機関を廃止する旨記載する。また、機
　　　　関の廃止によって、任期満了となる役員等の変更の旨および代表理事
　　　　の変更の旨（理事会廃止に伴いあらためて代表理事を選定しなかった
　　　　場合）を記載する。
（注2）　登記すべき事項は、記載例のとおり別紙に記載するか、磁気ディス
　　　　ク（CD-R、DVD-R など）に記録して提出する。なお、オンライン
　　　　による登記事項提出制度の利用が推奨されている。オンラインによる

〔第3章〕Ⅱ　変更手続(1)——登記事項の変更

登記事項提出制度については、法務省ウェブサイト〈http://www.
moj.go.jp/MINJI/minji06_00051.html〉を参照されたい。
（注３）　登録免許税額は、理事会廃止分が３万円（登免別表一24号㈠ワ）、
　　　　　役員等の変更分が１万円（同号㈠カ）、監事および会計監査人の廃止
　　　　　分（その他の変更）が３万円（同号㈠ネ）である。
（注４）　定款変更を決議した社員総会の議事録を添付する（法317条２項）。
（注５）　理事会を廃止した場合、あらためて代表理事を選定しないときは、
　　　　　従前の代表理事以外の理事の代表権が復活し各自代表となる（法77条
　　　　　２項）。そのため、従前の代表理事以外の理事について変更登記が必
　　　　　要となる（基本通達）。
（注６）　理事会廃止の定款変更が効力を生じた日を記載し、原因として「代
　　　　　表権付与」と記載する（平成18年４月26日法務省民商第1110号参照）。
（注７）　監事および会計監査人を廃止する定款変更が効力を生じると、監事
　　　　　および会計監査人は任期満了退任となるので（法67条３項・69条３
　　　　　項）、定款変更の効力発生日をもって退任と記載する。
（注８）　機関を廃止する定款変更の効力発生日を記載する。

## Ⅲ　変更手続(2)──基金に関する事項の変更

### 1　はじめに

一般社団法人は、基金を引き受ける者の募集をすることができる旨を定款に定めることができる（法131条）。

基金とは、一般法人法の規定に基づき一般社団法人に拠出された金銭その他の財産であって、当該一般社団法人が拠出者に対して一般法人法および当該一般社団法人と当該拠出者との間の合意の定めるところに従い返還義務（金銭以外の財産については、拠出時の当該財産の価額に相当する金銭の返還義務）を負うものをいう（法131条）。

基金は、一般社団法人にとって、寄付や借入金以外の活動原資の調達方法であるが、株式会社の株式とは異なり、剰余金の分配をすることができないことに加えて、基金の返還に係る債権には利息を付することができないとされている（法143条）。また、基金の拠出者の地位は、必ずしも一般社団法人の社員たる地位とは結びつかない。

なお、基金に関する事項は、旧有限責任中間法人とは異なり登記事項とはされていないので（旧中間7条2項1号～3号）、基金を募集することができる旨の定めの設定・廃止等の定款変更、または基金の募集等を行っても登記手続を行う必要はない。

ただし、一般社団法人は、貸借対照表等の公告義務があるので（法128条1項）、その公告を通じて、貸借対照表に計上された基金の総額等が第三者に開示されることとなる（規31条1項）。

### 2　基金を募集することができる旨の定款の定めの設定

一般社団法人が基金を募集するには、まず定款に基金を募集することができる旨の定めをおかなければならない（法131条）。

この場合、次に掲げる事項を定款で定めなければならない（法131条1号・2号）。

①　基金の拠出者の権利に関する規定

〔第３章〕Ⅲ　変更手続(2)──基金に関する事項の変更

② 基金の返還の手続

【記載例33】　基金の募集に関する定款規定

（基金を引き受ける者の募集）
第○条　当法人は、基金を引き受ける者の募集をすることができる。
（基金の拠出者の権利に関する規定）
第○条　拠出された基金は、基金拠出者と合意した期日まで返還しない。
（基金の返還の手続）
第○条　基金の返還は、定時社員総会において返還すべき基金の総額について決議を経た後、代表理事が決定したところに従ってする。

　なお、基金を募集することができる旨の定款規定をおいたからといって、直ちに現実に基金を募集しなければならないわけではない（機関設置の定款変更の場合のように直ちに機関を設置・選任しなければならないこととは異なる）。

### 3　基金の募集

　基金の募集の手続は次のとおりである。

〔図表20〕　基金募集の手続

① 基金を引き受ける者の募集をすることができる旨の定款の定めをおく定款変更（法131条）（定款の定めがない場合のみ）
② 募集事項の決定（法132条）
③ 募集事項等の通知（法133条１項、規52条）
④ 基金の引受けの申込み（法133条２項）
⑤ 基金の割当て（法134条１項）
⑥ 基金の割当ての通知（法134条２項）
　★払込期日（または払込期間の初日）の前日までに
⑦ 基金の拠出の履行（法138条）
⑧ 基金の拠出の効力発生日（払込期日または払込期間中の拠出履行日）

### (1)　募集事項の決定

　基金の募集をするときは、そのつど、次に掲げる「募集事項」を定めなければならない（法132条１号～３号）。

〔図表21〕　基金の募集に関する募集事項

① 募集に係る基金の総額
② 金銭以外の財産を拠出の目的とするとき（以下、「現物拠出」という）は、その旨並びに当該現物拠出財産の内容およびその価額

138

③ 基金の拠出に係る金銭の払込みまたは現物拠出の財産の給付の期日（以下、「払込期日」という）、またはその期間（以下、「払込期間」という）

募集事項の決定については、決定機関について一般法人法上の規定はないので、通常の業務執行の一つと解することができる。したがって、理事会を置かない一般社団法人においては、理事の決定、理事の過半数の一致または社員総会の決議によって（法76条1項・2項・35条1項）、理事会設置一般社団法人においては、理事会の決議によって（法90条2項1号）決定することとなる。

なお、設立時に基金の募集をするときは、設立時社員全員の同意によって定めなければならない（法132条2項）。

(2) 募集事項等の通知

一般社団法人は、募集に応じて基金の引受けの申込みをしようとする者に対し、次に掲げる事項を通知しなければならない（法133条1項1号～4号、規52条1項1号～3号・2項1号～4号）。

なお、通知方法については法令上の定めはないので、適宜の方法による通知を行えば足りる（一般法人法では、旧中間法人法14条2項に定める「申込用紙」の作成は義務づけられていない）。

〔図表22〕 一般社団法人成立後の基金の募集の際の通知事項

① 一般社団法人の名称
② 募集事項
③ 金銭の払込みをすべきときは、払込みの取扱いの場所（以下、「払込取扱場所」という）
④ 基金の拠出者の権利に関する規定
⑤ 基金の返還の手続
⑥ 定款に定められた事項（①から⑤までに掲げる事項を除く）であって、当該一般社団法人に対して基金の引受けの申込みをしようとする者が当該者に対して通知することを請求した事項

〔図表23〕 一般社団法人設立時の基金の募集の際の通知事項

① 一般社団法人の名称
② 募集事項
③ 金銭の払込みをすべきときは、払込取扱場所

*139*

〔第3章〕Ⅲ　変更手続(2)――基金に関する事項の変更

④　定款の認証の年月日およびその認証をした公証人の氏名
⑤　目的
⑥　主たる事務所の所在地
⑦　設立時社員の氏名または名称および住所
⑧　社員の資格の得喪に関する規定
⑨　公告方法
⑩　事業年度
⑪　基金の拠出者の権利に関する規定
⑫　基金の返還の手続
⑬　定款に定められた事項（①から⑫に掲げる事項を除く）であって、当該設立時社員に対して基金の引受けの申込みをしようとする者が当該者に対して通知することを請求した事項

　また、払込取扱場所の決定は、「一般社団法人が定め」るものとされている（法138条1項）。すなわち、通常の業務執行の一つと解されるので、募集事項の決定と同様に決定する。ただし、一般社団法人の成立前は、設立時社員が定める（同項カッコ書）。

　(3)　基金の引受けの申込み

　基金の引受けの申込みをする者は、次に掲げる事項を記載した書面を一般社団法人に交付しなければならない（法133条2項1号・2号）。

〔図表24〕　基金の引受けの申込みをする際に交付すべき書面の記載事項

①　申込みをする者の氏名または名称および住所
②　引き受けようとする基金の額

　(4)　基金の割当て

　一般社団法人は、申込者の中から基金の割当てを受ける者を定め、かつ、その者に割り当てる基金の額を定めなければならない。この場合において、一般社団法人は、当該申込者に割り当てる基金の額を、基金の引受けの申込みの額よりも減額することができる（法134条1項）。

　なお、募集事項の決定の際に、申込みがあることを停止条件として、基金の割当てを行うことも可能であると解される。

　(5)　基金の割当ての通知

　一般社団法人は、基金の払込期日（または払込期間の初日）の前日までに、

申込者に対し、当該申込者に割り当てる基金の額を通知しなければならない（法134条2項）。

この規定により、募集事項の決定、申込み、割当て（以下、「募集事項の決定等」という）は、遅くとも基金の払込期日の前日までに行わなければならないことになる。すなわち、募集事項の決定等のあった日と同じ日を払込期日とすることはできない。

### (6) 総額引受契約の場合の特則

基金を引き受けようとする者がその総額の引受けを行う契約（以下、「総額引受契約」という）を締結する場合には、一般法人法133条の通知、申込み、同法134条の割当て、割当事項の通知の規定は適用されない（法135条）。

したがって、総額引受契約を締結する場合には、募集事項の決定、総額引受契約の締結、払込期日を同日とすることも可能である。

### (7) 現物拠出財産の調査等

現物拠出をする場合は、原則として、現物拠出財産の価額を調査させるため、裁判所に対し、検査役の選任の申立てをしなければならない（法137条1項）。

ただし、次に掲げる場合は、検査役の調査は不要である（法137条9項1号～4号）。

〔図表25〕　検査役の調査が不要となる場合およびその対象事項

| 検査役の調査が不要となる場合 | その対象事項 |
| --- | --- |
| ①　現物拠出財産について定められた価額の総額が500万円を超えない場合 | 当該現物拠出財産の価額 |
| ②　現物拠出財産のうち、市場価格のある有価証券について定められた価額が当該有価証券の市場価格として法務省令で定める方法（注）により算定されるものを超えない場合 | 当該有価証券についての現物拠出財産の価額 |
| ③　現物拠出財産について定められた価額が相当であることについて弁護士、弁護士法人、公認会計士、監査法人、税理士または | 当該証明を受けた現物拠出財産の価額 |

〔第 3 章〕Ⅲ　変更手続⑵──基金に関する事項の変更

| | |
|---|---|
| 税理士法人の証明（現物拠出財産が不動産である場合にあっては、当該証明および不動産鑑定士の鑑定評価）を受けた場合 | |
| ④　現物拠出財産が一般社団法人に対する金銭債権（弁済期が到来しているものに限る）であって、当該金銭債権について定められた価額が当該金銭債権に係る負債の帳簿価額を超えない場合 | 当該金銭債権について現物拠出財産の価額 |

（注）　法務省令で定める方法は、次に掲げる額のうちいずれか高い額をもって有価証券の価格とする方法である（規53条 1 号・2 号）。
　　　①　現物拠出財産の価額決定日（募集事項としての価額を定めた日）における当該有価証券を取引する市場における最終の価格（当該価額決定日に売買取引がない場合または当該価額決定日が当該市場の休業日にあたる場合にあっては、その後最初にされた売買取引の成立価格）
　　　②　価額決定日において当該有価証券が公開買付け等の対象であるときは、当該価額決定日における当該公開買付け等に係る契約における当該有価証券の価格

⑻　基金の拠出の履行

　現物拠出以外の基金の引受人は、払込期日または払込期間内に、一般社団法人が定めた銀行等の払込取扱場所において、それぞれの基金の払込金額の全額を払い込まなければならない（法138条 1 項）。

　現物拠出をする基金の引受人は、払込期日または払込期間内に、それぞれの基金の払込金額に相当する現物拠出財産を給付しなければならない。ただし、一般社団法人の成立前に給付すべき場合において、設立時社員全員の同意があるときは、登記、登録その他の権利の設定または移転を第三者に対抗するために必要な行為は、一般社団法人の成立後にすることができる（法138条 2 項）。

　また、基金の引受人は、基金の払込みまたは現物拠出財産の給付（以下、「拠出の履行」という）をする債務と一般社団法人に対する債権とを相殺することができない（法138条 3 項）。

142

(9)　基金の拠出の効力発生日

　基金の引受人は、それぞれ次に掲げる日に、基金の拠出者となる（法139条1項1号・2号・2項）。

〔図表26〕　基金の引受人が基金の拠出者となる日（効力発生日）

| 払込期日を定めた場合 | 払込期日 |
|---|---|
| 払込期間を定めた場合 | 拠出の履行をした日 |
| 一般社団法人の成立前に基金を引き受ける者の募集をした場合 | 一般社団法人の成立の時 |

## 4　基金の返還

　基金の返還の手続は、次のとおりである（法141条～145条・236条）。

〔図表27〕　基金の返還の手続

| 基金の返還の決議<br>（法141条1項） | 定時社員総会の普通決議 |
|---|---|
| 基金を返還する場合の限度額<br>（法141条2項1号・2号） | 返還限度額＝貸借対照表上の純資産額<br>－（①＋②）<br>① 基金の総額<br>② 法務省令（規23条）で定めるところにより資産につき時価を基準として評価を行っている場合において、その時価の総額がその取得価額の総額を超えるときは、時価を基準として評価を行ったことにより増加した貸借対照表上の純資産額 |
| 基金の返還ができる時期<br>（法141条2項柱書） | 次の事業年度に関する定時社員総会の日の前日までの間 |
| 代替基金の計上<br>（法144条1項） | 基金の返還をする場合には、返還をする基金に相当する金額を代替基金として計上しなければならない |
| 代替基金の取り崩し<br>（法144条2項） | 代替基金は、取り崩すことができない |
| 基金返還債権の自己取得<br>（法142条1項1号～3号） | 原則、取得禁止<br>例外として、次の場合は取得することができる<br>① 合併または他の法人の事業の全部 |

143

〔第３章〕Ⅲ　変更手続(2)──基金に関する事項の変更

| | の譲受けによる場合 |
| | ②　一般社団法人の権利の実行にあたり、その目的を達成するために必要な場合 |
| | ③　無償で取得する場合 |
| 基金返還債権の取得後の取扱い<br>（法142条２項） | 一般社団法人が上記①または②に掲げる場合に取得したときは、混同の規定（民法520条）の適用はなく、当該債権は消滅しない。この場合においては、一般社団法人は、当該債権を相当の時期に他に譲渡しなければならない<br>上記③の場合は、混同により消滅する |
| 破産手続または清算手続における基金返還債権取扱い | 破産手続の場合：破産法に規定する劣後的破産債権および約定劣後破産債権に後れる<br>清算手続の場合：清算一般社団法人の他の債務の弁済がされた後でなければ、基金の返還に係る債務の弁済はすることができない |

144

〔第3章〕Ⅳ　変更手続(3)──事業譲渡

# Ⅳ　変更手続(3)──事業譲渡

　一般社団法人等が事業譲渡を行う場合に必要となる決議等は、次のとおりである。

〔図表28〕　事業譲渡をする場合の決議等

|  | 事業の全部の譲渡 | 事業の一部の譲渡 |
|---|---|---|
| 一般社団法人 | 社員総会の特別決議<br>（法147条・49条2項5号） | 非・理事会設置一般社団法人：<br>　理事の決定または理事の過半数の一致（法76条1項・2項）、社員総会の普通決議（法35条1項・49条1項）<br>理事会設置一般社団法人：<br>　理事会の決議（法90条2項1号・4項1号） |
| 一般財団法人 | 評議員会の特別決議<br>（法201条・189条2項4号） | 理事会の決議<br>（法197条・90条2項1号・4項1号） |

145

〔第3章〕Ⅴ　変更手続(4)──解散・清算・継続

# Ⅴ　変更手続(4)──解散・清算・継続

### 1　一般法人法における解散・清算

#### (1)　一般法人法における解散および継続

　一般法人法における解散事由および継続の可否については、次のとおりである（法148条～150条・49条2項6号・202条～204条・189条2項5号。後記2(1)も参照）。

〔図表29〕　一般法人法における解散事由および継続

| | 一般社団法人 | 一般財団法人 |
|---|---|---|
| 解散事由 | ①　定款で定めた存続期間の満了<br>②　定款で定めた解散の事由の発生<br>③　社員総会の特別決議<br>④　社員が欠けたこと<br>⑤　合併（合併により当該一般社団法人が消滅する場合に限る）<br>⑥　破産手続開始の決定<br>⑦　解散命令または一般社団法人等の解散の訴えの容認による解散を命ずる裁判<br>（法148条1号～7号（3号につき49条2項6号）） | ①　定款で定めた存続期間の満了<br>②　定款で定めた解散の事由の発生<br>③　基本財産の滅失その他の事由による一般財団法人の目的である事業の成功の不能<br>④　合併（合併により当該一般社財団法人が消滅する場合に限る）<br>⑤　破産手続開始の決定<br>⑥　解散命令または一般社団法人等の解散の訴えの容認による解散を命ずる裁判<br>⑦　2年連続して貸借対照表上の純資産額が300万円未満となった場合<br>（法202条1項1号～6号・2項） |
| 休眠法人のみなし解散 | ①　休眠一般社団法人登記が最後にあった日から5年を経過したもの<br>②　法務大臣が休眠一般社団法人に対し、2カ | ①　休眠一般財団法人登記が最後にあった日から5年を経過したもの<br>②　法務大臣が休眠一般財団法人に対し、2カ |

146

| | | |
|---|---|---|
| | 月以内にその主たる事務所の所在地を管轄する登記所に事業を廃止していない旨の届出をすべき旨を官報に公告した場合<br>③　その届出をしないときは、その2カ月の期間の満了の時に、解散したものとみなされる（法149条1項） | 月以内にその主たる事務所の所在地を管轄する登記所に事業を廃止していない旨の届出をすべき旨を官報に公告した場合<br>③　その届出をしないときは、その2カ月の期間の満了の時に、解散したものとみなされる（法203条1項） |
| 解散事由と継続の可否 | ①　解散事由①～③の場合<br>清算結了まで継続可能（法150条）<br>②　みなし解散の場合<br>みなし解散後3年以内に限り継続可能（法150条カッコ書）<br>③　その他の場合<br>継続を可能とする規定がない | ①　解散事由⑦の場合<br>清算結了までの間に貸借対照表上の純資産額が300万円以上となったときに継続可能（法204条1号）<br>②　みなし解散の場合<br>みなし解散後3年以内に限り継続可能（法204条2号）<br>③　その他の場合<br>継続を可能とする規定がない |
| 継続決議 | 社員総会の特別決議（法150条・49条2項6号） | 評議員会の特別決議（法204条・189条2項5号） |

　一般財団法人の場合、一般社団法人の場合と異なり、上記解散事由のうち、①定款で定めた存続期間の満了および②定款で定めた解散の事由の発生により解散した場合には、継続することができない。

　このような事態を避ける必要がある場合には、これらの解散事由が生じる前までに評議員会の特別決議により、これらの定款の定めを廃止する定款変更を行う必要がある（法200条1項・189条2項3号）。

　また、一般財団法人は、評議員会の決議による解散は認められていない。しかし、定款に存続期間を定めることにより、存続期間の満了による解散をすることはできる。具体的には、次のような流れとなる。

　①　評議員会の決議により、定款を変更し、存続期間の定めをおく（法

〔第3章〕V　変更手続(4)——解散・清算・継続

200条1項）。なお、存続期間の満了日は、解散をする日の「前日」とする。

②　存続期間の定めは登記事項であるので（法302条2項4号）、その旨の登記を行う（法303条）。

③　存続期間の満了により解散する（法202条1項1号）。

④　解散および清算人の登記をする（法308条1項・310条1項）。

なお、清算人を法定清算人（解散直前の理事全員）としない場合は、あらかじめ定款または評議員会の決議により清算人を選任しておく必要がある。

(2)　一般法人法における清算

解散をした一般社団法人および一般財団法人（以下、「清算法人」という）は、清算の目的の範囲内において、清算が結了するまではなお存続するものとみなされる（法207条）。

合併による解散の場合は、合併により消滅する法人の権利義務の全部が合併後存続する法人（または合併後設立する法人）に承継されることとなるので（法2条5号・6号）、清算手続は不要である。

破産による解散の場合は、破産手続による清算の目的の範囲内において、破産手続が終了するまで存続するものとみなされる（破35条）。

ここでは、一般法人法における清算について説明する。

(A)　清算法人の機関

解散法人の機関設計は次のとおりである（法208条）。清算人会を設置する場合であっても、理事会設置一般社団法人と異なり（法61条参照）、必ずしも監事を設置する必要はない。

大規模一般社団法人は、監事を置かなければならない（法208条3項）ので、②または④の類型となる。同様に、大規模一般財団法人も監事を置かなければならない（同項）ので、⑥または⑧の類型となる[1]。

なお、清算人会設置法人の清算人は、3名以上が必要である（法209条5

---

1　大規模一般財団法人であった清算法人は監事の設置義務があるが、定款の規定は必要である（法208条2項）。

148

項・65条3項)。

〔図表30〕 清算法人の機関設計

| 一般社団法人 | ① | ② | ③ | ④ | 一般財団法人 | ⑤ | ⑥ | ⑦ | ⑧ |
|---|---|---|---|---|---|---|---|---|---|
| 社員総会 | ◎ | ◎ | ◎ | ◎ | 評議員会 | ◎ | ◎ | ◎ | ◎ |
| 清算人 | ◎ | ◎ | ◎ | ◎ | 清算人 | ◎ | ◎ | ◎ | ◎ |
| 清算人会 | | | ○ | ○ | 清算人会 | | | ○ | ○ |
| 監事 | | ○ | | ○ | 監事 | | ○ | | ○ |

(B) 清算法人の機関の任期

清算人については、法定任期は定められていない。清算結了までの限られた期間のみ設置される機関であるからである。

同様に、清算法人の監事および清算一般財団法人の評議員についても、任期に関する規定は適用除外とされている（法211条2項）。

一般財団法人において、監事は、一般法人法上当然に置くことが義務づけられている機関であるが（法170条1項）、清算一般財団法人になった場合には、定款規定がある場合に限り置くことのできる機関となる（法208条2項）。

すなわち、一般財団法人が清算一般財団法人となった場合、原則として監事を置くことはできなくなり、既存の監事は任期満了により退任することとなる。もっとも、清算の開始前に、その定款に清算一般財団法人となった場合には監事を置くこととする旨の定款定めを設けておくことは可能であり、そのような定めがある場合には、一般財団法人が清算一般財団法人となっても、既存の監事の任期は当然には終了しない（基本通達）。なお、この場合には、解散の日から2週間以内に、監事を置く清算一般財団法人である旨を登記しなければならない（法310条1項4号・3項）。

清算法人が監事を設置する旨の定款の定めを廃止したときは、当該定款変更が効力を生じたときに、監事は任期満了退任する（法211条1項）。

(C) 清算人となる者

清算法人の清算人となる者は、次のとおりである（法209条1項〜4項）。

*149*

〔第3章〕V　変更手続⑷──解散・清算・継続

〔図表31〕　清算法人の清算人となる者

| | 清算人 |
|---|---|
| 1　通常の場合 | ①　定款で定める者<br>②　社員総会または評議員会の決議によって選任された者<br>③　①または②の清算人となる者がいない場合、理事（法定清算人） |
| 2　上記1①～③の清算人となる者がないとき | 利害関係人の申立てにより、裁判所が選任する。 |
| 3　解散命令等による解散の場合 | 利害関係人もしくは法務大臣の申立てによりまたは職権で、裁判所が選任する。 |
| 4　設立の無効の訴えに係る請求を認容する判決が確定した場合、または設立の取消しの訴えに係る請求を認容する判決が確定した場合 | 利害関係人の申立てにより、裁判所が選任する。 |

　清算人の欠格事由は、理事の欠格事由が準用されている（法209条5項・65条1項）。

　清算法人と清算人との関係は、一般社団法人等と理事との関係と同様に、委任に関する規定に従う（法209条5項・64条）。したがって、〔図表31〕の1①または②の場合は、定款規定、社員総会または評議員会の決議によって、あらためて清算人が選任されることとなるので、被選任者の就任承諾が必要である。

　一方、〔図表31〕の1③の場合は、①または②に該当する者がない場合に法律上当然に従前の理事を清算人とするものであるので、あらためて清算人としての就任承諾は必要としない。

　⒟　代表清算人

　清算法人を代表する者（代表清算人）は、次のとおりである（法214条1項～5項・220条3項）。

150

〔図表32〕　代表清算人

| | 代表清算人 |
|---|---|
| 1　原則 | ①　非・清算人会設置法人<br>選定しない場合：清算人は、各自清算法人を代表する。<br>選定する場合：定款、定款の定めに基づく清算人の互<br>選または社員総会もしくは評議員会の決議によって、<br>清算人の中から代表清算人を定めることができる。<br>②　清算人会設置法人<br>清算人の中から代表清算人を選定しなければならない。 |
| 2　理事が法定清算<br>　人となる場合 | 理事が法定清算人となる場合において、代表理事を定め<br>ていたときは、当該代表理事が代表清算人となる。 |
| 3　裁判所の選任に<br>　よる清算人の場合 | 裁判所は〔図表31〕の2～4の規定により清算人を選任<br>する場合には、その清算人の中から代表清算人を定める<br>ことができる。 |

　理事会設置一般社団法人（または一般財団法人）において、理事が法定清算人となる場合は、従前の代表理事がそのまま代表清算人となる（〔図表32〕の2に該当する）ことに注意が必要である。

(3)　解散および清算人等に関する登記

　一般社団法人等が解散をした場合には、裁判所の解散命令等による場合を除き、解散の日から2週間以内に、その主たる事務所の所在地において、解散の登記の申請を行わなければならない（法308条1項）。

　また、理事が法定清算人となった場合には、解散の日から2週間以内に、その他の者が清算人に選任されたときは選任の日から2週間以内に、その主たる事務所の所在地において、清算人等に関する登記を行わなければならない（法310条1項2項）。

　社員総会の決議により解散し、清算人の選任が行われた場合の登記申請書の記載例は次のとおりである。

〔第3章〕Ⅴ　変更手続(4)──解散・清算・継続

【記載例34】　社員総会の決議により解散、清算人の選任が行われた場合の登記申請書

---

一般社団法人解散及び清算人就任登記申請書

　1．会社法人等番号　　　○○○○－○○－○○○○○○

　　　フリガナ　　　　　　○○カイ

　1．名　　称　　　　　　一般社団法人○○会

　1．主たる事務所　　　　東京都○○区○○二丁目○番○号

　1．登記の事由　　　　　解散（注1）

　　　　　　　　　　　　　令和○年○月○日清算人就任

　1．登記すべき事項　　　別紙の通り（注2）

　1．登録免許税　　　　　金39,000円（注3）

　1．添附書類

　　　　社員総会議事録　　　　　　　　　1通（注4）

　　　　定款　　　　　　　　　　　　　　1通（注5）

　　　　就任承諾を証する書面は社員総会議事録の記載を援用する（注6）

　　　　委任状　　　　　　　　　　　　　1通（注7）

　　上記のとおり登記の申請をする。

　令和○年○月○日

　　　　東京都○○区○○二丁目○番○号

　　　　　　申請人　一般社団法人○○○会

　　　　東京都○○区○○二丁目○番○号

　　　　　　代表清算人　甲野太郎

　　　　東京都○○区○○一丁目○番○号

　　　　　　上記代理人　司法書士　戊野五郎　印

　　東京法務局○○出張所　御中

---

別紙（登記すべき事項）

「解散」（注8）

平成○年○月○日社員総会の決議により解散

「役員に関する事項」（注9）

「資格」清算人

「氏名」乙野二郎

「役員に関する事項」（注9）

「資格」代表清算人
「住所」東京都○○区○○四丁目○番○号
「氏名」甲野太郎

（注1）　登記の事由として、「解散」「年月日清算人就任」と記載する。解散については、「解散の旨並びにその事由および年月日」が登記すべき事項とされているので、登記期間の起算点が明らかであるが、清算人については、就任年月日は登記事項とされていないので、登記事項からは登記期間の起算点が明らかでないため、登記の事由として、清算人就任の旨およびその年月日を記載する。

（注2）　登記すべき事項は、記載例のとおり別紙に記載するか、磁気ディスク（CD-R、DVD-R など）に記録して提出する。

　　　　なお、オンラインによる登記事項提出制度の利用が推奨されている。オンラインによる登記事項提出制度については、法務省ウェブサイト〈http://www.moj.go.jp/MINJI/minji06_00051.html〉を参照されたい。

（注3）　登録免許税額は、解散分が3万円（登免別表一24号㈠ソ）、清算人就任分が9000円（同号㈣イ）である。

（注4）　解散および清算人の選任の決議を行った社員総会の議事録を添付する（法317条2項）。

（注5）　清算人の登記の申請書には定款を添付しなければならない（法326条1項）。

（注6）　この記載例は、清算人が社員総会の決議により選任された場合のものであるので、清算人が就任を承諾したことを証する書面を添付しなければならない（法326条2項）が、社員総会の議事録の中で、社員総会に出席した被選任者が就任を承諾した旨の記載があるときは、記載例のとおり、社員総会議事録の記載を援用することができる。

（注7）　司法書士等に登記の申請代理を委任する場合には委任状を添付する（法330条、商登18条）。

（注8）　解散の旨並びにその事由および年月日を記載する。

（注9）　清算人等については、〔図表33〕が登記事項とされている（法310条1項1号～4号）。

153

〔第3章〕V　変更手続(4)——解散・清算・継続

〔図表33〕　清算人等に関する登記をする場合の登記事項

| ① | 清算人の氏名 |
|---|---|
| ② | 代表清算人の氏名および住所 |
| ③ | 清算法人が清算人会を置くときは、その旨 |
| ④ | 清算一般財団法人が監事を置くときは、その旨 |

　上記の記載例では、清算人が1名のみであるので、①により清算人の氏名を記載する。またその清算人が清算法人を代表する者となるので（法214条）、②によりその者の氏名および住所を記載する。

　また、婚姻前の氏を登記する場合は、戸籍の謄抄本も添付する（登記規3条、商登規81条の2第2項）。

　④について、解散前の一般財団法人は、監事が必置機関とされているので、監事を置く旨の登記は不要であるが（法302条2項）、清算一般財団法人については、監事を置くかどうかは法人の任意であるので（法208条2項）、監事を置く場合には、清算人の登記の際に「監事を置く旨」の登記が必要となる。

　一般財団法人が、解散前に、清算一般財団法人となった場合に監事を置く旨の定款の定めを設けておいたときは、解散後も引き続き監事を置くこととなるので、清算人の登記をする際に、「監事を置く旨」の登記をしなければならない（基本通達）。

### (4)　清算人等による清算手続

#### (A)　清算人の職務

　清算人は、①現務の結了、②債権の取立ておよび債務の弁済、③残余財産の引渡しの職務を行う（法212条1号～3号）。

#### (B)　財産目録の作成

　清算人は、就任後、遅滞なく財産目録を作成し、清算人会の承認（清算人会設置法人の場合）、社員総会または評議員会の承認を受けなければならない（法225条1項～3項）。

#### (C)　貸借対照表等の作成

　清算法人は、法務省令で定めるところにより、各清算事務年度（解散等の日の翌日またはその後毎年その日に応当する日から始まる各1年の期間をいう）

に係る貸借対照表および事務報告並びにこれらの附属明細書（以下、「貸借対照表等」という）を作成しなければならない（法227条1項）。

　貸借対照表等は、機関設計に応じて監事の監査および清算人会の承認を受けた後（法228条1項・2項）、社員総会または評議員会の承認を受けなければならない（法230条2項）。

　⒟　債権者保護手続

　一般社団法人等の清算の際の債権者保護手続については、次のとおりである（法233条1項・238条1項・2項）。

〔図表34〕　一般社団法人等の清算の際の債権者保護手続

| 債権者保護手続の開始期限 | 一般法人法206条各号（解散等）に掲げる場合に該当することとなった後、遅滞なく開始する。 |
| --- | --- |
| 債権者保護の手続の方法および期間 | 次の事項を官報に公告かつ知れている債権者に各別催告する。<br>①　一定の期間内（2カ月を下ることができない）にその債権を申し出るべき旨<br>②　当該債権者が当該機関内に申出をしないときは清算から除斥される旨 |
| 上記の期間内に債権の申出をしなかった清算法人の債権者 | 知れている債権者を除き、清算から除斥され、引渡しがされていない残余財産に対してのみ、弁済を請求することができる。 |

　官報公告の記載例としては次のようなものが考えられる。

【記載例35】　官報公告

　解散公告

　　当法人は、令和○年○月○日開催の社員総会の決議により解散いたしましたので、当社に債権を有する方は、本公告掲載の翌日から二箇月以内にお申し出下さい。

　　なお、右期間内にお申し出がないときは清算から除斥します。

　　令和○年○月○日

　　　東京都○○区○○二丁目○番○号

〔第3章〕Ⅴ　変更手続⑷──解散・清算・継続

一般社団法人○○会

代表清算人　甲野太郎

　⒠　債務の弁済

　清算法人は、上記の債権申出期間内は、債務の弁済をすることができない。
この場合において、清算法人は、その債務の不履行によって生じた責任を免
れることができない（法234条1項）。

　ただし、上記の債権申出期間内であっても、裁判所の許可を得て、少額の
債権、清算法人の財産につき存する担保権によって担保される債権その他こ
れを弁済しても他の債権者を害するおそれがない債権に係る債務について、
その弁済をすることができる（法234条2項）。

　⒡　基金の返還の制限

　清算一般社団法人の他の債務の弁済がされた後でなければ、基金の返還は
することができない（法236条）。

　⒢　残余財産の処分

　一般社団法人等の残余財産の帰属は、次のとおりである（法239条1項〜3
項）。

〔図表35〕　残余財産の帰属

| |
|---|
| ①　定款で定めるところによる |
| ②　①により残余財産の帰属が定まらないときは、その帰属は、清算法人の社員総会または評議会員の決議によって定める |
| ③　①および②により帰属が定まらない残余財産は、国庫に帰属する |

　定款に、社員または設立者に剰余金および残余財産の分配を受ける権利を
与える旨の規定をおくことは禁止されているが（法11条2項・153条3項2号）、
社員総会または評議員会の決議によって残余財産を社員または設立者等に分
配することは禁止されていない（法35条3項・239条2項）。

　また、公益法人については、公益認定を申請する際、定款に、清算をする
場合において残余財産を類似の事業を目的とする他の公益法人もしくは公益
認定法5条17号に掲げる法人または国もしくは地方公共団体に帰属させる旨

1　一般法人法における解散・清算

を定めていること（公益5条18号）が必要とされるので、〔図表35〕の①に該
当する。

(5)　清算結了の登記

清算が結了したときは、清算法人は、決算報告書が社員総会または評議員
会で承認された日から2週間以内に、その主たる事務所の所在地において、
清算結了の登記をしなければならない（法311条）。

【記載例36】　一般社団法人の清算結了の登記申請書

---

### 一般社団法人清算結了登記申請書

1．会社法人等番号　　○○○○－○○－○○○○○○
　　フリガナ　　　　　○○カイ
1．名　　称　　　　　一般社団法人○○会
1．主たる事務所　　　東京都○○区○○二丁目○番○号
1．登記の事由　　　　清算結了（注1）
1．登記すべき事項　　別紙の通り（注2）
1．登録免許税　　　　金2,000円（注3）
1．添附書類
　　　社員総会議事録　　　　　　　　1通（注4）
　　　委任状　　　　　　　　　　　　1通（注5）
　上記のとおり登記の申請をする。
令和○年○月○日
　　東京都○○区○○二丁目○番○号
　　　　申請人　一般社団法人○○会
　　東京都○○区○○二丁目○番○号
　　　　代表清算人　甲野太郎
　　東京都○○区○○一丁目○番○号
　　　　上記代理人　司法書士　戊野五郎　印
　東京法務局○○出張所　御中

---

別紙（登記すべき事項）
「登記記録に関する事項」（注8）
令和○年○月○日清算結了

157

〔第3章〕V　変更手続(4)──解散・清算・継続

(注1)　登記の事由として、「清算結了」と記載する。

(注2)　登記すべき事項は、記載例のとおり別紙に記載するか磁気ディスク（CD-R、DVD-R など）に記録して提出する。

(注3)　登録免許税額は、2000円（登免別表一24号㈣ハ）。

(注4)　決算報告の承認があったことを証する書面として、社員総会議事録（または評議員会議事録）を添付する（法328条）。

(注5)　司法書士等に登記の申請代理を委任する場合には委任状を添付する（法330条、商登18条）。

(注6)　清算結了の登記は登記記録区にすることとされているので（登記規3条、商登規80条1項5号）、記載例のとおり、「登記記録に関する事項」として、清算結了の旨およびその年月日を記載する。なお、この登記によって、当該法人の登記簿が閉鎖されることとなる（登記規3条、商登規80条2項）。

## 2　一般法人法における継続

### ⑴　解散事由と継続の可否

　解散事由と継続の可否については、次のとおりである（法148～150条・44条2項6号・202～204条・189条2項5号。前記1⑴も参照）。一般社団法人については株式会社の場合と同様であるが、一般財団法人の場合は、純資産額制限またはみなし解散の場合を除き、継続ができないことに注意が必要である。なお、一般財団法人の定款規定による解散（存続期間の満了、解散事由の発生）については、定款で定めた存続期間の満了前または解散事由が生じる前に定款変更をし、これらの規定を削除していれば解散を避けることは可能である。

〔図表36〕　解散事由と継続の可否

| | 解散事由 | 継続 |
|---|---|---|
| 一般社団法人 | ①　定款で定めた存続期間の満了<br>②　定款で定めた解散の事由の発生<br>③　社員総会の特別決議 | 清算が結了するまで継続可 |
| | ④　社員が欠けたこと<br>⑤　合併（合併により当該一 | 継続不可 |

158

|  |  |  |
|---|---|---|
|  | 般社団法人が消滅する場合に限る）<br>⑥　破産手続開始の決定<br>⑦　解散命令または一般社団法人等の解散の訴えの容認による解散を命ずる裁判 |  |
|  | 休眠一般社団法人のみなし解散 | 継続可（解散したものとみなされた後3年以内に限る） |
| 一般財団法人 | ①　定款で定めた存続期間の満了<br>②　定款で定めた解散の事由の発生<br>③　基本財産の滅失その他の事由による一般財団法人の目的である事業の成功の不能<br>④　合併（合併により当該一般財団法人が消滅する場合に限る）<br>⑤　破産手続開始の決定<br>⑥　解散命令または一般社団法人等の解散の訴えの容認による解散を命ずる裁判 | 継続不可 |
|  | ある事業年度およびその翌事業年度に係る貸借対照表上の純資産額がいずれも300万円未満となった場合においても、当該翌事業年度に関する定時評議員会の終結の時に解散する | 清算事務年度に係る貸借対照表上の純資産額が300万円以上となった場合、清算結了するときまで継続可 |
|  | 休眠一般財団法人のみなし解散 | 清算が結了するまで継続可（解散したものとみなされた後3年以内に限る） |

## (2)　法人の状態と機関設計の組合せ

　解散前および継続後の機関設計については、いわゆる「通常時」になるので、設立手続などでみたとおりであるが、解散後の清算中の法人については、機関設計が限定されることから確認が必要である。なお、本項では、個別の機関設計において会計監査人についての記載は省略するが、清算中の法人は

〔第3章〕V　変更手続(4)——解散・清算・継続

会計監査人を置くことができないことに留意されたい。

　(A)　一般社団法人の場合

　一般社団法人の法人の状態（解散前・清算中・継続後）と機関設計の組合せについてまとめると次のとおりとなる（法60条・61条・208条）。なお、「（監事）」とあるのは監事を置く旨の定款規定を設けるか否かは各法人の任意であることを示す。

　解散前の機関設計と継続後の機関設計は必ずしも同じである必要はない。

〔図表37〕　一般社団法人の状態と機関設計の組合せ

| 解散前の機関設計 | | 清算中の機関設計 | | 継続後の機関設計 |
|---|---|---|---|---|
| 非・理事会設置一般社団法人<br>社員総会、理事、（監事） | → | 非・清算人会設置清算法人<br>社員総会、清算人、（監事） | → ✕ | 非・理事会設置一般社団法人<br>社員総会、理事、（監事） |
| | ↘ | 清算人会設置清算法人<br>社員総会、清算人会、清算人、（監事） | → | 理事会設置一般社団法人<br>社員総会、理事会、理事、監事 |
| 理事会設置一般社団法人<br>社員総会、理事会、理事、監事 | → | 非・清算人会設置清算法人<br>社員総会、清算人、（監事） | ✕ ↗ | 非・理事会設置一般社団法人<br>社員総会、理事、（監事） |
| | ↘ | 清算人会設置清算法人<br>社員総会、清算人会、清算人、（監事） | → | 理事会設置一般社団法人<br>社員総会、理事会、理事、監事 |

　(B)　一般財団法人の場合

　一般財団法人の場合は、いわゆる「通常時」の機関設計にはほとんど自由度がない。しかし、清算一般財団法人については、監事設置の有無、清算人会設置の有無、を選択することができる。特に注意しなければならない点は、「監事」である。「通常時」においては監事の設置は強制されているが、清算一般財団法人については、監事を置く場合はその旨の定款の定めが必要となる。したがって、解散後の定款に監事を置く旨の定めがない場合は、解散の

160

効力発生と同時に監事は任期満了退任となる。

〔図表38〕　一般財団法人の状態と機関設計の組合せ

| 解散前の機関設計 | | 清算中の機関設計 | | 継続後の機関設計 |
|---|---|---|---|---|
| 評議員会、評議員、理事会、理事、監事 | → | 非・清算人会設置清算法人<br>評議員会、評議員、清算人、（監事） | → | 評議員会、評議員、理事会、理事、監事 |
| | ↘ | 清算人会設置清算法人<br>評議員会、評議員、清算人会、清算人、（監事） | ↗ | |

(3)　継続の手続

(A)　一般社団法人の場合

　解散した一般社団法人は、一般法人法において継続が認められている場合、社員総会の決議によって継続をすることができる（法150条）。

　継続をする際には、あらためて機関設計を検討し、従前とは異なる機関設計とすることもできる。なお、この場合は、必要に応じて、定款変更手続を行うことになる。

　たとえば、解散前の機関設計は理事会設置一般社団法人であったが、継続後は非・理事会設置一般社団法人となる場合、解散時に理事会を置く旨の定款の定めを廃止していないときは、継続の決議の際に、理事会を置く旨の定款の定めを廃止する必要がある。なお、解散の登記の際に、理事会設置一般社団法人である旨の登記および理事、代表理事に関する登記については抹消する記号が記録されているので（登記規3条、商登規72条1項1号）、あらためて理事会設置一般社団法人である旨の登記を抹消する申請を行う必要はない。

　逆に、継続後の機関設計が理事会設置一般社団法人である場合は、解散前の機関設計が理事会設置一般社団法人である場合であっても、あらためて理事会設置一般社団法人である旨の登記が必要となる。なお、この場合、解散

〔第3章〕Ｖ　変更手続⑷――解散・清算・継続

の際に、理事会を置く旨の定款の定めを廃止していなくても、同様である。また、あらためて理事および代表理事を選任する必要がある。

　なお、定款で定めた存続期間または解散事由を変更し、または廃止した場合には、その旨の登記も必要となる。

　また、監事について、解散前、解散後清算中、継続後の監事に変更がない場合、監事についての変更の登記は不要である。なお、清算法人の監事については任期の定めがないものとされているが（法211条2項1号）、継続後の監事については「通常時」の任期規定（法67条）が再び適用となるので、その時点において任期満了となる場合は、継続の決議とあわせてあらためて監事の選任を行っておく必要がある。

〔図表39〕　理事・代表理事および理事会設置法人に関する登記事項の顛末

| 解散前 | 解散時【職権で抹消】 | 継続時【申請が必要】 |
|---|---|---|
| 理事の氏名<br>代表理事の氏名および住所<br>理事会設置法人 | 理事の氏名<br>代表理事の氏名および住所<br>理事会設置法人 | 理事の氏名<br>代表理事の氏名および住所<br>理事会設置法人 |

　(B)　一般財団法人の場合

　解散した一般財団法人は、一般法人法において継続が認められている場合には、評議員会の決議によって継続をすることができる（法204条）。一般社団法人の場合と異なり、一般財団法人が継続できるのは、純資産制限の場合とみなし解散の場合のみであることは前述のとおりである。

　なお、解散後の定款に監事を置く旨の定めがない場合は、解散の効力が生じた時をもって監事は任期満了退任となるので、継続の決議の際にあわせて改めて監事を選任する必要がある。

　また、評議員について、解散前、解散後清算中、継続後の評議員に変更がない場合、評議員についての変更の登記は不要である。なお、清算法人の評議員については任期の定めがないものとされているが（法211条2項2号）、継続の効力が生じた場合は「通常時」の任期規定が再び適用となるので、そ

162

の時点において任期満了となる場合は、継続の効力が生じる時までに定款所定の方法により改めて評議員の選任を行っておく必要がある。

### (a) 純資産制限の場合の継続

2事業年度連続して、貸借対照表上の純資産額が300万円未満となった場合は、2年目の事業年度に関する定時評議員会の終結の時に解散する（法202条2項）。この規定による解散後、清算事業年度に係る貸借対照表上の純資産額が300万円以上となった場合、評議員会の決議によって一般財団法人を継続することができる（法204条1号）。この場合、継続の決議の際にあわせて改めて理事を選任し、その後の理事会において代表理事を選定する必要がある。

### (b) 休眠法人のみなし解散の継続の場合

最後に登記をした日から5年を経過した法人（休眠法人）については、一定の手続を経て解散したものとみなされ（法149条1項本文）、登記官が職権で解散した旨を登記する（法330条、商登72条）。その際、あわせて、理事、代表理事に関する登記、および理事会設置一般社団法人である場合は理事会設置法人である旨の登記、について抹消する記号を記録する。

なお、このような登記がなされた法人については、代表理事に関する登記がないことになるので、印鑑証明書等の交付を受けることができないことになる。

このようにしてみなし解散となった法人が継続をするためには、通常の解散とは若干異なる手続が必要となることが多い。

すなわち、通常の解散の場合は、清算人に関して、①定款で定めた者、②社員総会または評議員会の決議により選任された者、③法定清算人の三つのパターンがあり、②社員総会または評議員会の決議により選任された者が清算人に就任する場合が多いものと思われるが、みなし解散となった場合は、①定款で定めた者または③法定清算人のいずれかのパターンしかなく、多くの場合、③法定清算人が清算人に就任することになるものと思われる。

したがって、みなし解散から継続する場合の多くは、社員総会または評議

〔第3章〕V 変更手続(4)——解散・清算・継続

員会において、①継続の決議、②必要に応じて機関設計に関する定款の変更、③役員等の選任を決議し、これらに関し必要な登記することに先立って（もちろん同一の申請書で一括して行って構わないが）、法定清算人の就任の登記をする必要があることに留意しなければならない。

また、みなし解散の場合、役員の変更登記が行われていないことが原因の一つであるが、そもそも役員を選任すべき定時社員総会または定時評議員会が定款所定の期間内に開催されていない場合は、これらを開催すべき期間の末日をもって当該役員の任期は満了したものとみなされる。この場合、理事または監事について退任の登記をする必要があるときは、退任の年月日である定時社員総会または定時評議員会を開催すべき期間を明らかにするため、定款を添付するとともに（もっとも清算人就任の登記についても定款の添付は必要であるが）、委任状（または上申書）に、当該定時社員総会または定時評議員会が定款所定の期間内に開催されなかった旨を記載することが求められるものと思われる。

また、評議員について、その任期は原則として選任後4年以内に終了する事業年度のうち最終のものに関する定時評議員会の終結の時までとされるが（法174条1項本文）、定款によってその任期を選任後6年以内に終了する事業年度のうち最終のものに関する定時評議員会の終結の時まで伸長することができる（同項ただし書）。したがって、定款規定により任期6年となっている場合は、みなし解散の対象となる最後の登記から5年が経過しても評議員は任期が残っていることもありうる。この場合、継続の効力が生じた時において評議員の任期が残っていれば、継続の登記の際には、評議員についての登記をする必要はないことになる。

《コラム4》 みなし解散前の代表理事の住所について変更登記を怠っていた場合

　株式会社の代表取締役の重任による変更登記については、再任後の代表取締役の住所がすでに登記されている住所と相違する場合であっても、重任による変更登記に先立って住所変更の登記をすることは要求されていない。すなわち、重任による変更登記の際に、いきなり新住所で登記することが認め

られている[2]。

　しかし、解散に際し、法定清算人が就任することとなる場合は、重任の登記の場合のような先例等がないため、法定清算人の就任の登記に先立って、代表取締役の住所について変更登記を行い、そのうえで、法定清算人の就任の登記を行うこととなる[3]。

　これらの点については一般社団法人等の代表理事についても同様に考えてよいものと思われる。みなし解散となるような法人の場合、代表理事の住所の変更登記も怠っていることが多いと思われるので、注意が必要である。

**【記載例37】** 社員総会の決議によって解散した一般社団法人の継続する時（解散前の理事会設置法人が非・理事会設置法人かつ非・監事設置法人として継続する時）に、代表理事を理事の互選で選定する旨の定款の定めがある場合

**一般社団法人清算結了登記申請書**

1．会社法人等番号　　　○○○○－○○－○○○○○○
　　フリガナ　　　　　　○○カイ
1．名　　　称　　　　　一般社団法人○○会
1．主たる事務所　　　　東京都○○区○○二丁目○番○号
1．登記の事由　　　　　法人継続
　　　　　　　　　　　　理事及び代表理事の就任、監事の変更
　　　　　　　　　　　　監事設置法人の定めの廃止
1．登記すべき事項　　　別紙の通り
1．登録免許税　　　　　金70,000円（注1）
1．添附書類
　　　定款　　　　　　　　　　　　1通（注2）
　　　社員総会議事録　　　　　　　1通
　　　理事の互選書　　　　　　　　1通

---

2　松井信憲『商業登記ハンドブック〔第3版〕』422頁（注）。登記研究78号46頁、375号82頁、329号67頁。
3　平成30年2月に、東京法務局管内の出張所あてに筆者が申請代理人となってみなし解散からの継続の登記の申請をした事案においてこのような指摘を受けて補正を行った。みなし解散によって代表取締役の住所・氏名には抹消する記号（下線）が記録されているが、それでも代表取締役の住所の変更登記の申請は可能ということである。

〔第3章〕V　変更手続(4)——解散・清算・継続

```
　　　　　印鑑証明書　　　　　　　　　○通（注3）
　　　　　就任承諾書　　　　　　　　　○通
　　　　　（本人確認証明書　　　　　　○通）（注4）
　　　　　委任状　　　　　　　　　　　1通（注5）
　　上記のとおり登記の申請をする。
　令和○年○月○日
　　　　東京都○○区○○二丁目○番○号
　　　　　　　申請人　一般社団法人○○会
　　　　東京都○○区○○二丁目○番○号
　　　　　　代表理事　甲野太郎
　　　　東京都○○区○○一丁目○番○号
　　　　　　上記代理人　司法書士　戊野五郎　印
　　東京法務局○○出張所　御中
```

```
　別紙（登記すべき事項）
「法人継続」
令和○年○月○日法人継続
「役員に関する事項」
「資格」理事
「氏名」甲野太郎
「原因年月日」令和○年○月○日就任
「役員に関する事項」
「資格」代表理事
「住所」東京都○○区○○二丁目○番○号
「氏名」甲野太郎
「原因年月日」令和○年○月○日就任
「役員に関する事項」
「資格」監事
「氏名」丙野三郎
「原因年月日」令和○年○月○日退任
「監事設置法人に関する事項」
「原因年月日」令和○年○月○日廃止
```

　（注1）　登録免許税の内訳は次のとおりである。法人継続分3万円（登免別
　　　　　表一24号㈠ソ）、役員変更分1万円（同号㈠カ）、監事の廃止分3万円

*166*

（同号㈠ツ）。

（注２）　「代表理事は理事の互選により選定する」旨の定めがあることを証
するため定款を添付する（登記規３条、商登規61条１項）。

（注３）　非・理事会設置法人の場合、すべての理事について、就任による変
更登記の申請書に添付する就任承諾書に押印した印鑑について印鑑証
明書の添付が必要となる（登記規３条、商登規61条４項後段）。また、
理事の互選により代表理事を選定した場合は、原則として、理事がそ
の互選を証する書面に押印した印鑑について、印鑑証明書の添付が必
要となる（登記規３条、商登規61条６項２号）。

　　　　なお、代表理事を定款で定める場合は、当該定款の変更を決議した
社員総会議事録、代表理事を社員総会の決議で定める場合は、当該決
議をした社員総会議事録をそれぞれ添付することになる。この場合、
原則として、議長および出席した理事について議事録に押印義務があ
り、かつその押印した印鑑について印鑑証明書の添付が必要である
（登記規３条、商登規61条６項１号）。

（注４）　（注３）に記載したとおり、本事例においては、すべての理事につ
いて、その就任承諾書に押印した印鑑について印鑑証明書の添付が必
要となるため、本人確認書類の添付を要する理事は存在しない（登記
規３条、商登規61条７項ただし書）。

（注５）　委任状に押印する法人の印鑑については、あらかじめ（本申請と同
時に）印鑑の届出が必要となる（法330条、商登30条１項・２項）

## 【記載例38】　理事会設置法人が理事会設置法人として継続する場合

<hr>

### 一般社団法人の継続登記申請書

１．会社法人等番号　　○○○○－○○－○○○○○○

　　フリガナ　　　　　○○カイ

１．名　　　称　　　　一般社団法人○○会

１．主たる事務所　　　東京都○○区○○二丁目○番○号

１．登記の事由　　　　法人継続

　　　　　　　　　　　理事会設置法人の定めの設定（注１）

１．登記すべき事項　　別紙の通り

１．登録免許税　　　　金70,000円（注２）

１．添附書類

　　社員総会議事録　　　　　　　　　　１通

<hr>

167

〔第3章〕Ⅴ　変更手続(4)──解散・清算・継続

```
　　　　理事会議事録　　　　　　　１通
　　　　印鑑証明書　　　　　　　　○通（注３）
　　　　就任承諾書　　　　　　　　○通
　　　　本人確認証明書　　　　　　○通（注４）
　　　　委任状　　　　　　　　　　１通（注５）
　　上記のとおり登記の申請をする。
　令和○年○月○日
　　　　東京都○○区○○二丁目○番○号
　　　　　　　申請人　一般社団法人○○会
　　　　東京都○○区○○二丁目○番○号
　　　　　　代表理事　甲野太郎
　　　東京都○○区○○一丁目○番○号
　　　　　上記代理人　司法書士　戊野五郎　印
　　東京法務局○○出張所　御中
```

---

```
別紙（登記すべき事項）
「法人継続」
令和○年○月○日法人継続
「役員に関する事項」
「資格」理事
「氏名」甲野太郎
「原因年月日」令和○年○月○日就任
「役員に関する事項」
「資格」理事
「氏名」乙野二郎
「原因年月日」令和○年○月○日就任
「役員に関する事項」
「資格」理事
「氏名」丙野三郎
「原因年月日」令和○年○月○日就任
「資格」代表理事
「住所」東京都○○区○○二丁目○番○号
「氏名」甲野太郎
「原因年月日」令和○年○月○日就任
```

2　一般法人法における継続

```
「役員に関する事項」
「資格」監事
「氏名」山川一郎
「原因年月日」令和○年○月○日退任（注５）
「資格」監事
「氏名」谷川二郎
「原因年月日」令和○年○月○日就任（注５）
「理事会設置法人に関する事項」
理事会設置法人
「原因年月日」令和○年○月○日設置
```

（注１）　理事会設置法人は、解散の登記をすることによって、理事会設置法
　　　　　人である旨の登記並びに理事、代表理事に関する登記を抹消されるの
　　　　　で（登記規３条、商登規72条１項１号）、法人継続後理事会設置法人
　　　　　となる場合は、あらためて理事会設置法人の定めの設定も登記する必
　　　　　要がある。

（注２）　登録免許税の内訳は次のとおりである。法人継続分３万円（登免別
　　　　　表一24号㈠ソ）、役員変更分１万円（同号㈠カ）、理事会設置法人の定
　　　　　めの設定分３万円（同号㈠ワ）。

（注３）　理事会設置法人の場合、代表理事について、就任による変更登記の
　　　　　申請書に添付する就任承諾書に押印した印鑑について印鑑証明書の添
　　　　　付が必要となる（登記規３条、商登規61条４項・５項）。理事会の決
　　　　　議により代表理事を選定した場合は、原則として、出席した理事およ
　　　　　び監事が理事会議事録に押印した印鑑について、印鑑証明書の添付が
　　　　　必要となる（登記規３条、商登規61条６項２号）。なお、定款に「理
　　　　　事会議事録には、理事会に出席した代表理事及び監事が押印する」旨
　　　　　の定めがある場合は、押印義務者の印鑑証明のほか定款の添付も必要
　　　　　となる（登記規３条、商登規61条１項）。

（注４）　理事会議事録に押印した者を除くすべての理事、および監事につい
　　　　　て、その就任承諾書に記載した氏名および住所について本人確認書類
　　　　　の添付が必要となる（登記規３条、商登規61条７項）。

（注５）　委任状に押印する法人の印鑑については、あらかじめ（本申請と同
　　　　　時に）印鑑の届出が必要となる（法330条、商登30条１項・２項）。

（注６）　監事の任期（法67条）については、清算中の法人については適用が
　　　　　ないが（法211条２項１号）、継続後の監事については「通常時」の任

169

〔第3章〕V　変更手続(4)──解散・清算・継続

期規定が復活することとなる。したがって、法人継続と同時に任期満了となる場合があるので注意が必要である。なお、同じ者が引き続き監事となる場合は、原因年月日については「年月日重任」となるものと思われる。

**【記載例39】** みなし解散となった一般財団法人の継続の場合（解散時に、定款に清算人の定めおよび監事を置く旨の定めがなかった場合）

---

### 一般財団法人の清算人及び代表清算人の就任・継続登記申請書

1．会社法人等番号　　　〇〇〇〇－〇〇－〇〇〇〇〇〇

　　フリガナ　　　　　　〇〇カイ

1．名　　　称　　　　　一般財団法人〇〇会

1．主たる事務所　　　　東京都〇〇区〇〇二丁目〇番〇号

1．登記の事由　　　　　令和〇年〇月〇日清算人及び代表清算人の就任

　　　　　　　　　　　　法人継続

　　　　　　　　　　　　理事及び代表理事の就任、監事の変更

1．登記すべき事項　　　別紙の通り

1．登録免許税　　　　　金49,000円（注1）

1．添附書類

　　　　評議員会議事録　　　　　　　　1通

　　　　理事会議事録　　　　　　　　　1通

　　　　印鑑証明書　　　　　　　　　　〇通（注2）

　　　　就任承諾書　　　　　　　　　　〇通

　　　　本人確認証明書　　　　　　　　〇通（注3）

　　　　委任状　　　　　　　　　　　　1通（注4）

　　上記のとおり登記の申請をする。

　令和〇年〇月〇日

　　　　東京都〇〇区〇〇二丁目〇番〇号

　　　　　　　申請人　一般財団法人〇〇会

　　　　東京都〇〇区〇〇二丁目〇番〇号

　　　　　　代表理事　甲野太郎

　　　　東京都〇〇区〇〇一丁目〇番〇号

　　　　　　上記代理人　司法書士　戊野五郎　印

　東京法務局〇〇出張所　御中

---

*170*

別紙（登記すべき事項）

「役員に関する事項」

「資格」清算人（注5）

「氏名」甲野太郎

「役員に関する事項」

「資格」清算人

「氏名」乙野二郎

「役員に関する事項」

「資格」清算人

「氏名」丙野三郎

「役員に関する事項」（注6）

「資格」代表清算人

「住所」東京都○○区○○二丁目○番○号

「氏名」甲野太郎

「役員に関する事項」

「資格」監事

「氏名」川海一郎

「原因年月日」令和○年○月○日退任（注7）

「役員に関する事項」

「資格」監事

「氏名」川海一郎

「原因年月日」令和○年○月○日就任

「法人継続」

令和○年○月○日法人継続

「役員に関する事項」

「資格」評議員

「氏名」丁野四郎

「原因年月日」令和○年○月○日退任（注8）

「役員に関する事項」

「資格」評議員

「氏名」山川一郎

「原因年月日」令和○年○月○日就任

「役員に関する事項」

「資格」評議員

〔第3章〕Ⅴ　変更手続⑷──解散・清算・継続

> 「氏名」谷川一郎
> 「原因年月日」令和○年○月○日退任
> 「役員に関する事項」
> 「資格」評議員
> 「氏名」川谷一郎
> 「原因年月日」令和○年○月○日就任（注8）
> 「役員に関する事項」
> 「資格」評議員
> 「氏名」川山一郎
> 「原因年月日」令和○年○月○日就任
> 「役員に関する事項」
> 「資格」評議員
> 「氏名」海川一郎
> 「原因年月日」令和○年○月○日就任
> 「役員に関する事項」
> 「資格」理事
> 「氏名」甲野太郎
> 「原因年月日」令和○年○月○日就任
> 「役員に関する事項」
> 「資格」理事
> 「氏名」乙野二郎
> 「原因年月日」令和○年○月○日就任
> 「役員に関する事項」
> 「資格」理事
> 「氏名」丙野三郎
> 「原因年月日」令和○年○月○日就任
> 「役員に関する事項」
> 「資格」代表理事
> 「住所」東京都○○区○○二丁目○番○号
> 「氏名」甲野太郎
> 原因年月日」令和○年○月○日就任
> 「役員に関する事項」

（注1）　登録免許税の内訳は次のとおりである。清算人の就任9000円（登免別表一24号㈣イ）、法人継続分3万円（同号㈠ソ）、役員変更分1万円

2　一般法人法における継続

（同号㈠カ）。

（注２）　継続後の一般財団法人は、当然に理事会を設置する法人であるので、代表理事について、就任による変更登記の申請書に添付する就任承諾書に押印した印鑑について印鑑証明書の添付が必要となる（登記規３条、商登規61条４項・５項）。

　　　　また、理事会の決議により代表理事を選定するので、原則として、出席した理事および監事が理事会議事録に押印した印鑑について、印鑑証明書の添付が必要となる（登記規３条、商登規61条６項２号）。

　　　　なお、定款に「理事会議事録には、理事会に出席した代表理事及び監事が押印する」旨の定めがある場合は、定款の添付も必要となる（登記規３条、商登規61条１項）。

（注３）　理事会議事録に押印した者を除くすべての理事、および監事について、その就任承諾書に記載した氏名および住所について本人確認書類の添付が必要となる（登記規３条、商登規61条７項）。

（注４）　委任状に押印する法人の印鑑については、あらかじめ（本申請と同時に）印鑑の届出が必要となる（法330条、商登30条１項・２項）。

（注５）　みなし解散の場合、定款に清算人についての定めがないときは、みなし解散時の理事が法定清算人となる（法209条１項１号）。

（注６）　みなし解散時の理事が法定清算人となる場合、代表理事が法定の代表清算人となる（法214条４項）。

　　　　なお、代表理事の住所の変更の登記が未了の場合は、代表清算人の登記に先立ち、代表理事の住所の変更の登記が必要とされる（154頁参照）。

（注７）　通常時の一般財団法人の場合は監事を置くことが法律上義務づけられているため監事を置く旨の定款の定めは要しない。しかし、清算一般財団法人については監事の設置が義務づけられていないため（法208条２項）、清算一般財団法人の定款に監事を置く旨の定めがない場合は、解散と同時に監事は任期満了退任となる。したがって、清算一般財団法人の定款に監事を置く旨の定めがない場合、みなし解散後に継続の決議をする際には、あらためて監事を選任する旨の決議も必要となる。

（注８）　評議員の任期（法174条）については、清算中の法人については適用がないが（法211条２項２号）、継続後の評議員については「通常時」の任期規定が復活することとなる。したがって、法人継続と同時

173

〔第3章〕V　変更手続(4)──解散・清算・継続

に任期満了となる場合があるので注意が必要である。なお、同じ者が引き続き評議員となる場合は、原因年月日については「年月日重任」となるものと思われる。

# Ⅵ　変更手続(5)——合併等

## 1　一般社団法人および一般財団法人の合併

### ⑴　合併のパターン

一般法人法で認められている合併のパターンは、次のとおりである（法243条1項・2項）。

一般法人法においては、一般社団法人と一般財団法人との間での「組織変更」は認められていないが、たとえば、あらかじめ受け皿となる一般社団法人を設立し、この法人を存続法人として、既存の一般財団法人を吸収合併することにより、実質的に一般財団法人から一般社団法人への組織変更を行うことが可能となる。

一般財団法人は、一般社団法人と比較して、機関設計において制約がある。

すなわち、一般財団法人は、評議員会・理事会・監事の設置が義務づけられているので、小規模な財団にとっては、機関を維持する負担が大きい場合がある。このような場合には、上記の方法により、一般社団法人へ移行するのも法人運営上の選択肢の一つであると思われる。

〔図表40〕　一般社団法人および一般財団法人の合併のパターン
交差する欄に記載されている法人が、存続（新設）法人である。

| 合併する法人 | | 一般社団法人 | | 一般財団法人 |
|---|---|---|---|---|
| | 基金 | 返還残なし | 返還残あり | |
| 一般社団法人　返還残なし | | 一般社団法人 | 一般社団法人 | 一般社団法人または一般財団法人 |
| 一般社団法人　返還残あり | | 一般社団法人 | 一般社団法人 | 一般社団法人 |
| 一般財団法人 | | 一般社団法人または一般財団法人 | 一般社団法人 | 一般財団法人 |

### ⑵　合併手続

合併手続の概要については、次のとおりである。

〔第3章〕Ⅵ　変更手続(5)──合併等

〔図表41〕　一般社団法人および一般財団法人の吸収合併の手続

| 吸収合併消滅法人 | | 吸収合併存続法人 | |
|---|---|---|---|
| ①　吸収合併契約の締結 | 法242条・244条 | ①　吸収合併契約の締結 | 法242条・244条 |
| ②　吸収合併契約に関する書面等の備置き | 法246条 | ②　吸収合併契約に関する書面等の備置き | 法250条 |
| ③　吸収合併契約の承認 | 法247条 | ③　吸収合併契約の承認 | 法251条 |
| ④　債権者保護手続 | 法248条 | ④　債権者保護手続 | 法252条 |
| ⑤　効力発生日 | 法244条2号・245条 | ⑤　効力発生日 | 法244条2号・245条 |
| ⑥　合併による解散登記 | 法306条 | ⑥　合併による変更登記 | 法306条・322条 |

【記載例40】　吸収合併存続法人の変更登記申請書（一般財団法人が一般財団法人を吸収合併する場合）

### 一般財団法人合併による変更登記申請書

1．会社法人等番号　　　○○○○－○○－○○○○○○
　　フリガナ　　　　　　○○カイ
1．名　　称　　　　　　一般財団法人○○会
1．主たる事務所　　　　東京都○○区○○二丁目○番○号
1．登記の事由　　　　　吸収合併による変更
1．登記すべき事項　　　別紙の通り
1．登録免許税　　　　　金30,000円（注1）
1．添付書類
　　　吸収合併契約書　　　　　　　　　　　1通（注2）
　　　評議員会議事録　　　　　　　　　　　2通（注3）
　　　公告及び催告をしたことを証する書面　○通（注4）
　　　異議を述べた債権者に対し弁済若しくは担保を供し若しくは信託したこと又は合併をしてもその者を害するおそれがないことを証する書面
　　　　　　　　　　　　　　　　　　　　　○通（注5）
　　　吸収合併消滅法人の登記事項証明書　　1通（注6）
　　　理事及び監事の就任承諾書　　　　　　○通（注7）
　　　理事及び監事の本人確認証明書　　　　○通（注8）

176

1　一般社団法人および一般財団法人の合併

```
　　　委任状　　　　　　　　　　　　　　１通（注７）
　　上記のとおり登記の申請をする。
　令和○年○月○日
　　　東京都○○区○○二丁目○番○号
　　　　　申請人　一般財団法人○○会
　　　東京都○○区○○二丁目○番○号
　　　　　代表理事　甲野太郎
　　　東京都○○区○○一丁目○番○号
　　　　　上記代理人　司法書士　乙野二郎　印
　　東京法務局○○出張所　御中
```

```
別紙（登記すべき事項）
「吸収合併」
令和○年○月○日○○県○○市○○町○丁目○番地一般財団法人○○連盟を
合併
```

**【記載例41】　吸収合併消滅法人の解散登記申請書**

**一般財団法人合併による解散登記申請書**

```
１．会社法人等番号　　　○○○○－○○－○○○○○○
　　フリガナ　　　　　　○○レンメイ
１．名　　称　　　　　　一般財団法人○○連盟
１．主たる事務所　　　　○○県○○市○○町○丁目○番地
１．登記の事由　　　　　合併による解散
１．登記すべき事項　　　別紙の通り
１．登録免許税　　　　　金30,000円（注１）
１．添付書類（注９）
　　上記のとおり登記の申請をする。
　令和○年○月○日
　　　東京都○○区○二丁目○番○号
　　　　　申請人　一般財団法人○○会（注10）
　　　東京都○○市○二丁目○番○号
　　　　　代表理事　甲野太郎
　　　東京都○○区○○一丁目○番○号
```

177

〔第 3 章〕Ⅵ　変更手続(5)——合併等

```
　　　　上記代理人　司法書士　乙野二郎　印
○○地方法務局○○出張所　御中（注11）
```

```
別紙（登記すべき事項）
「解散」
令和○年○月○日東京都○○区○○町○丁目○番○号一般財団法人○○会に
合併して解散
```

- （注１）　登録免許税は３万円である（登免別表一24号㈠ツ）。
- （注２）　吸収合併の当事者たる法人の代表者がそれぞれ押印した契約書を添付する（法322条１号）。合併契約を承認した評議員会議事録に添付した契約書を援用する場合、当該議事録に両当事者が押印したものが添付されていないときは（押印のない契約書雛型が添付されているときなど）、吸収合併契約書の添付がないものと判断されるので注意が必要である。
- （注３）　吸収合併存続法人、吸収合併消滅法人のそれぞれの評議員会において合併契約が承認された旨の記載のある議事録を添付する。
- （注４）　債権者保護手続（法248条・252条）を行ったことを証する官報公告および知れたる債権者に対する催告書（控え）を添付する。
- （注５）　異議を述べた債権者がある場合には、債権者の異議申立書、弁済をしたこともしくは担保提供をしたこと等を証する書面、または合併をしても当該債権者を害するおそれがないことを証する書面を添付する（法322条２号）。なお、異議を述べた債権者がない場合は、申請書にその旨を記載するか、代表者がその旨を記載した上申書を添付する[1]。
- （注６）　吸収合併存続法人の主たる事務所の所在地を管轄する登記所の管轄区域内に吸収合併消滅法人の主たる事務所の所在地がある場合は、添付不要である（法322条３号ただし書）。また、吸収合併消滅法人の会社法人等番号を申請書に記載した場合も、添付不要である（法330条、商登19条の３）。
- （注７）　合併に際して、新たに役員が就任する場合に添付する。なお、合併契約書に合併に際して就任する役員に関する事項の記載があっても、合併契約承認の決議とは別の議案として、役員の選任決議を行う必要があると解されているので[2]、注意が必要である。

---

1　登記研究編集室編『法人登記書式精義（第１巻）〔改訂版〕』513頁。

2　特定非営利活動法人（NPO法人）の公益社団法人への移行

（注8）　合併と同時に就任する役員（再任を除く）について、印鑑証明書を
　　　　添付する必要がない場合は、本人確認書類を添付する必要がある（登
　　　　記規3条、商登規61条7項）。

（注9）　吸収合併消滅法人の主たる事務所の所在地で登記をする場合は、添
　　　　付書類は不要である（法330条、商登82条4項）。

（注10）　合併による解散の登記の申請については、吸収合併存続法人を代表
　　　　すべき者が吸収合併消滅法人を代表する（法330条、商登82条1項）。

（注11）　吸収合併消滅法人の主たる事務所の所在地を管轄する登記所あての
　　　　申請は、吸収合併存続法人の主たる事務所の所在地を管轄する登記所
　　　　あての申請と同時に、吸収合併存続法人の主たる事務所の所在地を管
　　　　轄する登記所に対して行う。

## 2　特定非営利活動法人（NPO法人）の公益社団法人への移行

　NPO法人は一般法人とは異なる法人類型とされているが、一般社団法人または公益社団法人への移行を検討する法人もあるかもしれない。

　ここでは、NPO法人が公益社団法人への移行をする方法を検討してみたい。

### (1)　NPO法人の公益社団法人への移行とは

　NPO法または一般法人法においては、NPO法人が一般社団法人等へ移行することは予定されていない。

　そこで現行法において可能な移行の方法としては、受け皿となる法人をあらかじめ準備して、NPO法人を解散し、その事業を受け皿となる法人に譲渡し、残余財産を受け皿となる法人に帰属させるということになる。

### (2)　受け皿となる法人の条件

　残余財産の受け皿となることのできる法人については、次のとおりである（NPO法11条3項柱書・1号～5号）。

〔図表42〕　残余財産の受け皿となることのできる法人

| ① | 他の特定非営利活動法人 |
|---|---|
| ② | 国または地方公共団体 |
| ③ | 公益社団法人または公益財団法人 |

2　松井信憲『商業登記ハンドブック〔第3版〕』536頁

〔第3章〕Ⅵ　変更手続(5)——合併等

④　私立学校法3条に規定する学校法人
⑤　社会福祉法22条に規定する社会福祉法人
⑥　更生保護事業法2条6項に規定する更生保護法人

### (3)　移行手続の一例

　既存のNPO法人が新たに法人を設立して、事業譲渡をし、残余財産の帰属をさせることによって移行する場合の手続の例を検討してみる。

　なお、このスキームでは受け皿となる法人の公益認定申請やNPO法人の定款変更等の手続が必須となるため、公益認定を行う行政庁およびNPO法人の所轄庁との十分な打合せが必要であることはいうまでもない。

〔図表43〕　NPO法人の移行のシミュレーション

| NPO法人 | 受け皿となる法人 |
|---|---|
| | ①　一般社団法人の設立（登記）<br>理事会・監事は必置機関 |
| | ②　公益認定の申請 |
| | ③　行政庁の公益認定 |
| | ④　公益法人への移行（登記） |
| ⑤　残余財産の帰属すべき者に関する規定についての定款変更をする社員総会の決議 | |
| ⑥　所轄庁に対する定款変更の認証申請 | |
| ⑦　社員総会による解散決議 | |
| ⑧　解散登記 | |
| ⑨　所轄庁への解散届および清算人の届出 | |
| ⑩　事業譲渡に係る社員総会の決議 | ⑩　事業譲渡に係る理事の決定または理事会の決議 |
| ⑪　事業の譲渡 | ⑪　事業の譲渡 |
| ⑫　清算に係る債権者保護手続 | |
| ⑬　清算結了<br>・所轄庁への届出 | ⑬　残余財産の承継 |

180

| | |
|---|---|
| ・残余財産の移転 | |
| ⑭　清算結了の登記 | |

①～④：受け皿法人は、公益法人でなければならないので、公益認定を受けることは必須要件となる。

⑤：残余財産の帰属先については、所轄庁に対する清算結了の届出の時において、定款で定めるところにより、その帰属すべき者に帰属する（NPO 法32条 1 項）とされているので、特定の法人に帰属させるためには、定款において帰属先の法人を特定できるようにしておく必要があるものと思われる。

⑥：残余財産の帰属すべき者に係るものに関する定款変更については、所轄庁の認証が必要である（NPO 法25条 3 項）。

⑦：解散の決議を行うには、定款に別段の定めがない限り、総社員の 4 分の 3 以上の賛成が必要である（NPO 法31条の 2 ）。

⑧：NPO 法人が解散したときは、 2 週間以内に、その主たる事務所の所在地において、解散の登記をしなければならない（組合等登記令 7 条）。

⑨：NPO 法人が社員総会の決議によって解散した場合、清算人は、遅滞なくその旨を所轄庁に届け出なければならない（NPO 法31条 4 項）。また、清算中に就任した清算人は、その氏名および住所を所轄庁に届け出なければならない（NPO 法31条の 8 ）。

⑩：NPO 法人においては、事業譲渡に係る決議は、定款で理事その他の役員に委任した場合を除き、社員総会の決議によって行う（NPO 法14条の 5 ）。また、受け皿となる法人については、理事の決定または理事会の決議が必要となる（法76条 1 項・ 2 項・90条 4 項 1 号）。

⑫：NPO 法人が清算をする場合には、債権者保護手続が義務づけられている（NPO 法31条の10第 1 項～ 4 項）。

　すなわち、清算人は、その就任の日から 2 カ月以内に、少なくとも 3 回の官報公告をもって、債権者に対し、一定の期間内（ 2 カ月を下るこ

〔第3章〕Ⅵ　変更手続(5)——合併等

とができない）にその債権の申出をすべき旨の催告をしなければならない。また、判明している債権者には、各別にその申出の催告をしなければならない。

⑬：NPO法人の清算が結了したときは、清算人はその旨を所轄庁に届け出なければならない（NPO法32条の3）。この届出の時において、残余財産は、定款で定めるところにより、その帰属すべき者に帰属する（NPO法32条1項）。

⑭：NPO法人の清算が結了したときは、清算結了の日から2週間以内に、その主たる事務所の所在地において、清算結了の登記をしなければならない（組合等登記令10条）。

　なお、NPO法人に承継すべき資産がない場合は、NPO法人の社員であった者が社員となる一般社団法人を設立し、NPO法人で行っていた事業を新設した一般社団法人で行うこととすれば、実質的に移行することは可能である（NPO法人については清算手続を行う）。ただし、行政からの助成金による事業を行っている場合は、新設した一般社団法人では助成金を受けられない可能性も否定できないので、事前に十分な検討および関係機関との調整が必要である。

182

# 関連する制度・法令の概要

> I−4において使用している省略語は、次のとおりである。
> 法……………………法人税法（昭和40年法律第34号）
> 令……………………法人税法施行例（昭和40年政令第97号）
> 規則…………………法人税法施行規則（昭和40年大蔵省令第12号）
> 所法…………………所得税法（昭和40年法律第33号）
> 所令…………………所得税法施行令（昭和40年政令第96号）
> 措法…………………租税特別措置法（昭和32年法律第26号）
> 一般社団・財団法人法……一般社団法人及び一般財団法人に関する法律
> 　　　　　　　　　　　　（平成18年法律第48号）
> 公益法人認定法……………公益社団法人及び公益財団法人の認定等に関する法律（平成18年法律第49号）
> 整備法………………………一般社団法人及び一般財団法人に関する法律及び公益社団法人及び公益財団法人の認定等に関する法律（平成18年法律第50号）
> 公益三法……………………一般社団・財団法人法、公益法人認定法及び整備法

〔第4章〕Ⅰ　公益法人

# Ⅰ　公益法人

## 1　公益法人制度[1]

### (1)　旧公益法人制度への批判

公益法人制度は、明治29年の民法制定以来120余年の歴史をもっている。この間、法人の数は社団法人・財団法人（以下、「旧公益法人」または「旧民法法人」という）合わせて約2万4000に上っており[2]、各団体は、「国民の人権を守る」「自然や環境を守る」「芸術・文化の普及に貢献する」「青少年の育成に力を尽くす」「恵まれない海外の人たちを支援する」「学術振興のため助成や支援活動をする」「福祉活動に力を入れる」「国際交流を通じ相互理解を深める」「貴重な文献資料を保存・整理し各種研究に寄与する」等、実にさまざまな分野において、民間の社会貢献組織として歴史的に大きな役割を果たしてきた。地球温暖化、医療、食品衛生、経済格差、消費者被害、いじめ等、われわれの日常生活に深刻な影響を与えるさまざまな問題が多発している現在の状況をみると、民間公益団体の機動的、創造的、先見的なパワーが今まで以上に必要となるだろう。

そこで主張されきたのが公益法人制度改革である。これまでは、志をもって公益活動を始めようとすると設立を逡巡してしまいかねないような壁が立ちはだかっていた。最大の壁は主務官庁の許可であった。旧公益法人は、主務官庁がその公益性を判断し、許可を与えることによって設立されるものであったが、法令上設立の許可を与えるかどうかの明確な規定がなく、主務官

---

1　本稿（1～3）は、本書の初版発刊時（2009（平成21）年3月）に大貫により記述されたものであるが、資料的価値があると思われるので、編者（久我）の責任において、必要最小限の修正を施したうえで、再録しているものである。したがって、本文中に記載された情報については、基本的には、初版発刊時のものである。

2　一般法人施行日である平成20年12月1日現在の特例民法人数は2万4317法人であり、うち特例社団法人が1万2420法人、特例財団法人が1万1897法人であった（内閣府「平成21年度特例民法法人に関する年次報告」11頁）。なお、平成29年12月1日現在の公益法人の数は、公益社団法人が4152法人、公益財団法人が5341法人である（内閣府「平成29年公益法人の概況及び公益認定等委員会の活動報告」3頁）。

184

庁の裁量に委ねられていた。つまり、主務官庁によって公益性の判断基準が異なっていたため、設立者は許可申請に手間や時間がかかった。

「縦割り行政」という批判も強かった。旧公益法人制度のもとで、公益法人の設立許可申請に際して、実際の主務官庁になるのは公益法人の設立者が申請する事業のうちの主たる事業を所管する行政官庁である。その事業が複数の省庁の所管する行政範囲に及ぶときでも、通常は単独の省庁が主務官庁となった。そのため、公益法人を設立しようとする者は、一つの省庁の行政範囲に事業を集約して申請すること、あるいは、事業の中に他の省庁の所管する事業を含むときは、主務官庁からその事業の削除を求められるのが通例であった。

公益法人が設立された後も日常的に主務官庁の監督下におかれた。具体的には、政府の「指導監督基準」とその運用指針に従わなければならず、定款の変更から基本財産の運用・処分に至るまで主務官庁の認可（承認）を必要とした。

こうした壁を前にして、公益を実現しようとするせっかくの志や使命感が萎えてしまったり、公益法人を諦め特定非営利活動法人の設立を選択した例も多いと聞く。実際に、公益法人を設立しようとすれば、組織づくり、人材の確保、設立資金や経営資源の確保、事業計画など万事にわたって準備しなくてはならない。そのうえに、公益性を認めてもらうには何度も主務官庁に足を運び相談協議を重ねなければならないので、通常は設立までに１年以上かかる、といわれていた。行政官庁からの委託を受けて行政代行的な事務・事業を行ういわゆる「行政委託型公益法人」なら、多少なりとも簡便な手続で済まされようが、行政にとってなじみの薄い先駆的なあるいは実験的な分野になればなるほど主務官庁から説明や資料を求められ許可を受けるのに時間がかかった。旧公益法人制度は、このように社会や地域の新しいニーズに対応して機動的かつ柔軟な活動を展開するには、さまざまな桎梏があり、公益法人のもつ潜在的な能力を十分に発揮できていなかったといわざるを得ない。

*185*

〔第4章〕 Ⅰ　公益法人

### (2)　公益法人の設立・運営にかかわって

　筆者（大貫）は社団法人成年後見センター・リーガルサポート（当時。以下、「リーガルサポート」という）の設立、運営等にかかわった経緯があるため、「許可主義」や「縦割り行政」などの弊害を実際に体験した。

　成年後見制度は、判断能力の不十分な高齢者・障害者等が財産侵害を受けたり人間としての尊厳が損なわれたりすることがないよう法律面や生活面で社会がサポートする新しいしくみである。人々の権利擁護にかかわる制度なので、その担い手には知識や倫理が必要とされ、成年後見人は「誰でもよい」というわけにはいかなかった。そこで日本司法書士連合会は、人々の財産管理や身上監護を適正に継続的かつ安定的に行うには社団法人が適していると判断し、全国の司法書士に呼びかけてリーガルサポートを設立した。

　リーガルサポートは、「高齢者、障害者等が自らの意思に基づき安心して日常生活を送ることが出来るように支援し、もって高齢者、障害者等の権利の擁護及び福祉の増進に寄与する」ことを目的とし、成年後見人等の養成、推薦および指導監督をはじめとして、高齢者、障害者等の権利の擁護に関する活動を行うことを主たる事業とする公益法人である。

　振り返ってみると、設立にあたって最初に問題となったのは「主務官庁はどこか」ということである。成年後見制度は法務省所管の法律であるから主務官庁は法務省と考えるのが自然であろう。しかし一方で、成年後見制度が社会福祉等を具体化するための制度ととらえると、主務官庁は厚生労働省ではないかとも考えられた。リーガルサポートの事業を展開すれば、介護保険、市区町村長申立て、医師の鑑定等、成年後見制度の利用の場で厚生労働省との連携は必須である。そうであれば、厚生労働省を主務官庁としたほうが風通しがよい。そこで、法務省と厚生労働省との「共管」という選択もあり得た。だが、両省間の調整、連絡の難しさは十分想像できたため、最終的には、法務省との打合せにより主務官庁は当然のごとく法務省と決まった。しかし、その後のリーガルサポートの活動において、厚生労働省との連携が思うように進まず、いわば「居所は厚生労働省、本籍は法務省」と思わざるを得ない

場面が多々みられた。

1999（平成11）年4月、発起人総会が終了すると、主務官庁である法務省との間で定款案についての本格的な事前審査と折衝が始まった。記憶に残るのは、「権利擁護」という用語についての解釈である。法務省側は、「権利擁護」は法律用語としては正しくないから、目的と事業には「権利の擁護」と記載してほしいという。リーガルサポートとしては、「権利擁護」は、障害者基本法等にみられるように生存権保障のための就労支援、社会参加、所得保障、住居の確保などの場面でごく普通に使われており、その手段として財産管理や身上監護という個別・具体的な法律行為であるから「権利擁護」という用語を使いたいと主張した。しかし、法務省としては、「権利擁護」はあくまで厚生労働省の定義ととらえていて譲ろうとしなかった。「権利の擁護」と「権利擁護」はどこが違うのかの論争は興味深いものがあったが、時間をかけるわけにもいかず（実際の事業はいずれも同じである）、主務官庁の判断に従った経緯がある。公益性の判断が、一般社会を対象とした本来の「公益性」でなく、現実には公益法人を所管する省庁の事業を中心とした「公益性」によって判断され区分けされていることを垣間見た次第である。

理事については、民法とは別に「公益法人の設立許可及び指導監督基準の運用指針」という閣議決定に基づく申合せがあり[3]、そこには同一の業界の関係者（司法書士）の割合は2分の1以下と定められていたので、24名の理事のうち司法書士は12名、残り半数は外部からの就任となった。結果的には学者、弁護士、医師、元公証人、社会福祉士、マスコミ関係者等を理事に迎え、関係団体との連携強化につながった面もあったが、その反面「動ける理事」不足という側面もあった。

以上のように、設立許可申請の段階で定款の内容、特に事業内容について

---

3　「『公益法人の設立許可及び指導監督基準』及び『公益法人に対する検査等の委託等に関する基準』について」（平成8年9月20日閣議決定）。これに基づき「『公益法人の設立許可及び指導監督基準の運用指針』について」（平成8年12月19日公益法人等の指導監督等に関する関係閣僚会議幹事会申合せ）が作成されている。

〔第4章〕Ⅰ　公益法人

法務省から細かな指導を受けたが、それでも関係機関や団体の支援を得て首尾良く1999（平成11）年12月22日、設立が許可されるに至った。

### (3) 公益法人制度改革の経緯

　話は戻るが、リーガルサポートの設立手続にみられるように、旧公益法人制度は民法制定以来基本的な見直しを行わなかったため、時代の変化に対応しきれず、いわば「制度疲労」を起こしている状態にあった。

　その象徴が、理事長が逮捕された中小企業経営者福祉事業団の乱脈経営問題（KSD事件）であり、それ以外でも主務官庁と公益法人側の癒着、補助金や税制優遇、天下りなどの不祥事が新聞紙上を賑わした。公益法人の大半は、さまざまな分野で真摯に公益活動に取り組み、不祥事とは無縁であるにもかかわらず、ごく一部の公益法人の不祥事がもとですべての公益法人に対する社会からの不信感を招くことになってしまった。

　こうした実態を受け、国民の旧公益法人制度に対する関心と発言が高まり、ついに政府は行政改革の一環として公益法人制度を見直すことを決定した（2000（平成12）年「行政改革大綱」閣議決定。特殊法人改革、公務員改革と並ぶ「行革3本柱」の一つ）。

　このように、当初の発端は現行の制度を「より良いものにする」というプラス思考の姿勢より、一連の不祥事の撲滅や天下りの弊害の除去というネガティブ思考の消極的な姿勢からスタートしたのである。

　しかし、2002（平成14）年以降、国から公益法人が委託、推薦等を受けて行っている事務・事業の見直しや国から公益法人に支出される補助金、委託費等の縮減・合理化等の措置が講ぜられるなど具体的な取組みが進んでいった。

　より前向きな姿勢が政府においても確認されたのは2003（平成15）年6月の閣議決定である。すなわち、「官から民」というスローガンのもと、「我が国においては、個人の価値観が多様化し、社会のニーズが多岐にわたってきている。民間の非営利活動は、行政部門や民間営利部門では満たすことのできない社会のニーズに対応する多様なサービスを提供することができる。そ

*188*

の促進は、21世紀の我が国の社会を活力に満ちた社会として維持してゆく上で極めて重要である。さらに21世紀の社会経済の一翼を担う民間非営利活動発展を促進することが喫緊の課題となっていることから、公益法人制度の抜本的改革に取り組むこととする（要旨）」との政府による力強い基本方針が明示されたのである。

　この背景には、1995（平成7）年の阪神・淡路大震災の復興の際の市民の機動的かつ柔軟な活動実績に政府も注目するようになったことなどがあげられる。1年間の延べ人員で130万人に達したといわれるボランティアの被災者救援活動は、ボランティア活動に対する社会の評価と認識を飛躍的に高めることになっただけでなく、多くの人々に積極的な社会参加を促す契機となった。

　こうして、「公益法人制度改革に関する有識者会議」が設置された。そこでは、2004（平成16）年11月に発表した報告書において、「個人や法人の自由で自発的な活動に根差す民間非営利部門が、政府部門や企業を中心とする民間営利部門と相互に自立と協働の関係を維持しつつ」「政府部門や、採算性が求められる民間営利部門では十分に対応できない活動領域を担っていくことが期待される」と改革の理念を示し、基本方針として次の2点を掲げた。

①　法人格の取得と公益性の判断を分離し、準則主義（登記）により簡便に設立することができる一般的な非営利法人制度を創設する。

②　一般的な非営利法人のうち、一定の要件を満たすものを公益性を有する非営利法人として、新たな主体が判断するしくみを創設する。

　以上のような経緯を経て、公益法人制度改革を規定した下記の三つの法律が2006（平成18）年5月26日に成立、同年6月2日に公布された。法律の施行は2008（平成20）年12月1日である。

①　一般社団法及び一般財団法人に関する法律（一般法人法）

②　公益社団法人及び公益財団法人の認定等に関する法律（公益認定法）

③　一般社団法人及び一般財団法人に関する法律及び公益社団法人及び公益財団法人の認定等に関する法律の施行に伴う関係法律の整備等に関す

〔第 4 章〕 I　公益法人

る法律（整備法）

## 2　公益法人制度のポイント

### (1)　公益法人制度改革の理念

　公益法人制度改革の理念の柱は、「政府部門や、民間営利部門では十分に対応できない活動領域を担っていく」すなわち「民の担う公益の実現」である。これを受けて制定された公益認定法 1 条は、「この法律は、内外の社会経済情勢の変化に伴い、民間の団体が自発的に行う公益を目的とする事業の実施が公益の増進のために重要となっていることに鑑み、当該事業を適正に実施し得る公益法人を認定する制度を設けるとともに、公益法人による当該事業の適正な実施を確保するための措置等を定め、もって公益の増進及び活力ある社会の実現に資することを目的とする」とその目的を規定している。今後は、民間でできることは極力民間に任せる、そして地域に密着した民間非営利団体のもつ組織力と創造力を活かして、社会の求めるサービスに対応するほうが行政に任せるよりはるかに効果的であることを明らかにしている。そして、多くの市民が公益事業にかかわることにより、民間非営利活動のすそ野が広がり日本の社会に大きな活力が生まれることになる。

　また、改革の理念を受けて、本制度では主務官庁制度が廃止されたことにより、代わって業務運営は基本的に団体自治に委ねられることとなった。従来の旧公益法人が「法人の業務は、主務官庁の監督に属する」（旧民法67条 1 項）と規定され、設立を許可された後も日常的に主務官庁の監督下にあったことから比較すると自由度が著しく高まったようであるが、その反面、新制度においては指導監督がない以上すべてが自己責任に帰せられる。公益法人においても、会社法と同様に事前規制から事後規制へ、そして「定款自治」と「自己責任」の世界に入ったことになる。

　さらに日本には寄付の土壌が少ないといわれているが、今まで日本に欠けていた「新しい寄付文化」が醸成されることも期待できる。意欲ある法人が安定的・自律的な活動を続けるためには、主たる業務からの事業収入や補助金、助成金のほかに、企業や個人からの寄付金が必要となるが、公益法人が

*190*

寄付を獲得するのは並大抵のことではない。企業や個人からの寄付を促進するには、活発に公益事業を行い、人々に働きかけ、評価を得、その結果として寄付を受ける以外に方法はない。公益法人制度改革によって市民の関心が高まれば、事業に共感したり、自分ではできないが主旨に賛同し支援したいという人も現れると思われる。

### (2)　法人の設立と公益性の判断の分離

　旧公益法人制度では、主務官庁が公益性を判断して設立に許可を与えた。つまり、法人の設立と公益性の判断は一体の関係にあった。

　公益法人制度では、主務官庁制・許可主義を廃止し、大別して二つの法人のしくみをつくった。一つは、事業の公益性の有無にかかわらず登記だけで簡便に法人格を取得できる一般的な非営利法人としての一般社団法人・一般財団法人である。もう一つは、一般社団法人・一般財団法人について、民間

〔図表44〕　旧制度との違い

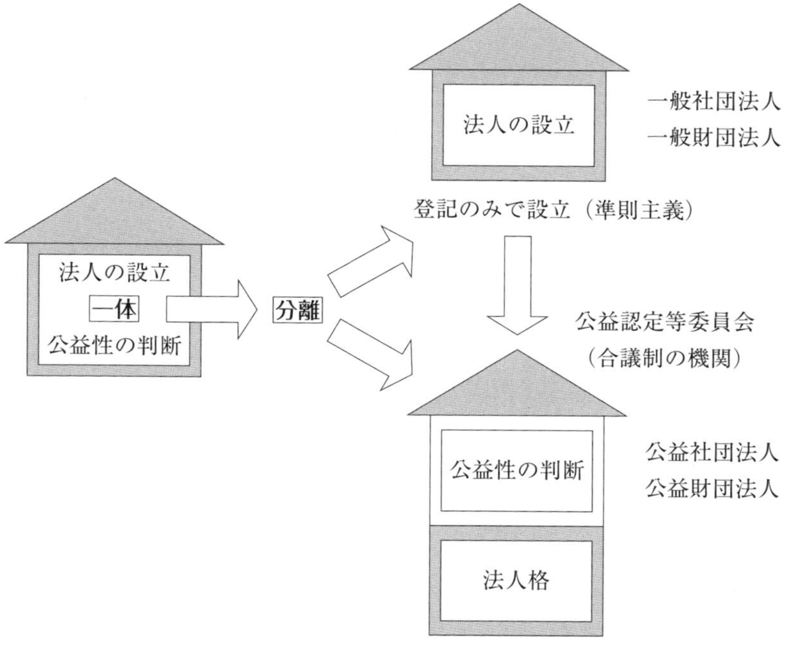

〔第4章〕I　公益法人

有識者からなる委員会の意見に基づき公益性を判断し、認定を得て移行する公益社団法人・公益財団法人である。

本制度では、法人の設立と公益性の判断が切り離されていることが特徴である。

⑶　公益法人制度改革関連法は3部作——法人は全部で4タイプ、移行期間中は6タイプ——

公益法人制度改革関連法は、3部作になっている。

一般法人法は、準則主義（登記）により簡便に法人格を取得することができる一般社団法人・一般財団法人の設立、組織、運営、管理などについて定めた法律である。公益認定法は、これまで主務官庁の許可により設立、監督が行われていた公益法人制度を改め、独立した委員会（公益認定等委員会）が公益性を認定するしくみなどについて定めた法律であり、整備法は、上記2法律の施行に伴い、現行公益法人の移行手続など、民法その他の関連法律の整備等について定めた法律である。

以上、三つの法律により、一般非営利団体（剰余金の分配を目的としない団体）は、官庁の影響力を排し、公益性の有無や目的にかかわらず準則主義（登記）で簡便に法人格を取得できる「一般社団法人」「一般財団法人」（法3条）、さらにそれらの団体の中で公益性があると認定され寄付金の優遇措置などが適用されることになる「公益社団法人」「公益財団法人」（公益5条）の4タイプに分かれることになった[4]。

ただし、法律の施行から経過措置が適用される平成25年11月30日までは、施行時にすでに存在する法人は「特例社団法人」および「特例財団法人」として存続していたので、この二つの特例民法法人を含めると合計で6タイプが出現していたことになる。

---

4　なお、法人税法では、公益認定を受けていない一般社団法人、一般財団法人のうち、一定の要件を満たす非営利性型法人（非営利性が徹底された法人、共益的活動を目的とする法人）については、収益事業課税とされている（法人税法2条9号の2）。

〔図表45〕 公益法人制度改革関連法は3部作
・一般社団法人及び一般財団法人に関する法律（一般法人法）　　条文数　344
　基本型　〜自由な設計が可能な平家建

・公益社団法人及び公益財団法人の認定等に関する法律（公益認定法）条文数　66
　公益法人型　〜認定により2階部分を増築

・一般社団法人及び一般財団法人に関する法律及び公益社団法人及び公益財団法人の認定等に関する法律の施行に伴う関係法律の整備等に関する法律（整備法）
　　　　　　　　　　　　　　　　　　　　　　　　　　　条文数　458

(4) 公益社団法人・公益財団法人

　公益社団法人や公益財団法人をいきなり設立することはできない。まず、一般社団法人・一般財団法人を設立し、そのうえで公益認定法に規定された認定要件、認定基準をクリアしなければならない。公益法人は、「非公益」でなく「公益」を追求する組織であることを明確にするため、一般社団法人・一般財団法人に求められる要件と規律に加えて、目的、事業、機関設計、役員の資格、情報公開、残余財産の帰属などが制限され、あるいは加重されている。

〔第 4 章〕 I 公益法人

〔図表46〕 公益法人で一般法人より制限あるいは加重される主な事項

| | 一般社団・財団法人 | 公益社団法人・公益財団法人 |
|---|---|---|
| 1 公益認定基準(公益 5 条) | 対象外 | 認定申請時および認定後も満たすことが必要 |
| (1) 目 的 | 特に制約はない(「私益」でも「公益」でも可能) | 不特定かつ多数の者の利益の増進に寄与する |
| (2) 事 業 | 特に制約はない(株式会社等の営利法人と同様の事業を行うことが可能) | ① 公益目的事業を主たる目的とすること<br>② 公益法人としてふさわしくない事業の禁止<br>③ 公益目的事業について収支相償であると見込まれること |
| (3) 機関構成 | 一般社団法人:<br>　理事のみ、理事＋監事、理事会＋監事<br>一般財団法人:<br>　評議員会＋理事会＋監事<br>大規模一般社団・財団法人:<br>　会計監査人必須(※)<br>→大規模一般社団法人は監事も必須 | ① 理事会必須(理事 3 名以上、監事 1 名以上)<br>→特別な関係のある理事の構成割合の制限<br>② 会計監査人必須<br>→ただし、一定基準に達した法人のみ |
| (4) 残余財産の帰属 | ① 定款で定めるところにより無効となる定款規定:<br>社員または設立者に残余財産の分配を受ける権利を与える旨<br>② ①により帰属が定まらないときは、清算法人の社員総会または評議員会の決議によって定める | 類似の事業を目的とする他の公益法人もしくは公益認定法 5 条17号イからトまでに掲げる法人または国もしくは地方公共団体に帰属させる旨を定款で定めているものであること |
| (5) その他 | | ① 公益目的事業を行うのに必要な経理的基礎・技術的能力を有すること<br>② 営利事業を営む者または特定の個人もしくは団体の営利を図る活動を行うものとして政令で定める者に対し、特別の利益を与える行 |

194

| | | 為を行わないこと |
|---|---|---|
| | | ③ 理事等の報酬の適正な支給基準 |
| | | ④ 社員の不当な差別的取扱いの禁止 |
| | | ⑤ 不可欠特定財産の維持および処分制限 |
| | | ⑥ 公益認定取消しの場合の公益目的取得財産の贈与についての定款規定があること |
| 2 外部の監督機関 | 特になし | 行政庁（内閣総理大臣または都道府県知事）<br>→諮問等（公益認定等委員会または都道府県に置かれる合議制の機関） |
| 3 情報公開 | ① 社員（評議員）・債権者は、一般社団法人・一般財団法人に対し、計算書類等の閲覧・謄写請求ができる<br>② 貸借対照表の公告義務あり | ① 何人も公益法人に対し、財産目録等の閲覧請求ができる<br>② 行政庁への財産目録等の提出<br>→提出された財産目録等について、閲覧・謄写請求ができる |

※ 会計監査人の設置義務がある法人と設置基準

| 大規模一般社団法人<br>大規模一般財団法人 | 最終事業年度に係る貸借対照表の負債の部に計上した額の合計額 | 200億円以上 |
|---|---|---|
| 公益社団法人<br>公益財団法人<br>（①～③いずれかに該当する場合） | ① 最終事業年度に係る損益計算書の収益の部に計上した額の合計額 | 1000億円以上 |
| | ② 損益計算書の費用および損失の部に計上した額の合計額 | 1000億円以上 |
| | ③ 貸借対照表の負債の部に計上した額の合計額 | 50億円以上 |

なお、上記基準に達しなくても任意設置は可能である。

## 3 公益法人制度の留意すべき点

### (1) 膨大な規律と複雑なしくみ

一般社団法人・一般財団法人は、従来の主務官庁制や許可制を廃止し、準

〔第4章〕 I 公益法人

則主義により法人を設立できるので、「民間にできることは民間に」という改革の理念が生かされている。

　しかし一方で、一般法人法は、344条にわたって機関設計から、設立、解散、合併、登記まで細かく規定している。さらに、政省令にその詳細を委任する箇所が大量にある。会社法の影響をもろに受け法律も非常に難解である。「裏山のハイキングにヒマラヤ登頂と同じ重装備を要求するようなもの」という批判もあるほどである。

　また、公益認定法は全部で66条と少なめであるが、一般法人法と同様に多くの政省令があり、さらに「公益」へと飛躍するために必要な公益認定基準は複雑なしくみである。

　これでは、はたして一般の市民が理解できるかどうか非常に疑問である。そこで、全国統一的な運用を行うためにはガイドラインや手引書を策定することが予測されるが、行政の指導や関与が強まれば「いつか来た道」になりかねない。本制度の主旨である「市民の自発的な公益活動を支援する」とは逆に、市民の意欲を削いでしまうのではないかという危惧もある。NPO法は全部で56条と短く[5]、かつ一定の信頼度やイメージが定着していることから、新規に公益事業をめざす一般市民は特定非営利活動法人（以下、「NPO法人」という）を選ぶ傾向になるのではないか。

⑵　一般社団法人・一般財団法人の目的・意義があいまい

　公益法人改革の理念は、「民の担う公益の実現」であったことから、およそ新しく創設する法人については、どのような社会的役割を果たすべきか法律に明記されていなければならない。

　しかし、一般法人法には公益認定法１条にみられるような目的規定がない。つまり、公益法人制度改革を受けてどのような社会的役割を担うのかがあいまいである。ただ、明らかなことは、一般社団法人・一般財団法人に「目的」は問われずまた事業にも制限規定がないことから、「共益」「私益」など

---

　5　法改正前の条文数であり、一般法人法の施行の際に、NPO法人も同時に改正され、全部で83条となった（整備164条）。

さまざまな目的の法人をつくれることである。もちろん、公益を指向する法人もあるが、たとえば中高年の生き甲斐事業のための法人、同窓会、町内会や同好クラブのような法人、そして従来の「人格なき社団」等も可能である。

　問題は、設立のハードルは低く事業内容は自由度が高いため、あいまいな使われ方をされたり、法令に反しない範囲での問題法人も出現することである。たとえば、残余財産の分配が可能なので、税金対策のための「不動産管理」をする法人などファイナンシャルビークルとして使う例も考えられる。また、極端な場合は風俗営業やマルチ商法目的の団体、財産隠しや相続税逃れを目的とする団体、債権者詐害行為を目的とする団体、高齢者の財産管理を脱法的に行う団体など、今後「闇の活動」のるつぼになる危険性さえある。その結果、「ノンプロフィット」というイメージが変質し、公益法人を設立しようとした市民がNPO法人の設立を選択することになるかもしれない。

　また、一般社団法人と一般財団法人について、適切に管理運営が行われるためには、その団体自治が重要となる。不正行為を防止するとともに、自律的かつ効率的な活動を促進するために、どのようなしくみを設けるかが課題となる。これらが、新しい非営利法人におけるガバナンスの問題であると考えられる。この点については、主務官庁による監督もなく、かつ規制とよべる規制がないのだから、それを補うものとして活動の健全性を確保するために効率的な手法が必要であり、理事の責任の強化（忠実義務など）、監査制度の充実、社員の監督権限の強化（帳簿閲覧請求権や代表訴訟）、情報公開と市民自身による関与など、法令等遵守体制の構築が不可欠となる。

　さまざまな形態の法人の出現も社会の活性化の一面であるから、今後の課題は、それを有意義なものとして歓迎しつつも、反社会的な法人の出現に歯止めをかけ、さらにどれだけ本夾の「公益」と「民間活力」をめざす法人を引き寄せるかにあると考える。したがって、今回の改正[6]により公益法人の設立が増えたり、公益活動の事業規模が拡充すれば公益法人制度改革は成功

---

6　平成20年施行の公益法人制度改革を指す（編者注）。

〔第4章〕Ⅰ　公益法人

したといえるであろう。

### (3)　公益性の認定は適正になされるか

　一般社団法人や一般財団法人では、いくら社団法人・財団法人という名前がついていても、「共益」や「私益」をめざす法人も含まれるから、直ちに「公益性」があるとはいいがたい。「公益性のないグループ」から抜け出して「公益性」があると社会に認めてもらうためには公的な第三者機関に公益性を認めてもらわなければならない。そこで、内閣府に設置される「公益認定等委員会」（または都道府県に設置される合議制機関）で公益性の認定を受けることになる。

　問題は、そこで公益性の認定が公正適正になされるかどうかである。公益認定等委員会は、市民に開かれた透明性の高い運営が求められており、単に公益性があるかどうかの判断や公益法人の規制・監督という立場を発揮するだけでなく、民間の公益活動を支援し育成していくという使命を忘れてはならないと考える。

　また、公益認定の判断が、公益認定等委員会（または合議制の機関）に委ねられるようになったからといって、行政の関与がなくなったわけではない。公益法人の監督責任はやはり行政庁が担うことに留意する必要がある。

　この結果、内閣総理大臣や都道府県知事に従来のような「行政の監督権限」が残ったり、権限が集中するおそれがある。また、公益性の認定についても従来の「主務官庁」が影響力を及ぼすおそれもある。

　公益認定を行うための公益認定等委員会は、民間の有識者からなる7人の非常勤の委員で組織される。ただし、そのうちの4人以内は常勤でもよいとされるが、委員は大学教授、弁護士、公認会計士等が多いため、実際の事務処理に十分な時間を割けないのではないか、なぜ常勤者の数を制限するのかという疑問がある。公益認定等委員会の「等」は、公益性の判定を含む認定業務だけでなく、認定取消しや事後チェックなどの業務もあり、常勤の委員が複数含まれていないと委員会の専門性に疑問が残る。そこで、実際の日常的な事務処理は「事務局」が行うことになると考えるが、事務局の職員はす

198

べて公務員であるから、独立性や中立性が期待できないのではないか、という懸念もある。

　また、公益認定等委員会はあくまでも行政庁の諮問機関であるので、内閣総理大臣が諮問しないと委員会の権限が生じない。「諮問したことだけやるのでは何のための認定委員会なのか」という意見もある。

### (4)　特別法による公益法人との関係

　公益法人制度改革の理念の柱は、「民間活力の発揮」である。そうであるならば、特別法に基づく広義の公益法人である学校法人、宗教法人、社会福祉法人、医療法人、そしてNPO法人等も改正の対象とすべきであったのに、それらは見事に除外された。

　除外された理由はいろいろ考えられる。たとえば、社会福祉法人や学校法人は、国が補助金を渡して教育行政、社会福祉行政をコントロールするためのしくみであると区分けすれば、課税等の面でも公益法人といっしょに改革するのは難しい面もあったのかもしれない。NPO法人については、当初はこの改革に含まれる予定であったが、新制度ではひとまず切り離された。その理由の一つに、NPO法人独特の「市民性」があげられる。「市民性」は「ボランティア活動をはじめとする市民の自由な社会貢献活動」に依拠しており、実態も理論上も公益法人とは異なることが強調された。確かにNPO法人からは「市民」を、公益法人からは「国民」をイメージする傾向がある。しかし、公益法人の目的・事業などをNPO法人と比較しても大きな差異がなく、強いていえば、NPO法人のほうが運営規律の面で緩やかという点である。したがって、両者の制度的調整を図るとともに、いずれ一つに合流すべきと考える。そうしないと、二つの制度が競合して民間活動を削ぎ合うこととなるおそれがある。

【参考文献】
財団法人公益法人協会編『新公益法人制度はやわかり〔改訂版〕』
同編『新公益法人制度移行はやわかり』
〔座談会〕勝又英子・塩澤修平・辻　陽明・堀田力・松原明・太田達男「公益法人

〔第4章〕 I　公益法人

制度改革（新制度の概要）をめぐって」公益法人35巻3号

〔鼎談〕堀田力・山田二郎・太田達男「公益法人制度改革　何が問題か」公益法人35巻2号

「公益法人制度の抜本的改革に関する制度設計について」公益法人33巻10号

星野英一・太田達男「新しい公益法人制度のイメージ㊤」公益法人31巻9号

## 4　公益法人関係税制について（国税庁「新たな公益法人関係税制の手引」（平成24年9月）4〜19頁抜粋）

2　公益法人関係税制について

　新たな公益法人制度の創設に伴い、公益法人関係税制が次のとおり整備がされています。

　⑴　税制改正後の社団法人・財団法人の区分

　公益三法の制定による新たな法人の種類の創設と社団法人・財団法人の廃止に伴い、従前の社団法人・財団法人は、法人税法上、公益社団法人・公益財団法人、一般社団法人・一般財団法人及び特例民法法人の3つに区分されます。

　　イ　公益社団法人・公益財団法人

　行政庁から公益認定を受けたものをいい、法人税法上、公益法人等として取り扱われます（法2六）。

「公益法人等」とは

　法人税法別表第二に掲げられた法人をいい、これらの法人は収益事業から生じた所得以外の所得に課税されないなど、普通法人とは異なる取扱いがされることとなります。

　　ロ　一般社団法人・一般財団法人

　公益認定を受けていない一般社団法人又は一般財団法人（以下単に「一般社団法人・一般財団法人」といいます。）は、非営利型法人及び非営利型法人以外の法人の2つに区分されます。

　　　㈠　非営利型法人

　一般社団法人・一般財団法人のうち一定の要件に該当する次のものを「非営利型法人」といい、法人税法上、公益法人等として取り扱われます（法2六、九の二）。

　①　非営利性が徹底された法人

　②　共益的活動を目的とする法人

4　公益法人関係税制について

┌ イメージ ──────────────────────────── 〔非営利型法人〕─┐

〈非営利型法人〉

公益認定を受けていない一般社団法人又は一般財団法人のうち一定の
要件に該当するもの

① 非営利性が徹底された法人
　事業により利益を得ること又は得
た利益を分配することを目的としな
い法人　　　　　　　（法２九の二イ）

② 共益的活動を目的とする法人
　会員から受け入れる会費により会
員に共通する利益を図るための事業
を行う法人　　　　　（法２九の二ロ）

┌ 〈非営利型法人の要件〉（法２九の二、令３）─────────────┐

一般社団法人・一般財団法人のうち、次の①又は②に該当するもの（それぞれの要件
の全てに該当する必要があります）は、非営利型法人に該当することとなります。

| 類型 | 要　件 |
|---|---|
| ①<br>非営利性が徹底され<br>た法人<br>（法２九の二イ、令３①） | 1　剰余金の分配を行わないことを定款に定めていること。 |
| | 2　解散したときは、残余財産を国・地方公共団体や一定の公益的な団体に贈与することを定款に定めていること。 |
| | 3　上記１及び２の定款の定めに違反する行為（上記１、２及び下記の４の要件に該当していた期間において、特定の個人又は団体に特別の利益を与えることを含みます。）を行うことを決定し、又は行ったことがないこと。 |
| | 4　各理事について、理事とその理事の親族等である理事の合計数が、理事の総数の３分の１以下であること。 |
| ②<br>共益的活動を目的とする法人<br>（法２九の二ロ、令３②） | 1　会員に共通する利益を図る活動を行うことを目的としていること。 |
| | 2　定款等に会費の定めがあること。 |
| | 3　主たる事業として収益事業を行っていないこと。 |
| | 4　定款に特定の個人又は団体に剰余金の分配を行うことを定めていないこと。 |
| | 5　解散したときにその残余財産を特定の個人又は団体に帰属させることを定款に定めていないこと。 |
| | 6　上記１から５まで及び下記７の要件に該当していた期間において、特定の個人又は団体に特別の利益を与えることを決定し、又は与えたことがないこと。 |
| | 7　各理事について、理事とその理事の親族等である理事の合計数が、理事の総数の３分の１以下であること。 |

　(ロ)　非営利型法人以外の一般社団法人・一般財団法人

一般社団法人・一般財団法人のうち、非営利型法人でないものは、法人税法
上、普通法人として取り扱われます。

　(注)　この「新たな公益法人関係税制の手引」において、一般社団法人・一般財団
　　　　法人のうち非営利型法人でないものを「非営利型法人以外の法人」といいます。

201

〔第4章〕Ⅰ　公益法人

> **チェックポイント**
> ・非営利型法人の要件の全てに該当する一般社団法人及び一般財団法人は、特段の手続を踏むことなく公益法人等である非営利型法人となります。
> ・非営利型法人が、その要件のうち、一つでも該当しなくなったときには、特段の手続を踏むことなく普通法人となります。
> 　※　非営利型法人になったとき又は非営利型法人が非営利型法人以外の法人になったときは速やかに「異動届出書」の提出をお願いします。
> ・法2九のイの類型の非営利型法人が、剰余金の分配を行うことを決定し、又は行った場合や、特定の個人や団体に特別の利益を与えることを決定し、又は与えたことにより普通法人となった場合、その後は同類型の非営利型法人になることができません（法基通1－1－9）。
> 　また、法2九のロの類型の非営利型法人が、特定の個人や団体に特別の利益を与えることを決定し、又は与えたことにより普通法人となった場合にも同様です。

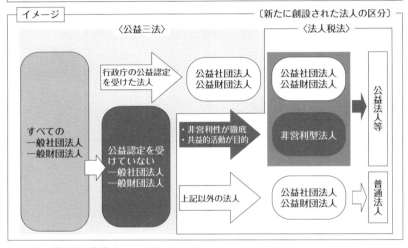

ハ　特例民法法人

　公益三法の施行日（平成20年12月1日）において存していた社団法人・財団法人で公益社団法人・公益財団法人又は一般社団法人・一般財団法人への移行の登記をしていないものを特例社団法人・特例財団法人（特例民法法人と総称します。）といい、公益三法の施行日前と同様に、法人税法上、公益法人等として取り扱われます（平成20年改正法附則10）。

4 公益法人関係税制について

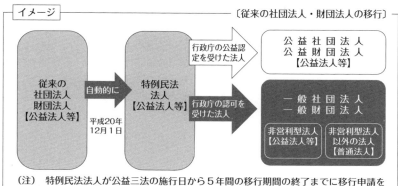

(注) 特例民法法人が公益三法の施行日から5年間の移行期間の終了までに移行申請をしなかった場合には、移行期間の満了日に解散したものとみなされる。

(参考)

法人区分ごとの法人税法上の取扱いをまとめると下の表のとおりとなります。

| 法人区分 | | 法人税法上の取扱い |
|---|---|---|
| 公益社団法人・公益財団法人 | | 公益法人等 |
| 一般社団法人 一般財団法人 | 非営利型法人 | 公益法人等 |
| | 非営利型法人以外の法人 | 普通法人 |
| 特例民法法人 (旧民法34条法人) | | 公益法人等 |

(2) 新たな法人区分ごとの課税所得の範囲及び税率並びに寄附金税制等

イ 課税所得の範囲及び税率

新たな法人の区分の創設に伴い、課税所得の範囲及び税率について、次のように整備されています(法4①、7、66①～③、措法42の3の2、令5)。

| | 公益社団法人 公益財団法人 | 一般社団法人・一般財団法人 | | 特例民法法人 |
|---|---|---|---|---|
| | | 非営利型法人 | 非営利型法人以外の法人 《普通法人》 | |
| 課税所得の範囲 | 収益事業から生じた所得に対して課税公益目的事業は非課税(注1) | 収益事業から生じた所得に対して課税 | 全ての所得に対して課税 | 収益事業から生じた所得に対して課税 |
| 法人税率 | 25.5% (所得金額年800万円以下の金額までは15%(注2)) | | | 19% (所得金額年800万円以下の金額は15%(注2)) |

(注) 1 行政庁は、公益認定をしたとき(特定民法法人にあっては、公益認定を受けて移行の登記を

203

〔第4章〕Ⅰ　公益法人

　　し、その旨の届出があったとき）には、その旨を公示することとされています（公益法人認定
　　法10、整備法108）。この公示の際には公益認定を受けた法人に係る公益目的事業が記載されま
　　すので、この記載された公益目的事業が非課税となります。
　2　租税特別措置法の規定により、平成24年4月1日から平成27年3月31日までの間に開始する
　　各事業年度については、年800万円以下の金額に対する法人税率が15％（法人税法では19％）に
　　引き下げられています。
　3　原則として、平成24年4月1日から平成27年3月31日までの期間内に最初に開始する事業年
　　度開始の日から同日以後3年を経過する日までの期間内の日の属する事業年度については、法
　　人税の額の10％の復興特別法人税を法人税と同時期に申告・納付することとなります。

　　ロ　寄附金税制
　公益法人制度改革に伴い、寄附金税制について、次のように整備されていま
す。

　　㈠　公益社団法人・公益財団法人に寄附をした個人・法人に対する優遇
　　　措置
　公益社団法人・公益財団法人は、全て特定公益増進法人となり、寄附金優遇
措置の対象となります（法37④、令77三、所法78②三、所令217三）。
　A　個人が支出する寄附金
　㈠　寄附金控除（所得控除）
　　個人が、国や地方公共団体、特定公益増進法人等に対し寄附金を支出し
　たときは、それらの寄附金の額の合計額（所得金額の40％が上限）から
　2,000円を控除した金額が寄附金控除として所得から控除されることとな
　ります（所法78①）。
　㈡　公益社団法人等寄附金特別控除（税額控除）
　　個人が、運営組織及び事業活動が適正であること並びに市民から支援を
　受けていることにつき一定の要件を満たす公益社団法人・公益財団法人等
　に対し寄附金を支出したときは、㈠との選択により、それらの寄附金の額
　の合計額（原則として所得金額の40％が上限）から2,000円を控除した金
　額の40％相当額（その年分の所得税額の25％が上限）が公益社団法人等寄
　附金特別控除としてその年分の所得税額から控除されることとなります
　（措法41の18の3①）。

204

4 公益法人関係税制について

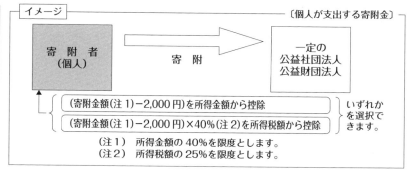

B　法人が支出する寄附金

会社などの法人が特定公益増進法人に対して支出した寄附金については、一般寄附金の損金算入限度額とは別に、別枠の損金算入限度額が設けられています（令77の2）。

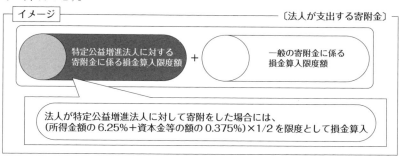

(参考)
・　特定公益増進法人とは、教育又は科学の振興、文化の向上、社会福祉への貢献その他公益の増進に著しく寄与するものとして所得税法施行令第217条又は法人税施行令第77条において列挙されている法人をいいます。
・　個人又は法人が、特定公益増進法人に対する寄附金を所得控除又は損金算入するためには、「主たる目的である業務に関連する寄附金であることの証明書」等の保存や確定申告書への添付等が必要となります（法37⑨、規則24、所令262、所規47の2③）。
・　個人が、一定の要件を満たす公益社団法人・公益財団法人等に対する寄附金を所得税額から控除するためには、「公益社団法人等が一定の要件を満たすものであることの行政庁の証明書の写し」等を公益社団法人等から交付を受け、確定申告書へ添付する必要があります（措法41の18の3②、措規19の10の4⑩）。

　　(ロ)　公益社団法人・公益財団法人のみなし寄附金及び寄附金の損金算入限度額

公益社団法人・公益財団法人においては、その収益事業に属する資産のうちからその収益事業以外の事業で自らが行う公益目的事業のために支出した金額

205

〔第4章〕Ⅰ　公益法人

について、その収益事業に係る寄附金の額とみなして、寄附金の損金算入限度額の計算を行います。
(注)　非営利型法人については、みなし寄附金の適用はありません（法37④⑤、令77の3）。

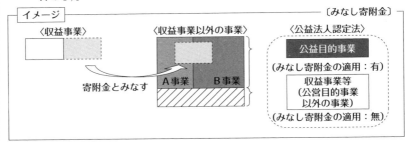

〈寄附金の損金算入限度額〉（令73①三イ、73の2）
【みなし寄附金がない場合】
　その事業年度の所得の金額の100分の50に相当する金額
【みなし寄附金がある場合】
　②の金額が①の金額を超えるときは、②の金額
　①　その事業年度の所得の金額の100分の50に相当する金額
　②　公益目的事業の実施のために必要な金額（その金額がみなし寄附金を超える場合には、そのみなし寄附金に相当する金額。以下「公益法人特別限度額」といいます。）
(注)　公益法人特別限度額を適用する場合には、確定申告書、修正申告書又は更生請求書に明細を記載した書類の送付必要となります。

　ハ　その他の法令に係る取扱い
　所得税法や租税特別措置法においても、新たな公益法人制度の創設に伴い、例えば、次のような取扱いがされることとなります。
　　(イ)　利子等に係る源泉所得税の非課税
　公益社団法人及び公益財団法人については、所得税法別表第一（公共法人等の表）に掲げられ、これらの法人が支払を受ける一定の利子等に係る源泉所得税は非課税とされます（所法11①）。特例民法法人にあっても同様です。
(注)　一般社団法人・一般財団法人については、法人税法上、非営利型法人（公益法人等）及び非営利型法人以外の法人（普通法人）のいずれに該当する場合であっても、この取扱いの適用はありません。

　非営利型法人が収益事業を行っている場合において、収益事業に属する預貯金等から生じた利子等に対して課された所得税の額があるときには、その所得税の額は、法人税の申告に際して、法人税の額から控除することができます（法68）。
　　(ロ)　一定の公益法人等に対して財産を寄附した場合の譲渡所得等の非課

税の特例

　個人が特例の対象となる一定の公益法人等に対し財産の贈与又は遺贈をした場合において、その贈与又は遺贈が教育又は科学の振興、文化の向上、社会福祉への貢献その他公益の増進に著しく寄与することなど一定の要件を満たすものとして国税庁長官の承認を受けたときは、譲渡所得等に係る所得税が非課税となる特例が設けられています。

　特例の対象となる一定の公益法人等とは、公益社団法人、公益財団法人、特定一般法人（非営利型法人のうち非営利性が徹底された法人）及びその他の公益を目的として事業を行う法人をいいます。

　なお、特例の対象となる一定の公益法人等が寄附を受けた財産を公益目的事業の用に直接供した後に承認が取り消された場合には、その公益法人等を個人とみなして所得税が課税されます（措法40①、③）。

---

(参考)
○　有限責任中間法人及び無限責任中間法人に関する税制の概要については、以下のとおりとなっていますので、参考にしてください。

(公益三法の施行前)

| 法人の区分 | | 法人税法上の区分 |
|---|---|---|
| 中間法人 | 有限責任中間法人 | 普通法人（全所得課税、税率30%（所得の金額のうち年800万円以下の金額については22%）） |
| | 無限責任中間法人 | |

(公益三法の施行後)

| 法人の区分 | | 法人税法上の区分 | |
|---|---|---|---|
| 一般社団法人 | 旧有限責任中間法人 | 非営利型法人に該当するもの | 公益法人等〈非営利型法人〉（収益事業課税、税率30%（注1)) |
| | | 上記以外のもの | 普通法人（全所得課税、税率30%（注1)) |
| | 特例無制限責任中間法人 | 普通法人（全所得課税、税率30%（注1)) | |

(注1)　所得金額年800万円以下の金額については22%となります。

〔第4章〕Ⅰ　公益法人

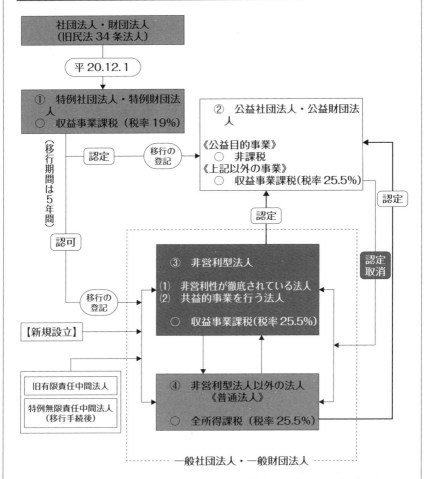

(注)　1　一般社団法人・一般財団法人は、税法上の要件に該当するかどうかにより③と④に分かれる。
　　　2　特例社団法人・特例財団法人は、移行期間中に認定又は認可を受けなかった場合、原則として移行期間の満了日に解散したものとみなされる。
　　　3　①の法人に係る税率（19%）及び②～④の法人に係る税率（25.5%）について、所得金額年800万円以下の金額に対しては15%の税率が適用される。

(3) 法人区分の変更に伴う所要の調整
　イ　事業年度の区分
　　(イ)　事業年度
　法人税法における事業年度とは、法人の財産及び損益の計算の単位となる期間で、法令で定めるものや法人の定款等に定めるものをいいます（法13①）。
　公益三法の規定により、例えば、一般社団法人又は一般財団法人が、行政庁から公益認定を受けたときには、貸借対照表などの計算書類を事業年度開始の日から公益認定を受けた日の前日までの期間と公益認定を受けた日からその事業年度の末日までの期間とに分けて作成することとされていますので、これに伴い、事業年度を区分することとなります。
　　(ロ)　みなし事業年度
　公益法人等が普通法人に該当することとなった場合又は普通法人が公益法人等に該当することとなった場合には、定款等で定めた事業年度の開始の日からその該当することとなった日の前日までの期間及びその該当することとなった日からその定款で定めた事業年度終了の日までの期間をそれぞれ１事業年度とみなすこととされています（法14①二十）。

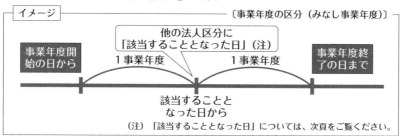

　　(ハ)　消費税及び地方消費税の課税期間
　法人の消費税の課税期間については、その法人の事業年度とされています（課税期間の特例を選択している場合を除きます。）（消法19①二）。したがって、上記(イ)又は(ロ)のように事業年度が区分された場合は、区分された事業年度それぞれが消費税の１課税期間となります。

〔第4章〕Ⅰ 公益法人

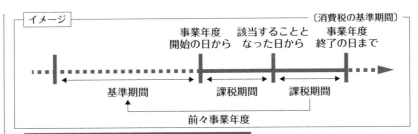

<法人区分の変更とその該当することとなった日>

次表に掲げる法人区分の変更があった場合には、次の①の期間と②の期間がそれぞれ1事業年度となります。
① 定款で定めた事業年度開始の日からその該当することとなった日の前日まで
② その該当することとなった日から定款で定めた事業年度終了の日まで

| 法人区分の変更 | | 該当することとなった日 | 根拠法令等 |
|---|---|---|---|
| 公益社団法人 公益財団法人【公益法人等】 | 非営利型法人【公益法人等】 | 公益認定の取消しの日(同時に非営利型法人の要件の全てに該当することとなった場合) | 法13①、法基通1-2-3(2) |
| | 非営利型法人以外の法人【普通法人】 | 公益認定の取消しの日 | 法14①二十、法基通1-2-6(1)イ |
| 一般社団法人・一般財団法人 | 非営利型法人【公益法人等】→公益社団法人 公益財団法人【公益法人等】 | 公益認定を受けた日 | 法13①、法基通1-2-3(1) |
| | 非営利型法人【公益法人等】→非営利型法人以外の法人【普通法人】 | 非営利型法人の要件に該当しなくなった日 | 法14①二十、法基通1-2-6(1)ロ |
| | 非営利型法人以外の法人【普通法人】→公益社団法人 公益財団法人【公益法人等】 | 公益認定を受けた日 | 法14①二十、法基通1-2-6(2)イ |
| | 非営利型法人以外の法人【普通法人】→非営利型法人【公益法人等】 | 非営利型法人の要件の全てに該当することとなった日 | 法14①二十、法基通1-2-6(2)ロ |
| 特例社団法人 特例財団法人(旧民法34条法人)【公益法人等】 | 公益社団法人 公益財団法人【公益法人等】 | 移行の登記をした日 | 法13①、平成20年改正通達経過的取扱い(1) |
| | 非営利型法人【公益法人等】 | 移行の登記をした日(同時に非営利型法人の要件の全てに該当することとなった場合) | 法13①、平成20年改正通達経過的取扱い(1) |
| | 非営利型法人以外の法人【普通法人】 | 移行の登記をした日 | 法14①二十、平成20年改正通達経過的取扱い(1) |

210

## 4 公益法人関係税制について

　㈡　事業年度の区分に伴う確定申告書の提出

① 法人税

　法人税の納税義務がある法人については、原則として、事業年度終了の日の翌日から2月以内に確定申告書を納税地の所轄税務署長に対して提出するとともに、法人税を納付しなければなりません（法74、77）。

　法人の事業年度が区分されるときは、その区分された事業年度について、それぞれ申告期限までに確定申告書の提出が必要となります。

② 消費税及び地方消費税

　消費税及び地方消費税の納税義務がある法人については、原則として、課税期間の末日の翌日から2月以内に確定申告書を納税地の所轄税務署長に対して提出するとともに、消費税額及び地方消費税額を併せて納付しなければなりません（消法45、49）。

　法人の事業年度が区分され、各課税期間において課税事業者に該当する場合は、各課税期間について、それぞれ申告期限までに確定申告書の提出が必要となります。

(注)　1　基準期間（原則：前々事業年度）における課税売上高が1,000万円を超える場合は、消費税の課税事業者となります（消法9①）。ただし、基準期間における課税売上高が1,000万円以下の場合であっても、特定期間（原則：前事業年度開始の日以後6月の期間）における課税売上高が1,000万円を超える場合には、課税事業者となる場合があります（消法9の2①）。

　　　　　詳しくは、リーフレット「消費税法改正のお知らせ（平成23年9月）」をご覧ください。国税庁ホームページ（www.nta.go.jp）にも掲載しています。

　　　2　法人区分の変更があった場合でも、既に提出している「消費税簡易課税制度選択届出書」や「消費税課税事業者選択届出書」等については、改めて届出を行う必要はありません。

> ### チェックポイント
> ・　事業年度が区分されたときは確定申告書の提出が必要となります（**納税義務がある法人に限ります**）。
> ・　特例社団法人・特例財団法人の「該当することとなった日」は、行政庁の認定又は認可を受けた日ではなく、それぞれの移行の登記をした日となります。
> ・　消費税法においては、法人税法上の法人区分にかかわらず、すべての法人が事業者に該当しますので、その課税期間の基準期間における課税売上高が1,000万円を越える場合には、その課税期間中に収益事業部門及び非収益事業部門で行った課税資産の譲渡等について、合算したところで申告する必要があります。
> ※　その他詳細につきましては、「国、地方公共団体や公共・公益法人等と消費税」を

*211*

〔第4章〕Ⅰ 公益法人

ご覧ください。国税庁ホームページ（www.nta.gp.jp）にも掲載しています。

ロ 普通法人が公益法人等に移行する場合の所要の調整

非営利型法人以外の法人が公益社団法人・公益財団法人又は非営利型法人に該当することとなる場合には、①その該当することとなる日の前日にその普通法人が解散したものとみなし、②その該当することとなった日にその公益法人等が設立されたものとみなして、一定の法人税に関する法令の規定等を適用することとなります（法10の3）。

(注) 非営利型法人以外の法人が公益社団法人・公益財団法人に合併（適格合併）される場合には、その合併は適格合併に該当しないものとみなして、所要の調整を行うこととなります。

ハ 公益法人等が普通法人に移行する場合の所要の調整

公益社団法人・公益財団法人又は非営利型法人が非営利型法人以外の法人に該当することとなった場合には、過去の収益事業以外の事業から生じた所得の累積額（以下「累積所得金額」といいます。）を益金の額に算入することとなります（法64の4）。

【算式】
益金に算入すべき額（累積所得金額）＝資産の帳簿価額－負債帳簿価額等

(注) 1 上記算式により計算した金額がマイナス（累積欠損金額）となる場合には、損金の額に算入します。
2 負債帳簿価額等とは、負債の帳簿価額及び利益積立金額の合計額をいいます。

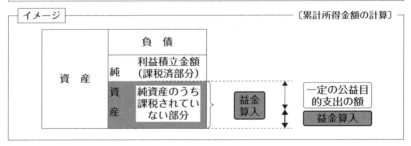

(注) 1 特例民法法人が一般社団法人・一般財団法人に移行する場合において、その一般社団法人・一般財団法人が非営利型法人でないときについても対象となります。
2 特例民法法人は、一般社団法人・一般財団法人への移行認可の申請に当たり、移行時の純資産額を基礎として算定した公益目的財産額に相当する金額を公益の目的のために消費していく計画（公益目的支出計画）を作成

4 公益法人関係税制について

することになっています（整備法119）。

　　この公益目的支出計画の実施が完了したことの確認を受けていない法人にあっては、移行日以後に公益の目的のために支出される修正公益目的財産残額を累積所得金額から控除することとされています（法64の4③、令131の5①三）。

※　この場合には、確定申告書に明細の記載及び一定の書類の添付が必要となります。下記の3及び4において同じです（法64の4④）。

3　公益社団法人・公益財団法人が行政庁から認定の取消しを受けたことにより非営利型法人以外の法人に該当することとなった場合には、当該取消しの日以降に公益目的のために支出されることが義務付けられている公益目的取得財産残額を累積所得金額から控除することとされています（令131の5①一）。

4　公益社団法人・公益財団法人又は非営利型法人が非営利型法人以外の法人に合併（適格合併）される場合には、被合併法人である公益社団法人・公益財団法人又は非営利型法人について上記の算式により計算した金額を、合併法人の所得の金額の計算上、益金の額又は損金の額に算入することとなります（法64の4②）。なお、被合併法人が公益社団法人・公益財団法人である場合には、その合併の直前の公益目的取得財産残額を累積所得金額から控除する等の一定の調整を行うこととされています（令131の5①二、四）。

（4）　各種届出関係

　収益事業を新たに開始したときや行政庁から公益認定を受けたときなど、届出の要件となる法律で定められた事実等が生じたときは、各種届出書を納税地の所轄税務署長に対し、その提出期限までに提出してください。

イメージ 〔届出事由と対応する届出書〕

| 届出理由 | | 届出書名 | | 備　考 |
|---|---|---|---|---|
| 一般社団法人・一般財団法人を設立したとき | | 法人設立届出書 | 給与支払事務所等の開設届出書 | ・　従業員等に対する給与等の支払がない場合は、「給与支払事務所等の開設届出書」の提出は必要ありません。 |
| | 設立時に非営利型法人の要件に該当していないとき | | | |
| | 設立時に非営利型法人の要件に該当しているとき | 給与支払事務所等の開設届出書 | | ・　「法人設立届出書」の提出は必要ありません。<br>・　設立と同時に収益事業を開始する場合は、「収益事業開始届出書」を提出してください。 |
| 収益事業を開始したとき | | 収益事業開始届出書 | | |

213

〔第4章〕 Ⅰ 公益法人

| | | |
|---|---|---|
| 行政庁から公益法人認定法の公益認定を受けたとき | 異動届出書 | ・ 公益社団法人・公益財団法人への移行後、速やかな提出をお願いします。 |
| 非営利型法人となったとき | 異動届出書 | ・ 次の法人が非営利型法人になった後、速やかな提出をお願いします。<br>① 公益社団法人・公益財団法人<br>② 非営利型法人以外の法人<br>③ 特例民法法人 |
| 公益法人等で収益事業を行っていないものが普通法人に該当することとなったとき | 普通法人又は協同組合等になった旨の届出書 | |
| 収益事業を廃止したとき | 収益事業廃止届出書 | ・ 申告書の発送の要否を確認するために必要となりますので、速やかな提出をお願いします。 |

(5) 損益計算書等の提出制度

　イ　制度の概要

　公益法人等（収益事業を行っていることにより法人税の確定申告書を提出する法人を除きます。）は、年間の収入金額の合計額が8,000万円以下の場合を除き、原則として事業年度終了の日の翌日から4月以内に、その事業年度の損益計算書又は収支計算書（以下「損益計算書等」といいます。）を、主たる事務所の所在地の所轄税務署長に提出しなければなりません（措法68の6、措令39の37、措規22の22）。

　　ロ　適用対象法人

　　　㈵　対象法人は公益法人等とされていますので、公益社団法人、公益財団法人、非営利型法人及び特例民法法人についても、この制度の対象となります。

　　　㈪　ただし、次に掲げる法人については、対象から除かれます。

　①　法人税の確定申告書を提出する法人

　②　①以外の法人で年間の収入金額の合計額が8,000万円以下の法人

　（注）　年間の収入金額の合計額が8,000万円以下であるかどうかの判定は、事業年度単位で計算した事業収入、会費、寄附金、基本財産の運用益などの収入金額のうち、土地、建物などの資産の売却による収入で臨時的なものを除いた合計金額によります。

　　ハ　損益計算書等提出に当たっての注意事項

　　　㈵　提出する損益計算書等の内容等

　A　提出する損益計算書等は、事業収益又は事業収入について事業の種類ごとに収益又は収入が区分されている必要があります。また、勘定科目は事業の

内容に見合ったものとしてください。

　なお、損益計算書等を他の法令により作成している場合には、その損益計算書等を提出して差し支えありませんが、それが事業の種類ごとの収益又は収入の金額を区分記載したものでない場合には、区分記載した明細書を添付してください。

　B　損益計算書等には、年間の収入金額の合計額が8,000万円以下であるかどうかの判定に含めない収入（資産の売却による収入で臨時的なもの）も記載する必要があります。

　　　㈹　提出する損益計算書等に記載すべき事項
　次の事項は必ず記載してください。
①　公益法人等の名称及び主たる事務所の所在地
②　代表者の氏名
③　事業年度の開始及び終了の日
④　その他参考となるべき事項

〔第4章〕Ⅱ　整備法

# Ⅱ　整備法

## 1　整備法

正式には「一般社団法人及び一般財団法人に関する法律及び公益社団法人及び公益財団法人の認定等に関する法律の施行に伴う関係法律の整備等に関する法律」という名称であるが、その名のとおり、この整備法によって約260本の法律が改正されている。

旧中間法人については、旧有限責任中間法人と旧無限責任中間法人のそれぞれに分けて規定が設けられている。

旧民法法人については、かなり複雑な構成になっているため、必要な規定を探すのには、かなり「慣れ」が必要である。特に、経過措置については、①特例社団法人と特例財団法人に共通の経過措置（整備48条〜79条）、②特例社団法人に固有の経過措置（整備80条〜88条）、③特例財団法人に固有の経過措置（整備89条〜94条）という構成になっているので、見落としのないように注意する必要がある。

移行については、整備法44条〜47条に、移行することができる旨、移行期間満了によるみなし解散、行政庁の規定があるが、移行手続そのものは、整備法98条以下に公益法人への移行と一般社団法人・一般財団法人への移行に分けて規定が設けられている。なお、公益法人へ移行する場合の認定基準については、公益認定法5条の基準および同法6条の欠格事由も要件とされているので、認定法の基準等も確認する必要がある（整備100条・101条）。

なお、移行までの間、特例民法法人の監督は、旧主務官庁によって行われる（整備95条〜97条など）。

## 2　整備法の読み方

整備法では、一般法人法の適用除外や読替えを規定しているものが多いため、元となる規定と一つずつ照合しなければ、その内容を理解することはできない。ここでは、これらの適用除外または読替規定のうち主なものをまとめて整理する。

216

2　整備法の読み方

〔図表47〕　特例民法法人（特例社団法人および特例財団法人）に共通する経過措置等

| | 整備法 | コメント・参照条文等 |
|---|---|---|
| 名　称 | ①　法人法5条1項の適用なし（整備42条1項）<br>②　公益認定法9条4項の適用なし（整備42条2項）<br>③　一般社団法人・一般財団法人・公益社団法人・公益財団法人という文字の使用禁止（整備42条3項・4項） | ・一般社団法人または一般財団法人という文字の使用義務（法5条1項）<br>・公益法人以外の者に誤認されるおそれのある名称の使用禁止（公益9条4項） |
| 理事および理事会に関する規定の適用除外 | ①　特例民法法人については、一般法人法76条4項、86条から89条までおよび90条5項（197条において準用する場合を含む）の規定は、適用しない（整備50条1項） | ・大規模一般社団法人における「内部統制体制」に関する事項（法76条4項・90条5項）<br>・業務執行検査役（法86条）<br>・裁判所による社員総会招集等の決定（法87条）<br>・社員による理事の行為の差止め（法88条）<br>・理事の報酬等（法89条） |
| | ②　理事会を置かない特例民法法人については、一般法人法80条から83条までおよび85条（197条において準用する場合を含む）の規定は、適用しない（整備50条2項） | ・理事の職務を代行する者（法80条）<br>・一般社団法人と理事との間の訴えにおける法人の代表（法81条）<br>・表見代表理事（法82条）<br>・忠実義務（法83条）<br>・理事の報告義務（法85条） |
| 監事の権限 | 施行日に監事を置くこととしていた特例民法法人の監事（一般法人法に適合させた機関を設置する特例民法法人が選任するものを除く）の職務および権限（整備61条1項および2項、87条3項の規定により適用する一般法人法124条1項および2項並びに一般法人法75条（一般法人法177条において準用する場合を含む）の規定によるものを除く）については、なお従前の例による（整備52条） | ・計算書類等の監査等（整備61条1項・2項）<br>・基金の募集をした特例民法法人の計算書類等の監査等（整備87条3項、法124条1項・2項）<br>・役員等に欠員を生じた場合の措置（法75条） |
| 会計監査人の | 特例民法法人については、一般法人法62条および171条の規定は、適用しな | ・大規模一般社団法人・一般財団法人の会計監査人設置義務 |

217

〔第 4 章〕 Ⅱ　整備法

| | | |
|---|---|---|
| 設置 | い（整備54条） | （法62条・171条） |
| 休眠法人のみなし解散等 | 特例民法法人については、一般法人法149条・150条・202条 2 項・203条および204条の規定は、適用しない（法64条） | ・休眠一般社団法人・一般財団法人のみなし解散（法149条・203条）<br>・一般社団法人・一般財団法人の継続（法150条・204条）<br>・純資産額基準未達による解散（法202条 2 項） |
| 登　記 | ① 旧民法の規定による旧社団法人および旧財団法人の登記は、一般法人法の相当規定による特例民法法人の登記とみなす（整備77条 1 項）<br>② 「設立の許可の年月日」の登記については、なお従前の例による（整備77条 2 項） | |
| | ③ 特例社団法人が一般法人法の規定により代表理事を定め、または理事会を置く旨の定款の変更をするまでの間<br>［整備法77条 3 項による一般法人法301条 2 項］<br>5 号「理事の氏名及び住所」【読替え】<br>6 号「代表理事の氏名及び住所」【適用除外】<br>④ この法律の施行の際現に監事を置くこととしていた特例社団法人（理事会設置特例社団法人および会計監査人設置特例社団法人を除く）<br>［整備法77条 4 項による一般法人法301条 2 項］<br>8 号「監事設置一般社団法人であるときは、その旨及び監事の氏名」【適用除外】 | |
| | ⑤ 特例財団法人（評議員設置特例財団法人を除く）の登記<br>［整備法77条 5 項による一般法人法302条 2 項］<br>5 号「理事の氏名及び住所」【読替え】<br>6 号「代表理事の氏名及び住所」【適用除外】 | |
| | ⑥ 【施行日後の解散の場合】特例民法法人の解散および清算に関する登記の登記事項については、一般法人法の定めるところによる。<br>【施行日前の解散の場合】「清算結子の登記」（法311条）【適用除外】<br>【施行日前に清算人の登記をした場合】「清算人の氏名及び住所」が登記されている（旧民法77条）<br>［整備法77条 6 項による法310条 1 項］<br>1 号「清算人の氏名」【適用除外】<br>2 号「代表清算人の氏名及び住所」【適用除外】<br>3 号「清算法人が清算人会を置くときは、その旨」<br>4 号「清算一般財団法人が監事を置くときは、その旨」【適用除外】 | |
| 公　告 | 特例民法法人については、一般法人法第 6 章第 5 節〔公告〕の規定は、適用しない（整備79条） | |

2　整備法の読み方

〔図表48〕　特例社団法人に特有の経過措置

| | 整備法 | コメント・参照条文等 |
|---|---|---|
| 定款規定 | ①　旧社団法人の定款における旧民法37条1項から3号までおよび6号に掲げる事項（同条3号に掲げる事項にあっては、主たる事務所に係る部分に限る）の記載は、それぞれ整備法の規定により存続する一般社団法人の定款における一般法人法11条1項1号から3号までおよび5号に掲げる事項の記載とみなす（整備法80条1項）<br>②　特例社団法人については、一般法人法11条1項6号および7号の規定は、適用しない（整備80条2項） | 定款の絶対的記載事項（法11条1項）<br>①　目的【旧民法37条1号】<br>②　名称【旧民法37条2号】<br>③　主たる事務所の所在地【旧民法37条3号】<br>④　設立時社員の氏名または名称および住所<br>⑤　社員の資格の得喪に関する規定【旧民法37条6号】<br>⑥　公告方法【適用除外】<br>⑦　事業年度【適用除外】 |
| 社員の議決権 | ・特例社団法人の社員の議決権、社員総会の決議および議決権の行使（電磁的方法により行使する場合を除く）については、なお従前の例による（整備85条本文）<br>・ただし、理事会設置特例社団法人については、一般法人法49条3項の規定を適用する（整備85条ただし書） | ・理事会設置一般社団法人においては、一般法人法38条1項2号に掲げる事項〔招集事項として定められた社員総会の目的である事項〕以外の事項については、決議をすることができない。ただし、同法55条1項〔理事等の社員総会提出資料等の調査をする者〕もしくは2項〔社員により招集された総会における一般社団法人の業務および財産の状況を調査する者〕に規定する者の選任または同法109条2項〔定時社員総会において会計監査人の出席を求める決議〕の会計監査人の出席を求めることについては、この限りでない（法49条3項） |
| 社員総会の権限等 | 〈整備法86条1項による読替え〉<br>法35条　社員総会は、<u>この法律及び一般社団法人及び一般財団法人に関する法律及び公益社団法人及び公益財団法人の認定等に関する法律の施行に伴う関係法律の整備等に関する法律</u>に規定する事項並びに一般社団法人の組織、運営、管理その他一般社団法人に関する一切の事項について決議をすることができる。<br>2　前項の規定にかかわらず、理事会設置一般社団法人においては、 | |

〔第 4 章〕Ⅱ　整備法

　　　社員総会は、この法律及び一般社団法人及び一般財団法人に関する
　　法律及び公益社団法人及び公益財団法人の認定などに関する法律の
　　施行に伴う関係法律の整備等に関する法律に規定する事項並びに定
　　款で定めた事項に限り、決議をすることができる。
　3　この法律及び一般社団法人及び一般財団法人に関する法律及び公
　　益社団法人及び公益財団法人の認定等に関する法律の施行に伴う関
　　係法律の整備等に関する法律の規定により社員総会の決議を必要と
　　する事項について、理事、理事会その他の社員総会以外の機関が決
　　定することができることを内容とする定款の定めは、その効力を有
　　しない。
法36条1項　定時社員総会は、少なくとも毎年1回招集しなければな
　　らない。
法37条1項　総社員の5分の1（これと異なる割合を定款で定めた場
　　合にあっては、その割合）以上の社員は、理事に対し、社員総会の
　　目的である事項及び招集の理由を示して、社員総会の招集を請求す
　　ることができる。
法39条1項　社員総会の招集するには、理事は、社員総会の日の5日
　　前までに、社員に対して、定款で定めた方法に従ってその通知を発
　　しなければならない。ただし、前条第1項第3号〔書面による議決
　　権行使〕又は第4号〔電磁的方法による議決権行使〕に掲げる事項
　　を定めた場合には、社員総会の日の2週間前までにその通知を発し
　　なければならない。
　4　前2項の通知には、前条第1項第1号〔日時・場所〕、第2号〔目
　　的である事項〕及び第4号〔電磁的方法による議決権行使〕〈3号
　　外〉に掲げる事項を記載し、又は記録しなければならない。
法53条　理事会若しくは会計監査人を置く特例社団法人（この法律及
　　び一般社団法人及び一般財団法人に関する法律及び公益社団法人及
　　び公益財団法人の認定等に関する法律の施行に伴う関係法律の整備
　　等に関する法律第42条第1項に規定する特例社団法人をいう。以下
　　この条において同じ。）又は施行日以後に監事を置いて特例社団法人
　　の理事及び監事は、社員総会において、社員から特定の事例につい
　　て説明を求められた場合には、当該事項について必要な説明をしな
　　ければならない。ただし、当該事項が社員総会の目的である事項に
　　関しないものである場合、その説明をすることにより社員の共同の
　　利益を著しく害する場合その他正当な理由がある場合として法務省
　　令で定める場合は、この限りでない。
法58条1項　理事又は社員が社員総会の目的である事項について提案
　　をした場合において、当該提案につき社員の全員が書面又は電磁的
　　記録により同意の意思表示をしたときは、当該提案を可決する旨の
　　社員総会の決議があったものとみなす。

| | |
|---|---|
| 特例社団法人については、一般法人法37条2項、38条1項3号および5号、 | ・裁判所の許可に基づく社員による社員総会の招集（法37条 |

2　整備法の読み方

| | 整備法 | 参照条文・コメント等 |
|---|---|---|
| | 43条から47条まで、55条並びに57条の規定は、適用しない（整備86条2項） | 2項）<br>・社員総会招集事項のうち、書面による議決権行使（法38条1項3号）、法務省令で定める事項（5号）を除外<br>・社員提案権（法43〜45条）<br>・社員総会招集検査役の選任（法46条）<br>・裁判所による社員総会招集等の決定（法47条）<br>・社員総会に提出された資料等の調査（法55条）<br>・社員総会議事録（法57条） |

〔図表49〕　特例財団法人に特有の経過措置等

| | 整備法 | 参照条文・コメント等 |
|---|---|---|
| 定款規定 | ①　旧財団法人の寄附行為における旧民法37条1号から3号までに掲げる事項（同号に掲げる事項にあっては、主たる事務所に係る部分に限る）の記載は、それぞれ整備法の規定により存続する一般財団法人の定款における一般法人法153条1項1号から3号までに掲げる事項の記載とみなす（整備89条1項）<br>②　特例財団法人については、一般法人法153条1項8号から10号までの規定は、適用しない（整備89条2項）<br>③　評議員設置特例財団法人は、一般法人法153条1項8号に掲げる事項を定款で定めなければならない（整備89条3項） | 定款の絶対的記載事項（法153条1項）<br>①　目的【旧民法39条・37条1号】<br>②　名称【旧民法39条・37条2号】<br>③　主たる事務所の所在地【旧民法39条・37条3号】<br>④　設立者の氏名または名称および住所<br>⑤　設立に際して設立者（設立者が二人以上あるときは、各設立者）が拠出する財産およびその価額<br>⑥　設立時評議員、設立理事および設立時監事の選任に関する事項<br>⑦　設立しようとする一般財団法人が会計監査人設置一般財団法人であるときは、設立時会計監査人の選任に関する事項<br>⑧　評議員の選任および解任の方法【原則適用除外：評議員設置特例財団法人は必須事項】 |

221

〔第4章〕Ⅱ　整備法

|  |  |
|---|---|
|  | ⑨　公告方法【適用除外】<br>⑩　事業年度【適用除外】 |
| 定款変更 | ①　特例財団法人（評議員設置特例財団法人を除く）については、一般法人法200条〔定款変更〕の規定は、適用しない（整備94条1項）。<br>②　評議員設置特例財団法人については、以下のとおり法200条の適用がある。<br>〈整備法94条4項による読替え〉<br>法200条　一般財団法人は、その成立後、評議員会の決議によって、定款を変更することができる。ただし、153条1項1号〔目的〕及び8号〔評議員の選任及び解任の方法〕に掲げる事項に係る定款の定めについては、この限りでない。<br>2　前号ただし書の規定にかかわらず、設立者が同項ただし書に規定する定款の定めを評議員会の決議によって変更することができる旨を~~152条1項又は2項~~の定款で定めたときは、評議員会の決議によって、前項ただし書に規定する定款の定めを変更することができる。<br>★ただし、法200条3項は適用除外（整備94条5項）<br>~~3　一般財団法人は、その設立の当時予見することのできなかった特段の事情により、1項ただし書に規定する定款の定めを変更しなければその運営の継続が不意可能又は著しく困難となるに至ったときは、裁判所の許可を得て、評議員会の決議によって、同項ただし書に規定する定款の定めを変更することができる。~~ |

〔図表50〕 特例社団法人の登記事項

（○：登記事項　×：登記されない）

| 法301条2項【旧民法46条1項】 | ① | | ② | | ③ | | ④ | ⑤ |
|---|---|---|---|---|---|---|---|---|
| 理事会の設置 | 理事会を置かない | | | | | | 理事会設置 | |
| 代表理事の選定 | 無 | 選定 | 無 | 選定 | 無 | 選定 | 必須 | |
| 監事の設置 | 非設置 | | 設置 | | 設置 | | 必須 | |
| 会計監査人の設置 | 非設置 | | | | 設置 | | 非設置 | 設置 |
| ① 目的【旧①】 | ○ | | | | | | | |
| ② 名称【旧②】 | ○ | | | | | | | |
| ③ 主たる事務所・従たる事務所【旧③】 | ○ | | | | | | | |
| ④ 存続期間または解散事由【旧⑤存立時期】 | ○ | | | | | | | |
| ⑤ 理事の氏名 | × | ○ | × | ○ | × | ○ | ○ | ○ |
| 【旧⑧】理事の氏名および住所（整備77条3項） | ○ | × | ○ | × | ○ | × | × | × |
| ⑦ 理事会設置一般社団法人である旨 | × | ○ | × | ○ | × | ○ | ○ | ○ |
| ⑧ 監事設置一般社団法人である旨・監事の氏名 | | | 旧法で設置×　新法で設置○（整備77条4項） | | ○ | | ○ | ○ |
| ⑨ 会計監査人設置一般社団法人である旨・会計監査人の氏名または名称 | | | | | ○ | | | ○ |
| ⑩ 一時会計監査人の氏名または名称 | | | | | ○ | | | ○ |
| ⑪ 役員等の責任免除 | ×　適用除外（整備55条） | | | | | | | |
| ⑫ 責任限度契約 | | | | | | | | |
| ⑬ 外部理事である旨 | | | | | | | | |
| ⑭ 外部監事である旨 | | | | | | | | |
| ⑮ 貸借対照表等のウェブ開示事項 | ×　適用除外（整備59条） | | | | | | | |
| ⑯ 公告方法 | ×　適用除外（整備79条） | | | | | | | |
| ⑰ 電子公告事項 | | | | | | | | |
| 【旧④】設立の許可の年月日 | 従前の登記が維持される（整備77条2項） | | | | | | | |
| 【旧⑥】資産の総額 | ×　職権抹消（経過措置省令9条1項5号） | | | | | | | |
| 【旧⑦】出資の方法 | ×　職権抹消（経過措置省令9条1項6号） | | | | | | | |

〔第4章〕Ⅱ　整備法

## 〔図表51〕　特例財団法人の登記事項

（○：登記事項　×：登記されない）

| 法302条2項<br>【旧民法46条1項】 | ⑥ | ⑦ | ⑧ | ⑨ |
|---|---|---|---|---|
| 評議員の設置 | 評議員を置かない | | 評議員設置 | |
| 監事の設置 | 非設置 | 旧法で設置 | 必須 | |
| 会計監査人の設置 | 非設置 | | 非設置 | 設置 |
| ①　目的【旧①】 | ○ | | | |
| ②　名称【旧②】 | ○ | | | |
| ③　主たる事務所・従たる事務所【旧③】 | ○ | | | |
| ④　存続期間または解散事由【旧⑤存立時期】 | ○ | | | |
| ⑤　評議員の氏名 | | | ○ | ○ |
| ⑤　理事の氏名 | × | × | ○ | ○ |
| 【旧⑧】理事の氏名および住所（整備77条5項） | ○ | ○ | | |
| ⑤　監事の氏名 | | ×<br>（整備77条5項） | ○ | ○ |
| ⑥　代表理事の氏名および住所 | ×<br>（整備77条5項） | ×<br>（整備77条5項） | ○ | ○ |
| ⑦　会計監査人設置一般財団法人である旨・会計監査人の氏名または名称 | | | | ○ |
| ⑧　一時会計監査人の氏名または名称 | | | | ○ |
| ⑨　役員等の責任免除 | ×　適用除外（整備55条） | | | |
| ⑩　責任限度契約 | | | | |
| ⑪　外部理事である旨 | | | | |
| ⑫　外部監事である旨 | | | | |
| ⑬　賃借照表等のウェブ開示事項 | ×　適用除外（整備59条） | | | |
| ⑭　公告方法 | ×　適用除外（整備79条） | | | |
| ⑮　電子公告事項 | | | | |
| 【旧④】設立の許可の年月日 | 従前の登記が維持される（整備77条2項） | | | |
| 【旧⑥】資産の総額 | ×　職権抹消（経過措置省令9条1項5号） | | | |
| 【旧⑦】出資の方法 | ×　職権抹消（経過措置省令9条1項6号） | | | |

# Ⅲ　登記関係法令

## 1　特例民法法人の機関設計と登記事項

### (1)　特例民法法人の機関設計

特例民法法人の機関設計は次のとおりである（法60条・61条・170条2項、整備91条2項〜4項）。

〔図表52〕　特例民法法人の機関設計
（◎：必置機関、○：定款規定による任意設置機関、△：任意設置）

| 特例社団法人 | ① | ② | ③ | ④ | ⑤ | 特例財団法人 | ⑥ | ⑦ | ⑧ | ⑨ |
|---|---|---|---|---|---|---|---|---|---|---|
| 社員総会 | ◎ | ◎ | ◎ | ◎ | ◎ | 評議員会 |  |  | ○ | ○ |
| 理事 | ◎ | ◎ | ◎ | ◎ | ◎ | 理事 | ◎ | ◎ | ○ | ○ |
| 理事会 |  |  |  | ○ | ○ | 理事会 |  |  | ○ | ○ |
| 代表理事 | △ | △ | △ | ◇ | ◇ | 代表理事 |  |  | ◇ | ◇ |
| 監事 |  | ○ | ○ | ○ | ○ | 監事 | ○ | ○ | ○ | ○ |
| 会計監査人 |  |  | ○ |  | ○ | 会計監査人 |  |  |  | ○ |

代表理事の選定：
　　△→理事会を置かない特例社団法人：選定可能（法77条）
　　◇→理事会設置特例社団法人　　　：選定義務あり（法90条3項）
　　　→評議員会設置特例財団法人　　：選定義務あり（法197条・90条3項）

　一般法人法等の施行後、特段の手続を行っていない場合、①、②（いずれも代表理事の選定なし）および⑥、⑦が特例民法法人の基本的な機関となる。ただし、②については、①特例社団法人が法施後に新たに監事を設置した場合があり得る。

　④および⑤が「理事会設置特例社団法人」である。③および⑤は「会計監査人設置特例社団法人」である。

　⑧および⑨は「評議員設置特例財団法人」である。評議員設置特例財団法人は、評議員のほか、評議員会、理事、理事会、代表理事および監事を置かなければならない（整備91条2項・3項）。なお、評議員設置特例財団法人は、会計監査人以外の機関設置の変更ができない（整備91条5項）。

〔第4章〕Ⅲ　登記関係法令

また、大規模一般社団法人・一般財団法人であっても会計監査人の設置義務はない（整備54条）。

(2)　特例民法法人の登記事項

特例民法法人の登記事項は〔図表50〕〔図表51〕のとおりである。各図表の最上欄の番号は、〔図表52〕に対応している。

## 2　印鑑証明の添付

一般社団法人等登記規則3条において、商業登記規則61条を準用したため、理事または代表理事の就任承諾書、代表理事の選定を証する書面に押印した印鑑について印鑑証明書の添付が必要となった。

〔図表53〕　新たな理事（代表理事）が選任（選定）された場合の印鑑証明書（移行を含む）

| 一般社団法人等に適用する場合の商登規61条【読替え後】 | 印鑑証明書の添付が必要となる印鑑 |
|---|---|
| 4　設立（合併による設立を除く）の登記の申請書には、【設立時理事】が就任を承諾したことを証する書面の印鑑につき市区町村長の作成した証明書を添付しなければならない【理事】の就任（再任を除く。）による登記の申請書に添付すべき【理事】が就任を承諾したことを証する書面の印鑑についても、同様とする。 | 【非・理事会設置一般社団法人】<br>・理事の就任承諾書の印鑑 |
| 5　【理事会設置一般社団法人等】における前項の規定の適用については、同項中「【設立時理事】」とあるのは「【設立時代表理事】」と、同項後段中「【理事】」とあるのは「【代表理事】」とする。 | 【理事会設置一般社団法人・一般財団法人】<br>・代表理事の就任承諾書の印鑑 |
| 6　【代表理事】の就任による変更の登記の申請書には、次の①〜③に掲げる場合の区分に応じ、それぞれに定める印鑑につき市区町村長の作成した証明書を添付しなければならない。<br>　　ただし、当該印鑑と変更前の【代 | ・代表理事の選定を証する書面の印鑑<br>　→前代表理事が登記所届出印を押印していない場合<br>【ただし書】前代表理事が登記所届出印を押印している場合→印鑑証明書不要。<br>例）代表理事の追加選定の場合、前代 |

226

| | |
|---|---|
| 表理事】が登記所に提出している印鑑とが同一であるときは、この限りでない。 | 表理事が理事として理事会決議に出席し、登記所届出印を押印している場合 |
| ① 【社員総会】の決議によって【代表理事】を定めた場合<br>→【理事】がその互選を証する書面に押印した印鑑 | ・社員総会の議事録の印鑑（議長および出席理事）<br>★一般法人法上の押印義務はないが、登記規上、押印が必要となる。<br>★定款規定による「議事録署名人」も押印が必要 |
| ② 【理事】の互選によって【代表理事】を定めた場合<br>→【理事】がその互選を証する書面に押印した印鑑 | 【非・理事会設置一般社団法人等】<br>・理事の互選書の印鑑<br>★代表理事の就任承諾書（法320条1項）の印鑑については印鑑証明書不要（基本通達） |
| ③ 【理事会】の決議によって【代表理事】が選定した場合<br>→出席した【理事】および【監事】が【理事会】の議事録に押印した印鑑 | ・理事会議事録の印鑑<br>【原則】出席理事および出席監事<br>【例外】定款で理事会議事録署名者を出席代表理事と定めている場合（法95条3項カッコ書）<br>出席代表理事および出席監事<br>★定款も添付必要（商登規61条1項）<br>【みなし決議（法96条）の場合】<br>・理事会議事録（規15条4項）の印鑑（理事全員）<br>★監事の押印は不要 |

　なお、特例無限責任中間法人の登記および登記の手続について、また特例民法法人（理事会を置く特例民法法人を除く）の理事の選任等については、それぞれ、なお従前の例によることとされているので（整備27条1号・48条2項）、商業登記規則61条4項の適用はない（省令の解説246頁）。

　また、商業登記規則61条6項について、一般法人法等の施行前においては、①社員総会、②理事会または評議員会において理事を選任することとしている場合、および、理事会等によって理事を選任し、理事長等が委嘱をする場合に、適用があるとされ、社員総会等の合議体において議事録署名人が選任されているときは、議長および議事録署名人の印鑑証明書のみで足りるとさ

〔第4章〕Ⅲ　登記関係法令

れていた（省令の解説246頁注12）。したがって、特例民法法人（理事会を置く特例民法法人を除く）についてはこれらの従前の取扱いが維持されることとなる（整備48条2項）。

## 3　一般社団法人等登記規則3条により読み替えて準用される商業登記規則の重要な規定（読替え後のもの）

（添付書面）

第61条　定款の定め又は裁判所の許可がなければ登記すべき事項につき無効又は取消しの原因が存することとなる申請については、申請書に、定款又は裁判所の許可書を添付しなければならない。

2・3　【準用されない】

4　設立（合併による設立を除く。）の登記の申請書には、設立時理事が就任を承諾したことを証する書面の印鑑につき市町村長の作成した証明書を添付しなければならない。理事の就任（再任を除く。）による変更の登記の申請書に添付すべき理事が就任を承諾したことを証する書面の印鑑についても、同様とする。

5　理事会設置法人及び一般財団法人における前項の規定の適用については、同項中「設立時理事」とあるのは「設立時代表理事」と、同項後段中「理事」とあるのは「代表理事」とする。

6　代表理事の就任による変更の登記の申請書には、次の各号に掲げる場合の区分に応じ、それぞれ当該各号に定める印鑑につき市町村長の作成した証明書を添付しなければならない。ただし、当該印鑑と変更前の代表理事が登記所に提出している印鑑とが同一であるときは、この限りでない。

　(1)　社員総会の決議によつて代表理事を定めた場合　議長及び出席した理事が社員総会の議事録に押印した印鑑

　(2)　理事の互選によつて代表理事を定めた場合　理事がその互選を証する書面に押印した印鑑

　(3)　理事会の決議によつて代表理事を選定した場合　出席した理事及び監事が理事会の議事録に押印した印鑑

7　設立の登記又は理事、監事若しくは評議員の就任（再任を除く。）による変更の登記の申請書には、設立時理事、設立時監事、設立時評議員、理事、監事又は評議員（以下この項において「理事等」という。）が就任を承諾したことを証する書面に記載した氏名及び住所と同一の氏名及び住所が記載されている市町村長その他の公務員が職務上作成した証明書（当該

理事等が原本と相違がない旨を記載した謄本を含む。）を添付しなければ
ならない。ただし、登記の申請書に第4項（第5項において読み替えて適
用される場合を含む。）又は前項の規定により当該理事等の印鑑につき市
町村長の作成した証明書を添付する場合は、この限りでない。

8　代表理事又は理事（登記所に印鑑を提出した者に限る。以下この項にお
いて「代表理事等」という。）の辞任による変更の登記の申請書には、当
該代表理事等が辞任を証する書面に押印した印鑑につき市町村長の作成し
た証明書を添付しなければならない。ただし、当該印鑑と当該代表理事等
が登記所に提出している印鑑とが同一であるときは、この限りでない。

9～11　【準用されない】

第81条の2　設立の登記、清算人の登記、役員（理事、監事、評議員又は会
計監査人をいう。以下この条において同じ。）若しくは清算人の就任によ
る変更の登記又は役員若しくは清算人の氏の変更の登記の申請をする者は、
婚姻により氏を改めた役員又は清算人であつて、その申請により登記簿に
氏名を記録すべきものにつき、婚姻前の氏（記録すべき氏と同一であると
きを除く。）をも記録するよう申し出ることができる。

2　前項の申出をするには、同項の登記の申請書に、次に掲げる事項を記載
し、これらを証する書面を添付しなければならない。

（1）　婚姻前の氏を記録すべき役員又は清算人の氏名

（2）　前号の役員又は清算人の婚姻前の氏

3　第1項の申出があつた場合には、登記官は、同項の申請に係る登記をす
るときに、同項の申出に係る前項第2号に掲げる事項を記録するものとす
る。

4　登記官は、第2項第2号に掲げる事項が記録された役員の再任による変
更の登記又は当該事項が記録された役員若しくは清算人の氏の変更の登記
の申請があつた場合には、次に掲げるときに限り、その申請により登記簿
に氏名を記録すべき役員又は清算人につき、当該事項を記録しないものと
する。

（1）　申請人から当該事項の記録を希望しない旨の申出があるとき。

（2）　当該事項と登記簿に記録すべき氏とが同一であるとき。

5　前項第1号の申出をするには、同項の登記の申請書に、第2項第2号に
掲げる事項の記録を希望しない役員又は清算人の氏名を記載しなければな
らない。

〔第4章〕Ⅲ　登記関係法令

【参考】　各種法人等登記規則5条により準用される商業登記規則61条（NPO
　　　　法人用に読み替えた後のもの）

---

（添付書面）
第61条　定款の定め又は裁判所の許可がなければ登記すべき事項につき無効
　　又は取消しの原因が存することとなる申請については、申請書に、定款又
　　は裁判所の許可書を添付しなければならない。
2～5　【準用されない】
6　代表権のある理事の就任による変更の登記の申請書には、次の各号に掲
　　げる場合の区分に応じ、それぞれ当該各号に定める印鑑につき市町村長の
　　作成した証明書を添付しなければならない。ただし、当該印鑑と変更前の
　　代表権のある理事が登記所に提出している印鑑とが同一であるときは、こ
　　の限りでない。
　　(1)　社員総会の決議によつて代表権のある理事を定めた場合　議長及び出
　　　　席した理事が社員総会の議事録に押印した印鑑
　　(2)　理事の互選によつて代表権のある理事を定めた場合　理事がその互選
　　　　を証する書面に押印した印鑑
　　(3)　理事会の決議によつて代表権のある理事を選定した場合　出席した理
　　　　事及び監事が理事会の議事録に押印した印鑑（注1）
7　【準用されない】
8　代表権のある理事（登記所に印鑑を提出した者に限る。）の辞任による
　　変更の登記の申請書には、当該代表権のある理事が辞任を証する書面に押
　　印した印鑑につき市町村長の作成した証明書を添付しなければならない。
　　ただし、当該印鑑と当該代表権のある理事が登記所に提出している印鑑と
　　が同一であるときは、この限りでない。

---

〈ポイント〉

・2～5項は、準用されない。4項の代表権のある理事の就任承諾書に押印
　した印鑑についての印鑑証明書の添付を含む。なお、印鑑届書により、印
　鑑の提出をする場合は、印鑑届書に押印した印鑑について、印鑑証明書を
　添付する（各種法人等登記規則5条で準用する商登規9条5項）。

・7項は準用されない（就任承諾書に記載した氏名および住所に関する本人確認
　書類）。

3 一般社団法人等登記規則3条により読み替えて準用される商業登記規則の重要な規定

（注1） NPO法人においては、理事会は法定されていない。

〔第4章〕Ⅳ　登録免許税

# Ⅳ　登録免許税

## 1　登録免許税法の改正

　登録免許税法5条および別表第一の24号が、一般法人法等の施行に伴い、次のとおり改正された（税改5条）。

---

（非課税登記等）

第5条　次に掲げる登記等（かっこ内省略）については、登録免許税を課さない。

(1)～(13)　省略

(14)　公益社団法人及び公益財団法人の認定等に関する法律（平成18年法律第49号）第9条第1項（名称等）又は第29条第5項（公益認定の取消し）の規定による一般社団法人若しくは一般財団法人又は公益社団法人若しくは公益財団法人の名称の変更の登記

---

別表第一　課税範囲、課税標準及び税率の表

| 登記、登録、特許、免許、許可、認可、認定、指定又は技能証明の事項 | 課税標準 | 税率 |
|---|---|---|
| 24　会社又は外国会社の商業登記（保険業法の規定によってする相互会社及び外国相互会社の登記並びに一般社団法人及び一般財団法人に関する法律（平成18年法律第48号）の規定によつてする一般社団法人（公益社団法人を除く。以下この号において同じ。）及び一般財団法人（公益財団法人を除く。以下この号において同じ。）の登記を含む。） | | |
| （一）　会社又は相互会社若しくは一般社団法人若しくは一般財団法人（以下この号において「一般社団法人等」という。）につきその本店又は主たる事務所の所在地においてする登記（（四）に掲げる登記を除く。） | | |
| イ　省略 | 省略 | 省略 |
| ロ　合名会社若しくは合資会社又は一般社団法人等の設立の登記 | 申請件数 | 1件につき6万円 |
| ハ　合同会社の設立の登記（ホ及びトに掲げる登記を除く。） | 資本金の額 | 1000分の7 |
| | | （これによつて計算した税額が6万円に満たないときは、申請件数1件につき6万円） |

| | | |
|---|---|---|
| ニ 株式会社又は合同会社の資本金の増加の登記（ヘ及びチに掲げる登記を除く。） | 増加した資本金の額 | 1000分の7 |
| | （これによつて計算した税額が3万円に満たないときは、申請件数1件につき3万円） | |
| ホ 新設合併又は組織変更若しくは種類の変更による株式会社又は合同会社の設立の登記 | 資本金の額 | 1000分の1.5（新設合併により消滅した会社又は組織変更若しくは種類の変更をした会社の当該新設合併又は組織変更若しくは種類の変更の直前における資本金の額として財務省令で定めるものを超える資本金の額に対応する部分については、1000分の7） |
| | （これによつて計算した税額が3万円に満たないときは、申請件数1件につき3万円） | |
| ヘ〜ヌ 省略 | 省略 | 省略 |
| ル 支店又は従たる事務所の設置の登記 | 支店の数 | 1箇所につき6万円 |
| ヲ 本店若しくは主たる事務所又は支店若しくは従たる事務所の移転の登記 | 本店若しくは主たる事務所又は支店若しくは従たる事務所の数 | 1箇所につき3万円 |
| ワ 取締役会、監査役会若しくは委員会又は理事会に関する事項の変更の登記 | 申請件数 | 1件につき3万円 |
| カ 取締役、代表取締役若しくは特別取締役、会計参与、監査役、会計監査人、指名委員会等の委員、執行役若しくは代表執行役若しくは社員又は理事、監事、代表理事若しくは評議員に関する事項の変更（会社又は相互会社若しくは一般社団法人等の代表に関する事項の変更を含む。）の登記 | 申請件数 | 1件につき3万円（資本金の額が1億円以下の会社又は一般社団法人等については、1万円） |
| ヨ 省略 | 省略 | 省略 |
| タ 取締役、代表取締役若し | 申請件数 | 1件につき3万円 |

〔第4章〕Ⅳ　登録免許税

| | | |
|---|---|---|
| くは特別取締役、会計参与、監査役若しくは指名委員会等の委員、執行役若しくは代表執行役の職務執行の停止若しくは職務代行者の選任、社員の業務執行権の消滅、職務執行の停止若しくは職務代行者の選任又は理事、監事、代表理事若しくは評議員の職務執行の停止若しくは職務代行者の選任の登記 | | |
| レ　会社又は相互会社若しくは一般社団法人等の解散の登記 | 申請件数 | 1件につき3万円 |
| ソ　会社若しくは一般社団法人等の継続の登記、合併を無効とする判決が確定した場合における合併により消滅した会社若しくは相互会社若しくは一般社団法人等の回復の登記又は会社若しくは相互会社若しくは一般社団法人等の設立の無効若しくはその設立の取消しの登記 | 申請件数 | 1件につき3万円 |
| ツ　登記事項の変更、消滅又は廃止の登記（これらの登記のうちイからソまでに掲げるものを除く。） | 申請件数 | 1件につき3万円 |
| ネ　登記の更正の登記 | 申請件数 | 1件につき2万円 |
| ナ　登記の抹消 | 申請件数 | 1件につき2万円 |
| (二)　会社又は相互会社若しくは一般社団法人等につきその支店又は従たる事務所の所在地においてする登記（(四)に掲げる登記を除く。） | | |
| イ　(一)イからツまでに掲げる登記 | 申請件数 | 1件につき9千円（申請に係る登記が、(一)カに掲げる登記に該当するもののみであり、かつ、資本金の額が1億円以下の会社又は |

|  |  | 一般社団法人等の申請に係るものである場合には、6千円） |
|---|---|---|
| （三）　省略 | | |
| （四）　会社又は相互会社若しくは一般社団法人等につきその本店若しくは主たる事務所又は支店若しくは従たる事務所の所在地においてする清算に係る登記（外国会社又は外国相互会社につきその営業所の所在地又はその代表者の住所地においてする清算に係る登記を含む。） | | |
| イ　清算人又は代表清算人の登記 | 申請件数 | 1件につき9千円 |
| ロ　清算人若しくは代表清算人の職務執行の停止若しくはその取消し若しくは変更又は清算人若しくは代表清算人の職務代行者の選任、解任若しくは変更の登記 | 申請件数 | 1件につき6千円 |
| ハ　清算の結了の登記 | 申請件数 | 1件につき2千円 |
| ニ　登記事項の変更、消滅若しくは廃止の登記（これらの登記のうちロに掲げるものを除く。）、登記の更正の登記又は登記の抹消 | 申請件数 | 1件につき6千円 |

## 2　経過措置

　上記の登録免許税法の改正に伴う経過措置として、次の規定が設けられ（税改附則27条）、以下の登記は非課税とされた。

【非課税となる登記】

・特例民法法人の変更等の登記（税改附則27条1項、登免別表一24号柱書カッコ書）

・特例民法法人、旧有限責任中間法人および特例無限責任中間法人の移行に伴う登記（税改附則27条2項）

・旧有限責任中間法人の一般社団法人への名称変更の登記を行う場合、「目的」「主たる事務所および従たる事務所の所在場所」以外の登記を同時に申請するときはこれらの登記も非課税となる（同項3号）

〔第4章〕Ⅳ　登録免許税

　ただし、役員の変更（重任を含む）があった場合は、役員変更に関する登録免許税は課税される（登免別表第一24号㈠カ）。

---

（登録免許税法の一部改正に伴う経過措置）

第27条　第5条の規定による改正前の登録免許税法別表第三の25の項に掲げる法人【民法法人】であって整備法第40条第1項の規定により一般社団法人又は一般財団法人として存続するもののうち、整備法第106条第1項（整備法第121条第1項において読み替えて準用する場合を含む。）の登記をしていないもの【特例民法法人】は、第5条の規定による改正後の登録免許税法（以下この条において「新登録免許税法」という。）別表第三の5の2の項に掲げる法人【公益法人】とみなして、新登録免許税法その他登録免許税に関する法令の規定を適用する。

2　次に掲げる登記等（新登録免許税法第2条に規定する登記等をいう。第5号において同じ。）については、登録免許税を課さない。

一　整備法第33条第1項に規定する登記【特例無限責任中間法人の移行の登記】

二　整備法第106条第1項（整備法第121条第1項において読み替えて準用する場合を含む。）に規定する登記【特例民法法人の移行の登記】

三　整備法第2条第1項に規定する旧有限責任中間法人が同項に規定する施行日の属する事業年度の終了後最初に招集される定時社員総会の終結後最初に一般社団法人への名称の変更（整備法第3条第1項ただし書に規定する定款の変更に基づく名称の変更を含む。【施行日以降最初の定時総会終結の時までの間に名称変更をした場合】）を行う場合の登記で次に掲げるもの

イ　一般社団法人及び一般財団法人に関する法律第301条第2項第2号【名称】に掲げる事項の変更の登記並びに同項第4号【存続期間・解散事由】、第7号【理事会設置一般社団法人である旨】及び第9号から第17号【会計監査人設置一般社団法人である旨、会計監査人の氏名（名称）、一時会計監査人の氏名（名称）、役員等の責任免除、責任限定契約、外部理事、外部監事、賃借対照表のウェブ開示、公告方法、電子公告事項】までに掲げる事項（同項第4号に掲げる事項にあっては、一般社団法人の存続期間に限る。）の変更の登記（同項第2号に掲げる事項の変更の登記と併せてするものに限る。）

ロ　一般社団法人及び一般財団法人に関する法律第312条第2項第1号

に掲げる事項の変更の登記【従たる事務所の所在地における名称の変更】

　ハ　整備法第22条第4項に規定する登記【「一般社団法人」への名称変更の際に行う「理事の氏名、代表理事の氏名および住所、監事の氏名」の登記】

四　整備法第131条第1項の規定により一般社団法人又は一般財団法人が整備法第45条の認可を取り消されて整備法第42条第2項に規定する特例民法法人（次号において「特例民法法人」という。）となる場合における当該一般社団法人又は一般財団法人の解散の登記

五　次に掲げる場合における登記等に係る名義人の名称の変更の登記等

　イ　整備法第25条第二項に規定する特例無限責任中間法人が整備法第32条の規定による手続を終了して一般社団法人となる場合

　ロ　特例民法法人が整備法第44条の認定を受けて公益社団法人又は公益財団法人となる場合

　ハ　特例民法法人が整備法第45条の認可を受けて通常の一般社団法人又は一般財団法人となる場合

　ニ　前2号【3号：有限責任中間法人の名称変更、4号：移行法人の認可取消し】に規定する場合のいずれかに該当するとき。

*237*

## Ⅴ 法人の移行

### 1 特例民法法人と移行等

#### (1) 特例民法法人

旧民法法人は、一般法人法の規定による一般社団法人または一般財団法人として存続するものとされた（整備40条1項。なお、施行日から移行登記までは法律上「特例民法法人」とよばれる）。したがって、原則として、一般法人法の適用を受けることとなる。もっとも経過措置として、一定期間は、旧民法とほぼ同様の規律を維持できるように整備法に規定が設けられている。言い換えると、整備法に経過措置に関する規定がない場合は、一般法人法の規定がそのまま適用になるということである。

#### (2) 特例民法法人の公益法人への移行

特例民法法人は、公益法人に移行すると、公益認定法の適用を受けることとなる（整備107条）。したがって、いったん公益法人に移行した後、公益認定の取消しがあった場合には、公益認定法の規定に従って、公益目的取得財産残額に相当する額の財産を、定款規定に基づき贈与しなければならない（公益30条）。

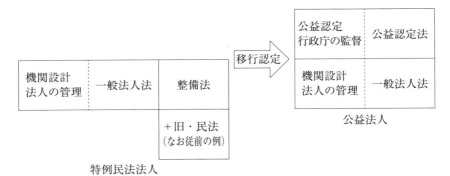

#### (3) 特例民法法人の一般社団法人・一般財団法人への移行

特例民法法人が一般社団法人・一般財団法人に移行する場合、整備法の規定に基づき、公益目的支出計画の実施が義務づけられ、公益目的支出計画の

実施が完了するまでの間は、行政庁の監督を受けることとなる（整備123条～131条）。

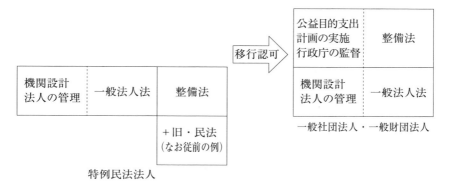

## 2 旧中間法人

### (1) 旧有限責任中間法人の名称変更

旧有限責任中間法人は、一般法人法の規定による一般社団法人として存続するものとされた（整備2条1項）。したがって、原則として、一般法人法の適用を受けることとなる。さらに旧有限責任中間法人は一般法人法の一般社団法人とほぼ同様の規律であったため、原則として、名称を変更するだけで通常の一般社団法人に移行する。そのため、経過措置は必要最低限のもののみが定められている。

なお、名称変更については、施行日（平成20年12月1日）の属する事業年度の終了後最初に招集される定時社員総会の終結の時まで（整備3条1項）が猶予期間とされているので、最も遅いケースでも、平成21年11月30日に終了する事業年度後最初に招集される定時社員総会終結の時までに名称変更をしていない場合は、過料の対象とされている（同条2項）。

〔第4章〕Ⅴ　法人の移行

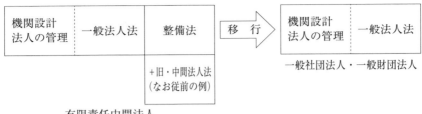

(2) **特例無限責任中間法人の移行**

　旧無限責任中間法人（特例無限責任中間法人）は、一般法人法の規定による一般社団法人として存続するものとされた（整備24条1項）。したがって、原則として、一般法人法の適用を受けることとなる。もっとも、特例無限責任中間法人は、たとえば理事・監事といった機関が存在しないなど、一般法人法の一般社団法人とかなり異なったものであるため、一般法人法のほとんどの規定が適用除外とされ、「なお従前の例による」とされている（整備27条）。

　特例無限責任中間法人の移行の登記は、施行日から起算して1年を経過する日までの間（平成21年11月30日まで）に行う必要があり、この期限までに登記申請をしなかった特例無限責任中間法人は、その日が経過したときに解散したものとみなされた（整備37条1項）。このみなし解散については、整備法上、総社員の同意等により継続ができる旨の規定がないので、継続することはできず、当該特例無限責任中間法人は、旧中間法人法の規定により清算手続を行うこととなる（整備27条16号）。清算手続に関する登記および登記手続も従前の例による（同条1号）。

　なお、当該特例無限責任中間法人の行っていた事業を継続することを希望する場合は、受け皿となる一般社団法人等を設立し、特例無限責任中間法人から設立した一般社団法人等へ事業を譲渡する方法が考えられる。

240

## Ⅵ　移行しなかった法人の解散・清算手続

### 1　特例民法法人の解散

旧有限責任中間法人については、移行という概念がないので、以下に掲げる点を除けば、他の法人類型のような移行しなかったことによる問題は生じない。

① 　名称中に「一般社団法人」という文字を用いる定款変更が必要であり（整備3条1項）、その登記も必要である（法303条）。

② 　みなし規定（整備5条1項・2項）について、なるべく早い段階で定款に反映させる。

③ 　旧有限責任中間法人の定款における理事会を置く旨の定めは、一般法人法に規定する理事会を置く旨の定めとしての効力を有しないので（整備5条3項）、理事会設置一般社団法人となるには、一般法人法施行日以後にあらためて理事会を置く旨の定款変更をする必要がある。

④ 　大規模一般社団法人に該当する場合は、会計監査人を置く旨の定款変更をし、会計監査人の選任および登記をしなければならない（整備10条）。

### 2　特例無限責任中間法人

特例無限責任中間法人が施行日（平成20年12月1日）から起算して1年を経過する日（平成21年11月30日）までに移行の登記の申請をしないときは、当該特例無限責任中間法人は、その日が経過した時に解散したものとみなされた（整備37条1項）。なお、解散の旨は登記官の職権により登記される（同条3項、商登72条）。

みなし解散となった場合には、次に掲げる者が清算人となる（整備37条2項）。

① 　社員（整備法37条2項2号・3号に掲げる者がある場合を除き、定款によって特例無限責任中間法人の業務を行うべき社員を定めているときは、当該社員に限る）

*241*

〔第4章〕Ⅵ　移行しなかった法人の解散・清算手続

② 定款に定める者

③ 社員の過半数によって選任された者

特例無限責任中間法人の清算については、「なお従前の例による」とされているので（整備27条16号）、次に掲げる旧中間法人法の規定に基づいて行うこととなる。

（旧中間法人法）

第3章　無限責任中間法人
　第6節　清　算
（清算をすべき場合）
第112条　無限責任中間法人が解散した場合には、第108条第3号又は第5号に掲げる事由により解散したときを除き、この節の規定に従って清算をしなければならない。この場合においては、当該無限責任中間法人は、清算の目的の範囲内において、清算が結了するまで、存続するものとみなす。
2　無限責任中間法人の設立の無効又は取消しの訴えに係る請求を認容する判決が確定した場合には、解散の場合に準じて清算をしなければならない。
（残余財産の帰属）
第113条　債務を完済した解散後の無限責任中間法人に残存する財産（以下この節において「残余財産」という。）の帰属は、定款の定めるところによる。
2　前項の規定により残余財産の帰属が定まらないときは、その帰属は、総社員の同意により定まる。
3　前2項の規定により帰属が定まらない残余財産は、国庫に帰属する。
（清算人の就任）
第114条　無限責任中間法人が第108条第1号又は第2号に掲げる事由により解散した場合には、次に掲げる者が清算人となる。
　⑴　社員（第102条第3項に規定する場合においては、同項に規定する社員に限る。）。ただし、定款又は第108条第2号に規定する同意において別段の定めがあるときを除く。
　⑵　定款に定める者
　⑶　社員の過半数の意見によって選任された者
2　第108条第4号又は第6号に掲げる事由によって解散した無限責任中間法人については、裁判所は、利害関係人若しくは法務大臣の申立てにより

又は職権で、清算人を選任する。

3　設立の無効又は取消しの訴えに係る請求を認容する判決が確定した無限責任中間法人については、裁判所は、利害関係人の申立てにより、清算人を選任する。

4　会社法第868条第1項、第871条、第874条（第1号に係る部分に限る。）、第875条及び第876条の規定は、前2項の規定による清算人の選任について準用する。

（清算人の解任）

第115条　清算人は、裁判所によって選任されたものを除き、社員の過半数の意見によって解任することができる。

2　第88条第2項及び第3項の規定は、無限責任中間法人の清算人の解任について準用する。

（法人と清算人との関係）

第116条　無限責任中間法人と清算人との関係は、委任に関する規定に従う。

（清算人の無限責任中間法人に対する損害賠償責任）

第116条の2　清算人は、その任務を怠ったときは、無限責任中間法人に対し、連帯して、これによって生じた損害を賠償する責任を負う。

（清算人の第三者に対する損害賠償責任）

第116条の3　清算人がその職務を行うについて悪意又は重大な過失があったときは、当該清算人は、連帯して、これによって第三者に生じた損害を賠償する責任を負う。

（清算人の職務）

第117条　第89条及び第89条の3（第2項を除く。）の規定は、無限責任中間法人の清算人について準用する。この場合において、同条第1項中「作成しなければならない」とあるのは、「作成し、各社員にその内容を通知しなければならない」と読み替えるものとする。

2　無限責任中間法人は、社員の請求により、毎月清算の状況を報告しなければならない。

（法人の代表）

第118条　清算人は、無限責任中間法人を代表する。

2　清算人が数人ある場合においては、各自無限責任中間法人を代表する。

3　前項に規定する場合においては、同項の規定にかかわらず、社員の過半数の意見によって、次の事項を定めることができる。

(1)　一部の清算人のみが無限責任中間法人を代表すべきこと。

〔第4章〕Ⅵ　移行しなかった法人の解散・清算手続

(2)　数人の清算人が共同して無限責任中間法人を代表すべきこと。

4　裁判所は、第114条第2項又は第3項の規定により清算人を選任する場合には、その清算人の中から無限責任中間法人を代表する清算人を定め、又は数人の清算人が共同して無限責任中間法人を代表すべきことを定めることができる。

5　第115条第3項後段の規定は数人の清算人が共同して無限責任中間法人を代表すべき場合について、同条第4項及び第5項の規定は無限責任中間法人の清算人について、それぞれ準用する。

6　会社法第868条第1項、第871条、第874条（第1号に係る部分に限る。）、第875条及び第876条の規定は、第4項の規定による無限責任中間法人を代表する清算人の選定について準用する。

（事業譲渡）

第119条　第104条の規定にかかわらず、清算人が無限責任中間法人の事業の全部を譲渡するには、社員の過半数の賛成があれば足りる。

（清算事務の終了等）

第119条の2　無限責任中間法人は、清算事務が終了したときは、遅滞なく、清算に係る計算をして、社員の承認を受けなければならない。

2　社員が1月以内に前項の計算について異議を述べなかったときは、社員は、当該計算の承認をしたものとみなす。ただし、清算人の職務の執行に不正の行為があったときは、この限りでない。

（準用規定）

第120条　第87条の2、第89条の2、第89条の7、第90条第2項及び第90条の5並びに民法第81条の規定は、無限責任中間法人の清算について準用する。この場合において、第87条の2第1項中「前条第1項第1号」とあるのは「第114条第1項第1号」と、「第7条第2項第5号から第7号まで」とあるのは「第7条第3項各号」と、第89条の2第1項中「第87条第2項から第4項まで」とあるのは「第114条第2項又は第3項」と、第90条の5中「第90条の3第2項」とあるのは「第119条の2第1項」と読み替えるものとする。

2　第45条の2の規定は、仮処分命令により清算人の職務を代行する者が選任された場合について準用する。

3　第106条の規定は、無限責任中間法人の清算人について準用する。

（任意清算）

第121条　無限責任中間法人は、定款又は総社員の同意によって、解散の場

合における当該無限責任中間法人の財産の処分の方法を定めたときは、当該無限責任中間法人が第108条第1号又は第2号に掲げる事由により解散した場合に限り、この条の規定及び当該財産の処分の方法に従い、清算をすることができる。この場合においては、第113条から前条までの規定は、適用しない。

2　前項前段の無限責任中間法人は、同項前段に規定する財産の処分の方法を定めた日又は当該無限責任中間法人の解散の日から2週間以内に、当該無限責任中間法人の債権者に対し、当該財産の処分の方法に異議がある場合には一定の期間内にこれを述べるべき旨を官報に掲載して公告し、かつ、知れている債権者には各別にこれを催告しなければならない。この場合において、当該期間は、1月を下回ってはならない。

3　債権者が前項前段の期間内に異議を述べなかったときは、第1項前段の財産の処分の方法を承認したものとみなす。

4　債権者が異議を述べたときは、無限責任中間法人は、当該債権者に対し、弁済し、若しくは相当の担保を提供し、又は当該債権者に弁済を受けさせることを目的として信託会社若しくは信託業務を営む金融機関に相当の財産を信託しなければならない。ただし、第1項前段の財産の処分の方法が当該債権者を害するおそれがないときは、この限りでない。

5　第1項前段の場合には、無限責任中間法人は、解散の日から2週間以内に、法務省令で定めるところにより、解散の日における財産目録及び貸借対照表を作成しなければならない。

6　会社法第863条第1項（第1号に係る部分に限る。）及び第2項並びに第864条の規定は、第1項前段の場合における無限責任中間法人の清算について準用する。この場合において、同法第863条第1項第1号中「第670条」とあるのは、「中間法人法第121条第2項から第4項まで」と読み替えるものとする。

7　第1項前段の規定により無限責任中間法人の財産の処分の方法を定めたときは、その財産の処分を完了した日から、主たる事務所の所在地においては2週間以内に、従たる事務所の所在地においては3週間以内に、清算結了の登記をしなければならない。

（帳簿資料の保存）

第121条の2　清算人（前条第1項の財産の処分の方法を定めた場合にあっては、無限責任中間法人を代表する社員）は、無限責任中間法人の主たる事務所の所在地における清算結了の登記の時から10年間、無限責任中間法

〔第 4 章〕Ⅵ　移行しなかった法人の解散・清算手続

　　人の帳簿並びにその事業及び清算に関する重要な資料（以下この条におい
　　て「帳簿資料」という。）を保存しなければならない。
2　　前項の規定にかかわらず、定款で又は社員の過半数をもって帳簿資料を
　　保存する者を定めた場合には、その者は、無限責任中間法人の主たる事務
　　所の所在地における清算結了の登記の時から10年間、帳簿資料を保存しな
　　ければならない。
3　　裁判所は、利害関係人の申立てにより、第 1 項の清算人又は前項の規定
　　により帳簿資料を保存する者に代わって帳簿資料を保存する者を選任する
　　ことができる。この場合においては、前 2 項の規定は、適用しない。
4　　前項の規定により選任された者は、無限責任中間法人の主たる事務所の
　　所在地における清算結了の登記の時から10年間、帳簿資料を保存しなけれ
　　ばならない。
5　　第 3 項の規定による選任の手続に関する費用は、無限責任中間法人の負
　　担とする。
6　　会社法第868条第 1 項、第871条、第874条（第 1 号に係る部分に限る。）、
　　第875条及び第876条の規定は、第 3 項の規定による帳簿資料を保存する者
　　の選任について準用する。
　（社員の責任の消滅時効）
第121条の 3 　第97条に規定する社員の責任は、無限責任中間法人の主たる
　　事務所の所在地における解散の登記をした後 5 年以内に請求又は請求の予
　　告をしない無限責任中間法人の債権者に対しては、その登記後 5 年を経過
　　した時に消滅する。

---

【旧中間法人法第120条で準用する主な規定】
　（清算人の登記）
第87条の 2 　前条第 1 項第 1 号に掲げる者が有限責任中間法人の清算人とな
　　ったときは、解散の日から、主たる事務所の所在地においては 2 週間以内
　　に、従たる事務所の所在地においては 3 週間以内に、第 7 条第 2 項第 5 号
　　から第 7 号までに掲げる事項を登記しなければならない。
2　　清算人が選任されたときは、主たる事務所の所在地においては 2 週間以
　　内に、従たる事務所の所在地においては 3 週間以内に、前項に規定する事
　　項を登記しなければならない。
　（裁判所の選任する清算人の報酬）
第89条の 2 　裁判所は、第87条第 2 項から第 4 項までの規定により清算人を
　　選任した場合には、有限責任中間法人が当該清算人に対して支払う報酬の

額を定めることができる。

2　会社法第868条第1項、第870条（第2号に係る部分に限る。）、第872条（第4号に係る部分に限る。）、第875条及び第876条の規定は、前項の報酬の額の決定について準用する。

（条件付債権等に係る債務の弁済）

第89条の7　有限責任中間法人は、条件付債権、存続期間が不確定な債権その他その額が不確定な債権に係る債務を弁済することができる。この場合においては、これらの債権を評価させるため、裁判所に対し、鑑定人の選任の申立てをしなければならない。

2　前項の場合には、有限責任中間法人は、同項の鑑定人の評価に従い同項の債権に係る債務を弁済しなければならない。

3　第一項の鑑定人の選任の手続に関する費用は、有限責任中間法人の負担とする。当該鑑定人による鑑定のための呼出し及び質問に関する費用についても、同様とする。

4　会社法第868条第1項、第871条、第874条（第1号に係る部分に限る。）、第875条及び第876条の規定は、第1項の鑑定人の選任について準用する。

（基金の返還等の制限）

第90条　【略】

2　有限責任中間法人は、当該有限責任中間法人の債務を弁済した後でなければ、残余財産の引渡しをすることができない。ただし、その存否又は額について争いのある債権に係る債務についてその弁済をするために必要と認められる財産を留保した場合は、この限りでない。

（清算結了の登記）

第90条の5　有限責任中間法人の清算が結了したときは、第90条の3第2項の承認の日から、主たる事務所の所在地においては2週間以内に、従たる事務所の所在地においては3週間以内に、清算結了の登記をしなければならない。

（利益相反取引の制限）

第106条　社員は、次に掲げる場合には、当該取引について当該社員以外の社員の過半数の承認を受けなければならない。ただし、定款に別段の定めがある場合は、この限りでない。

(1)　社員が自己又は第三者のために無限責任中間法人と取引をしようとするとき。

(2)　無限責任中間法人が社員の債務を保証することその他社員でない者と

〔第4章〕Ⅵ　移行しなかった法人の解散・清算手続

の間において無限責任中間法人と当該社員との利益が相反する取引をし
ようとするとき。
(3)　民法第108条の規定は、前項の承認を受けた同項第1号の取引につい
ては、適用しない。

【準用規定・旧民法】
（清算法人についての破産手続の開始）
第81条　清算中に法人の財産がその債務を完済するのに足りないことが明ら
かになったときは、清算人は、直ちに破産手続開始の申立てをし、その旨
を公告しなければならない。
2　清算人は、清算中の法人が破産手続開始の決定を受けた場合において、
破産管財人にその事務を引き継いだときは、その任務を終了したものとす
る。
3　前項に規定する場合において、清算中の法人が既に債権者に支払い、又
は権利の帰属すべき者に引き渡したものがあるときは、破産管財人は、こ
れを取り戻すことができる。
4　第1項の規定による公告は、官報に掲載してする。

### 3　特例民法法人

移行期間内（施行日（平成20年12月1日）から起算して5年を経過する日（平
成25年11月30日）まで）に認定（整備44条・公益法人への移行）または認可（整
備45条・一般法人への移行）を受けなかった特例民法法人は、移行期間の満了
の日（平成25年11月30日）に解散したものとみなされた（整備46条1項）。な
お、旧主務官庁は、移行期間の満了の日後遅滞なく、解散したものとみなさ
れた特例民法法人の主たる事務所の所在地を管轄する登記所に解散の登記を
嘱託しなければならないとされている（同条2項）。

特例民法法人の清算については、「なお従前の例による」とされているの
で（整備65条1項）、旧民法の規定に基づいて行うこととなる。ただし、特例
民法法人の解散および清算に関する登記の登記事項に関しては次のとおりと
なる（整備77条6項）。

248

3　特例民法法人

〔図表54〕　特例民法法人の解散および清算に関する登記の登記事項

| 【原則】 | （一般法人法310条1項）<br>①　清算人の氏名<br>②　代表清算人の氏名及び住所<br>③　清算法人が清算人会を置くときは、その旨<br>④　清算一般財団法人が監事を置くときは、その旨<br>（一般法人法311条）<br>清算結了の旨 |
|---|---|
| 【例外1】施行日前に解散をした場合 | 清算結了の旨を除く。 |
| 【例外2】施行日前に清算人の登記をした場合 | 清算人および代表清算人の氏名および住所並びに監事を置く旨を除く。 |

　例外2の場合、施行日前に解散をしているので、例外1にも該当することになる。

（旧民法の清算に関する主な規定）

　　　　第3章　法　人
　　　　　第3節　法人の解散
第68条～第70条　（略）
　（法人の設立の許可の取消し）
第71条　法人がその目的以外の事業をし、又は設立の許可を得た条件若しくは主務官庁の監督上の命令に違反し、その他公益を害すべき行為をした場合において、他の方法により監督の目的を達することができないときは、主務官庁は、その許可を取り消すことができる。正当な事由なく引き続き3年以上事業をしないときも、同様とする。
　（残余財産の帰属）
第72条　解散した法人の財産は、定款又は寄附行為で指定した者に帰属する。
2　定款又は寄附行為で権利の帰属すべき者を指定せず、又はその者を指定する方法を定めなかったときは、理事は、主務官庁の許可を得て、その法人の目的に類似する目的のために、その財産を処分することができる。ただし、社団法人にあっては、総会の決議を経なければならない。
3　前2項の規定により処分されない財産は、国庫に帰属する。
　（清算法人）
第73条　解散した法人は、清算の目的の範囲内において、その清算の結了に至るまではなお存続するものとみなす。

249

〔第4章〕Ⅵ　移行しなかった法人の解散・清算手続

（清算人）

第74条　法人が解散したときは、破産手続開始の決定による解散の場合を除き、理事がその清算人となる。ただし、定款若しくは寄附行為に別段の定めがあるとき、又は総会において理事以外の者を選任したときは、この限りでない。

（裁判所による清算人の選任）

第75条　前条の規定により清算人となる者がないとき、又は清算人が欠けたため損害を生ずるおそれがあるときは、裁判所は、利害関係人若しくは検察官の請求により又は職権で、清算人を選任することができる。

（清算人の解任）

第76条　重要な事由があるときは、裁判所は、利害関係人若しくは検察官の請求により又は職権で、清算人を解任することができる。

（清算人及び解散の登記及び届出）

第77条　清算人は、破産手続開始の決定及び設立の許可の取消しの場合を除き、解散後主たる事務所の所在地においては2週間以内に、その他の事務所の所在地においては3週間以内に、その氏名及び住所並びに解散の原因及び年月日の登記をし、かつ、これらの事項を主務官庁に届け出なければならない。

2　清算中に就職した清算人は、就職後主たる事務所の所在地においては2週間以内に、その他の事務所の所在地においては3週間以内に、その氏名及び住所の登記をし、かつ、これらの事項を主務官庁に届け出なければならない。

3　前項の規定は、設立の許可の取消しによる解散の際に就職した清算人について準用する。

（清算人の職務及び権限）

第78条　清算人の職務は、次のとおりとする。

　(1)　現務の結了

　(2)　債権の取立て及び債務の弁済

　(3)　残余財産の引渡し

2　清算人は、前項各号に掲げる職務を行うために必要な一切の行為をすることができる。

（債権の申出の催告等）

第79条　清算人は、その就職の日から2カ月以内に、少なくとも3回の公告をもって、債権者に対し、一定の期間内にその債権の申出をすべき旨の催

告をしなければならない。この場合において、その期間は、2カ月を下ることができない。

2　前項の公告には、債権者がその期間内に申出をしないときは、その債権は清算から除斥されるべき旨を付記しなければならない。ただし、清算人は、知れている債権者を除斥することができない。

3　清算人は、知れている債権者には、各別にその申出の催告をしなければならない。

4　第1項の規定による公告は、官報に掲載してする。

（期間経過後の債権の申出）

第80条　前条第1項の期間の経過後に申出をした債権者は、法人の債務が完済された後まだ権利の帰属すべき者に引き渡されていない財産に対してのみ、請求をすることができる。

（清算法人についての破産手続の開始）

第81条　清算中に法人の財産がその債務を完済するのに足りないことが明らかになったときは、清算人は、直ちに破産手続開始の申立てをし、その旨を公告しなければならない。

2　清算人は、清算中の法人が破産手続開始の決定を受けた場合において、破産管財人にその事務を引き継いだときは、その任務を終了したものとする。

3　前項に規定する場合において、清算中の法人が既に債権者に支払い、又は権利の帰属すべき者に引き渡したものがあるときは、破産管財人は、これを取り戻すことができる。

4　第1項の規定による公告は、官報に掲載してする。

（裁判所による監督）

第82条　法人の解散及び清算は、裁判所の監督に属する。

2　裁判所は、職権で、いつでも前項の監督に必要な検査をすることができる。

（清算結了の届出）

第83条　清算が結了したときは、清算人は、その旨を主務官庁に届け出なければならない。

　なお、債権の申出の催告に係る官報公告の規定（旧民法79条1項）が一般法人法233条1項の規定とは異なる点に注意が必要である。

## ●編著者紹介●

# 大貫　正男（おおぬき　まさお）

〔主な経歴〕

1948年 5 月　　　埼玉県生まれ

1972年 3 月　　　早稲田大学社会科学部卒業

1975年11月　　　司法書士大貫正男事務所開設（現在に至る）

1985年 2 月　　　全国青年司法書士連絡協議会会長（1986年 3 月退任）

1994年 1 月　　　司法書士試験委員（1994年12月退任）

1995年 7 月　　　早稲田大学法職課程教室講師（1997年 6 月退任）

1997年10月　　　埼玉県権利擁護総合相談センター権利擁護委員（2009年退任）

2010年10月　　　2010年成年後見法世界会議実行委員長

2011年 4 月　　　明治学院大学非常勤講師（2014年 3 月退任）

2014年 4 月　　　東京医科歯科大学非常勤講師（2017年 3 月退任）

等を経て、現在、公益社団法人成年後見センター・リーガルサポート相談役、日本成年後見法学会副理事長、埼玉司法書士会相談役、日本司法書士会連合会後見対策部部委員、法務省人権擁護委員、さいたま地方裁判所及び簡易裁判所司法委員、一般社団法人民事信託士協会代表理事、ふくしトラスト株式会社取締役、志木市成年後見制度利用促進審議会会長　等

〔主な著書・論文〕

『成年後見制度～法の理論と実務』（編共著、2006年、有斐閣）

『誰でも使える民事信託』（編共著、2011年、日本加除出版）

『成年後見法制の展望』（2011年、日本評論社）

「成年後見制度は司法書士に第二の変革を迫る」月報司法書士485号（2012年）

「広げよう市民後見人の活動」実践成年後見47号（2013年）

「福祉型信託の導入」信託フォーラム創刊号2014年）

「成年後見制度利用促進法の経緯と位置づけ」実践成年後見63号（2016年）

編著者紹介

## 久我　祐司（くが　ゆうじ）

〔主な経歴〕

1987年3月　　早稲田大学教育学部卒業

2012年3月　　筑波大学大学院ビジネス科学研究科修了【修士（法学）】

2019年3月　　筑波大学大学院同研究科（博士後期課程）・単位取得満期退学

〔主な著書・論文〕

『Q&A「定款変更登記」の実務全書』（2007年、セルバ出版）

『増補改訂版会社法中小企業モデル定款──株式譲渡制限会社定款参考例』（編共著、2011年、第一法規）

『TAX&LAW 非公開会社の実務と対策』（編共著、加除式、第一法規）

「英国私会社における少数派株主の救済制度の検討」企業法学論集2号（2014年、同友館）

### ●旧版執筆者●

| | | |
|---|---|---|
| 岡田　和代（おかだ　かずよ） | 東京司法書士会会員 | |
| 安野　憲起（やすの　のりき） | 埼玉司法書士会会員 | （五十音順） |

## 社団法人・財団法人の登記と書式〔第3版〕

2019年9月26日　第1刷発行

定価　本体3,100円＋税

| | | |
|---|---|---|
| 編 著 者 | 大貫正男　久我祐司 | |
| 発　　行 | 株式会社　民事法研究会 | |
| 印　　刷 | 株式会社　太平印刷社 | |

発 行 所　株式会社　民事法研究会

〒150-0013　東京都渋谷区恵比寿3-7-16

〔営業〕TEL 03(5798)7257　FAX 03(5798)7258

〔編集〕TEL 03(5798)7277　FAX 03(5798)7278

http://www.minjiho.com/　info@minjiho.com

落丁・乱丁はおとりかえします。　　ISBN978-4-86556-320-7　C2032　¥3100E

カバーデザイン／袴田峯男

# 信頼と実績の法律実務書

── 実務で活用できるノウハウが満載！ ──

**2017年12月刊** 司法書士法施行規則31条業務の経験と研究を踏まえ、具体的な実務指針を示す！

## 遺産承継の実務と書式

相続人との委任契約に基づく遺産承継の実務指針を示すとともに、受任から相続人・相続財産の調査、遺産分割協議、遺産承継手続、終了報告までを具体的・実践的に解説！

一般社団法人日本財産管理協会 編　　（Ａ５判・216頁・定価 本体2500円＋税）

**2013年4月刊** 家事事件手続法に対応し、書式も最新の様式を反映！　増える事件に的確に対応できる！

## 相続人不存在の
## 実務と書式〔第２版〕

相続財産法人の成立要件、相続財産管理人の選任、相続財産管理人の実務、権限外行為の許可、各種公告・催告、弁済、特別縁故者への分与、国庫帰属、終了まで、手続の流れに沿ってわかりやすく解説！

水野賢一 著　　　　　　　　　　（Ａ５判・285頁・定価 本体2700円＋税）

**2019年4月刊**「相続登記の専門家」から「相続の専門家」になるための必読書！

## 相続実務必携

遺産承継業務、法定相続情報証明制度、改正相続法を含めた相続実務全般に関する必須知識をＱ＆Ａ形式で解説！　相続に関する相談のあり方、相続財産管理人としての対応、共有不動産の処分など執務現場の悩みに応える垂涎の書！

静岡県司法書士会あかし運営委員会 編　（Ａ５判・326頁・定価 本体3500円＋税）

**2015年5月刊** 家事事件手続法の求める新しい家事調停の当事者支援の指針を示す！

## 離婚調停・遺産分割調停の実務
──書類作成による当事者支援──

離婚・遺産分割の調停手続の流れ、実務に必須の基礎知識、申立書等の記載例と作成上のポイントを網羅的に解説して、家事事件手続法の求める新しい家事調停手続における調停申立書等の書類作成を通じた支援の指針を示す！

日本司法書士会連合会 編　　　　（Ａ５判・486頁・定価 本体4400円＋税）

発行　民事法研究会　〒150-0013 東京都渋谷区恵比寿3-7-16
（営業）TEL 03-5798-7257　FAX 03-5798-7258
http://www.minjiho.com/　　info@minjiho.com

# ■番号利用法施行に伴う商業登記法・規則改正等を踏まえて補訂！■

# 持分会社の登記実務
## 〔補訂版〕
### ―合名・合資・合同会社の設立から清算結了まで―

青山 修 著

A5判・371頁・定価 本体3,400円＋税

▷▷▷▷▷▷▷▷▷▷▷▷▷▷▷▷▷▷▷ **本書の特色と狙い** ◁◁◁◁◁◁◁◁◁◁◁◁◁◁◁◁◁

▶持分会社の設立から社員の変更・代表者の変更、清算・清算結了、組織変更、種類
　変更までの登記手続を、豊富な図表と140を超える書式・記載例で詳解した実践的手
　引書！ 行政手続における特定の個人を識別するための番号の利用等に関する法律
　の施行に伴う商業登記法・規則改正等を踏まえて補訂！

▶「手続のポイント」では、豊富な図表と先例・判例を登載することにより、持分会
　社を理解し、それぞれの登記手続を行ううえで必須の知識をわかりやすく解説！

▶「登記手続」では、登記申請書や定款・議事録・同意書・就任承諾書等の添付書類
　等について、140を超える書式・記載例を登載しているため、実務に即活用でき、極
　めて至便！

▶商業登記の専門家である司法書士はもちろん、弁護士や法務局関係者、企業の経営
　者、企業法務に携わる方、また、起業を検討している方、ジョイントベンチャーを
　検討している企業にとっても備えておきたい1冊！

❖❖❖❖❖❖❖❖❖❖❖❖❖❖❖❖ **本書の主要内容** ❖❖❖❖❖❖❖❖❖❖❖❖❖❖❖❖

| | | | |
|---|---|---|---|
| 第1章 | 持分会社の概要 | 第9章 | 解散事由の定めの廃止 |
| 第2章 | 設　立 | 第10章 | 合同会社の資本金の額の変更 |
| 第3章 | 社員の責任 | 第11章 | 解　散 |
| 第4章 | 商号の変更 | 第12章 | 清　算 |
| 第5章 | 目的の変更 | 第13章 | 清算結了 |
| 第6章 | 本店の移転 | 第14章 | 会社継続 |
| 第7章 | 社員の変更 | 第15章 | 組織変更 |
| 第8章 | 代表者の変更 | 第16章 | 種類の変更 |

発行 ㊙ **民事法研究会**

〒150-0013 東京都渋谷区恵比寿3-7-16
（営業）TEL. 03-5798-7257　FAX. 03-5798-7258
http://www.minjiho.com/　info@minjiho.com